国家重点研发计划课题：
新型服务模型与跨界服务模式（编号：2017YFB1400601）

U0964692

跨界公共服务模式创新研究

王树文　著

北京工业大学出版社

图书在版编目（CIP）数据

跨界公共服务模式创新研究 / 王树文著. — 北京 : 北京工业大学出版社，2021.7

ISBN 978-7-5639-8058-1

Ⅰ. ①跨… Ⅱ. ①王… Ⅲ. ①公共服务－服务模式－研究－中国 Ⅳ. ① D669.3

中国版本图书馆 CIP 数据核字（2021）第 132785 号

跨界公共服务模式创新研究

KUAJIE GONGGONG FUWU MOSHI CHUANGXIN YANJIU

著　　者：王树文
责任编辑：乔爱肖
封面设计：知更壹点
出版发行：北京工业大学出版社
（北京市朝阳区平乐园 100 号　邮编：100124）
010-67391722（传真）　bgdcbs@sina.com
经销单位：全国各地新华书店
承印单位：北京亚吉飞数码科技有限公司
开　　本：710 毫米 ×1000 毫米　1/16
印　　张：13.25
字　　数：265 千字
版　　次：2022 年 7 月第 1 版
印　　次：2022 年 7 月第 1 次印刷
标准书号：ISBN 978-7-5639-8058-1
定　　价：88.00 元

版权所有　　翻印必究

（如发现印装质量问题，请寄本社发行部调换 010-67391106）

作者简介

王树文，女，1963年出生，山东龙口人，中国人民大学企业管理博士，美国康涅狄格大学公共政策博士后，现为对外经济贸易大学政府管理学院教授、博士生导师。主要从事公共政策、海关管理及政府公共服务改革等研究，兼任中国行政管理学会政策研究会理事、中国人民大学企业管理哲学与组织生态研究中心副秘书长等职。历任对外经济贸易大学公共管理学院副院长、青岛研究院副院长，中国海洋大学公共管理学院副院长、法政学院副院长，青岛市政协委员，颐中烟草集团战略研究所所长，青岛啤酒股份有限公司独立董事等职。先后主持国家级及省部级科研课题二十余项，出版著作五部，发表中外文期刊论文百余篇，获得省部级科研成果奖励一等奖1次、二等奖2次、三等奖2次。

序

当前，以“互联网 +”“大数据 +”为代表的数字经济方兴未艾，它驱动着政府治理、社会治理不断向数字化方向转型升级。在不断探索创新数字化转型的过程中，我国数字经济和数字政府建设都取得了很多成就。《中国互联网发展报告 2020》显示，2019 年我国数字经济增加值已达 35.8 万亿元，占 GDP 比重达 36.2%。数字经济蓬勃发展，构建与之相适应的政府治理模式就是题中之义了。党的十八大以来，“最多跑一次”“一网通办、一网统管”以及“网上问政”等改革遍地开花，为市场和社会各主体提供了便利化、透明化、高效化的公共服务。尤其近年来，数字政府建设更是在新冠肺炎疫情防控、优化营商环境、改进政务服务、加强社会治理等方面发挥了关键作用，成为推进国家治理体系升级和治理能力现代化的重要途径。党的十九届五中全会明确提出，加强数字社会、数字政府建设，提升公共服务与社会治理的数字化、智能化水平。多年的实践表明，数字政府建设不仅是依托互联网、大数据将政务平台转至线上，更是线下与线上融合整体治理的过程。简言之，数字政府建设是政府为适应和推动经济社会数字化转型，对政府治理理念、职责边界、组织形态、履职方式及治理规则体系等进行发展与变革的过程。其中，如何通过跨界、跨域、跨部门的数据共享、服务流程再造和政务协同，推动政府治理的一体化，是数字政府建设体系和能力的核心问题之一。王树文教授的新著在这样的背景下应运而生。

本书的意义在于：第一，该书体现了对政府行为边界的反思。市场对资源配置起决定性作用，充分发挥政府的宏观调控能力是政府善治的指导思想之一。本书选择了数字时代跨界公共服务这一视角展开研究，对“政府治理现代化”进行反思并提出了系统研究的分析框架。第二，本书丰富了学界对跨界公共服务模式研究的理论探索。目前，学界围绕跨界公共服务模式研究较少，少量的研究也多集中于研究报告、学术论文等，有体系的著作成果甚少。本书采用理论和实践两个视角透视政府跨界治理，采取理论与具体案例相结合的方式，系统性地对跨界公共服务模式进行分析、归纳、研究，是对提升政府跨界治理能力现实路径的有益探索。第三，本书从跨界治理的角度对克服政府公共服务“碎片化”的难题具有现实意义。行政机构的“碎片化”，增加了政策系统制度化的复杂性，在政府跨界治理的过程中增加了风险和障碍。本书从不同角度充分探讨了跨界公共服务有效应用于政府整体治理的问题，尝试为解决数字化过程中产生的政府治理“碎片化”问题提供一剂“良方”。

本书亮点在于：第一，理论与案例相结合。结合案例的理论探索或理论接受现实检验的研究是十分必要的，也是当下学术界正在反思和努力探索的方向，如何形成中国的学术理论和学术语言，离不开火热的中国故事。本书将学术理论与实践串联起来，上篇的理论框架与中下篇的案例浑然一体，如分工协作理论对接政府治理理论引致两种模式的归类，即合作共治与价值重塑。第二，研究视域广阔。本书并没有完全拘泥于政府的公共服务，而是从产业的跨界服务过渡到政府跨界公共服务，这种探索既使我们看到了跨界服务发展的历史脉络和未来前景，也体现了著作者对学术研究的审慎态度。第三，注重阅读的体验感。跨界公共服务作为政府治理领域的新兴概念，对于大多数读者来说既熟悉又陌生。本书虽然是学术专著，但文中没有单纯地铺开生涩难懂的理论知识，而是处处与案例探索互动，采用通俗易懂的语言描述，这为非专业人士学习研究跨界公共服务模式、了解政府为实现善治付出的巨大努力提供了可能。

当然，本书的意义和亮点远不止此。目前，关于跨界公共服务模式系统性的学术专著研究国内还不多，树文教授对跨界公共服务进行了系统性的学术研究形成专著成果，实属不易，也算在国内首开先河。这一方面，体现了作者的责任担当与“吃螃蟹”勇气；另一方面，书中难免出现一些学术观点不成熟的地方，如关于跨界公共服务模式的分类研究，还期待学界给予更多的关注，引发更多的学术批评及研究成果，回应数字化转型时期的政府治理命题。也衷心希望树文教授在该领域的研究越走越远，期待她更多的研究成果。

鲍静
中国行政管理学会常务副会长兼秘书长
数字政府治理研究中心主任
2021 年 7 月

目　录

第1部分 理论篇

第1章　绪论

1.1　研究背景

1.1.1 “碎片化”问题向传统公共服务发起挑战

当今世界，由于社会发展变化的复杂性和不确定性，公共治理领域棘手问题不断涌现，诸如空气污染、水流域治理、传染病防治、基础设施建设等。这些问题以跨界、跨域和跨部门为特征，需要跨越现有组织边界、跨区域协调才能够得到有效地解决。在传统的政府服务模式中，一般采用固化的“职能—机构—人员—预算”的线性流程，导致政府治理能力下降、治理效能衰减。法国社会学家奥古斯特·孔德指出：“每个专业工作者致力于专门学科的研究，根本不考虑它服务于什么目的，发展到什么方向的问题。”需要政府正视公共服务过程中的跨界问题，克服观念、管理和利益上碎片化和分散化的问题，采用科学的整体性解决方案，实现跨界公共事务的有效治理。而新公共管理理论的实施为我国的行政机构带来了“碎片化”的后果，这就使现有的政府治理无法有效应对上述问题。新公共管理理论强调“分权化”“市场化”“民营化”“充分竞争”等理念和行动。虽然在提高服务效率、降低服务成本、服务供给多元化以及顾客选择多样化等方面取得了重大进展，但同时引发了包括公众信任缺失、部门本位主义、各自为政、服务碎片化、功能性裂解、视野狭隘以及问题和成本相互转嫁等衍生问题，新公共管理理论带来了行政机构的“碎片化”，大大增加了政策系统制度化的复杂性，降低了公民自主解决问题的能力。它也损害了政府信息技术的现代化，通过空心化政府部门的人员和能力，在跨部门政策制定过程中引入了风险和障碍。由“碎片化”导致的一系列问题，给政府有效及时地回应综合性、复杂性和不确定性的治理问题带来巨大的挑战。因此，将跨界公共服务有效应用于政府治理以解决新公共管理理论导致的政府治理的“碎片化”问题势在必行。

1.1.2 数字经济是政府数字治理的主要驱动力

当前，在全世界范围内，以“互联网 +”“大数据 +”为代表的数字经济方兴未艾，驱动着全球经济社会、政府治理加速向数字化方向转变升级。新一轮科技革命正加速演进，人类社会正开启以数字化生产力为主要标志的全新篇章。在当今全球处于由信息技术驱动大变革的新历史阶段，世界主要的发达国家不约而同地推行数字化政府治理和社会治理，以迎合数字经济发展的需要。

近年来，我国的数字经济也呈现出欣欣向荣、蓬勃发展的态势，并逐渐成为国民经济中最核心的增长点之一。全面建设数字政府、加强数字治理是经济社会中各领域数字化转型升级的重要动力源泉，也是壮大数字经济和打造数字化社会的关键抓手。数字时代，要有效运用数字技术，提升国家治理效能，推进国家治理现代化进程。

1.1.3 数字政府呼唤跨界服务模式建构

数字政府是数字经济、大数字社会重要资源的引领者、主导者和分配者。它为市场和社会主体能够更好地适应当下数字时代发展的浪潮奠定了良好的基础，从而进一步推动全社会各行业的升级转型。因此政府数字治理的能力水平高低能够对一个国家或地域的整体实力和现代化发展程度做出科学有效的衡量。2019 年末新冠疫情席卷全球，这场重大突发公共卫生事件兼具空间上的广泛性和时间上的持久性，这在极大程度上挑战了全球各个国家的数字治理水平，抗疫过程中政府的数字化支撑就从侧面反映出一个国家的综合竞争力。

数字政府是数字中国这一宏伟战略的重要组成部分，它不仅是实现我国经济高质量发展的重要支撑，也是推动政府治理能力现代化的重要引擎。党的十九届五中全会审议通过了《中共中央关于制定国民经济和社会发展第十四个五年规划和二〇三五年远景目标的建议》（以下简称“《建议》”），该《建议》提出加强数字社会、数字政府建设，提升公共服务、社会治理等数字化智能化水平。当前信息技术的发展为跨界公共服务问题的解决提供了良好的解决手段，政府管理不再是一个固定地点工作人员的集合体，而是各种要素和人员构成的交互体，几乎任何国家的公民，通过鼠标点击，都可以访问那些不久前只限于少数享有特权的人才可以获得的信息和服务。政府在一个相互连接、彼此共生的环境中与其他治理主体展开合作、互动与交流，迈向一种基于合作和共赢的整体性治理之路。借助信息时代的支撑作用，政府层级、部门间信息的流动和共享得以实现，政府解决跨界问题的能力得以改进，传统意义上的物理限制和空间间隔得到有效消除。

构建与数字经济相适应的政府治理模式是当今时代的呼唤。数字政府的建设是复杂的系统性工程，绝非仅将原有政府的线下业务搬到线上办公那样简单，而是要遵循21世纪以来全球政府改革倡导的“整体政府”理念。通过跨部门的数据共享、流程再造和业务协同，使民众和企业办事从“找部门”转变为“找政府”，推动政府治理从“碎片化”转变为“一体化”，政府解决跨界问题的能力得以改进，迈向一种基于合作和共赢的整体性治理之路。

1.2 国内外研究综述

1.2.1 国内研究综述

1. 跨界公共服务的内涵与模式划分

跨界公共服务同时具有跨界和公共服务的两类特点（于东山，2018），跨界公共服务的研究首先是从跨界开始的（陈江等，2018）。采取跨界合作的方式，一方面各主体能够在极大程度上丰富各自的资源领域；另一方面，亦可以扩大知识结构。经过实践检验得出的事实是：跨界合作的跨度与取得的成果呈正向变动，跨界的幅度、力度越大，其促进新鲜事物的茁壮成长和提高自身竞争力的能力也就越大（程远，2015；邓昕才等，2020）。卢映川和万鹏飞（2007）也为公共服务赋予了新的内涵：公共服务主要是为了达到长效发展和确保公民的权益不受非法侵犯的目标，政府主体运用其法律赋予的权力、动用其持有的公共性资源，向社会群体直接或者间接地提供公共性产品及服务的一系列活动。

当今社会，随着科技的进步和社会治理水平的不断提升，公众的需求越发多层次、高标准和差异化。为了整合因为运用新公共管理理论导致的公共服务“碎片化”问题，公共服务需要实现跨界合作。通过政府纵向间不同层级、横向间不同部门通力合作，共同搭建全方位的服务供给框架，将分散的公共服务逐渐整合到一个连续的统一体中。政府各部门通过组建公共服务的供给网络，加强供给网络中各主体的竞争，从而提高公共资源的配置效率（谭海波等，2010；唐任伍，2012）。跨界公共服务模式指的是：政府在面向社会提供公共服务的过程中，全面整合多方面的资源以推动公共服务在可持续发展的空间内提高自身效率和质量，从而提升社会满意度（韩冰等，2017）。从微观层面来讲，跨界公共服务模式主要包括基于信息流动的跨界公共服务模式和基于知识集聚和创新过程的跨界公共服务模式（霍瑞娟，2016）。从信息流动的角度来看，从初始信息的加工处理、提供服务，于跨界公共服务而言，信息链中的各个环节都极为重要（荆浩，2014）。这样基于知识链，基于知识集聚和创新过程的跨界公共服务，在某种程度上，也可以看作在信息流动过程中，跨界公共服务在信息—知识过程中的不断延伸（李健，2021）。近些年来，数字经济在全球范围内蓬勃发展，基于此也为跨界公共服务提供了新的发展思路。利用目前全方位大数据化的优势，跨界公共服务也完成了自身的“互联网 +”转变。它为接近发挥数据资源优势聚集各方信息流的目标，借助互联网这个信息平台，围绕知识的组织环节、生产环节、存储环节、认证环节、传播环节、创新过程等一系列流程来构建与管理知识链条，进一步开展集集成化和一体化于一体的跨界公共服务模式，使自身成为独具关键地位的知识核心（刘芳，2016）。比如公共图书馆可以为用户查询相关信息资源，接着借助可视化的形式将其传达给广大读者（白玉峰，2016）。由于搜索引擎、社交网络平台以及网络出版商等各种应用软件的推广应用，跨界公共服务模式的出现，公共服务供给与搜索引擎服务商、网络服务商、网络社区化知识平台等网络信息平台能够建立合作伙伴关系，发挥各自的优势，共享集成的成果（曹兴等，2021）。

跨界公共服务模式具有不同的类型：第一，区域整合模式。这是指跨界的各区域各部门根据现实需求，整合自身资源，通过与各合作方平等协商的方式，集成协调各方意见，共同处理跨界事务（曾维和，2012）。第二，府际合作模式。府际合作包括建立正式或非正式的合作关系，通过合作各纵向间、横向间政府微观主体，协力解决跨界的公共问题（崔晶，2011；韩兆柱，2020）。第三，准市场化模式。要想解决好跨界的市场化问题，必须处理好政府与市场的边界问题。政府应当向市场适当放权，主要发挥市场自身力量来提供公共服务，为政府自身减负，激发市场活力以弥补政府自身财力和服务提供能力的不足（付金存等，2016）。第四，社会合作模式。社会合作模式涉及非政府团体、非营利组织、社区及市民等广泛的主体。他们都参与到跨界公共服务中，彼此之间相互补充、相得益彰（何炜，2016）。

以上对于跨界公共服务模式的划分，各有不同，即不同学者基于不同的观察视角，自然会发现不同的模式。笔者认为，这些模式，大致上可以归纳为两类，即：合作共治模式与价值重构模式。合作共治天然的体现了“跨界”，而价值重构，则是一切合作模式的动机或起因。过滤掉模式的具体形态，我们不难发现，后边是资本、资产、人力资源、科技元素等的价值重构与联合。

2. 整体性治理的研究

台湾学者彭锦鹏是最早系统研究整体性治理的代表人物，他对整体性治理的制度化策略进行了创新研究，不论从理论层面还是实务层面来加以衡量，全观型治理的理论可望成为二十一世纪有关政府治理的大型理论，值得行政学者广泛加以研究。全观型治理追求的是问题的预防，完整、快速、效能地解决以及结果导向，核心关怀则是解决人民的问题，不论解决的力量来自公部门或私部门，或来自哪一机关和哪一政府层级。依赖一个主动积极的公民社会，持续而有力地进行政治参与和行政参与，进而对政府的财政预算发挥影响力，使其建立合理的财政收支计划。台湾学者韩保中也详细探讨了整体性治理的发展历程、理论价值以及新涂尔干主义对整体性治理的意义与启发。作者认为，碎片化治理、棘手性问题与协调整合这三个方面是理解整体性治理的重要基础。

竺乾威教授分析了从新公共管理到整体性治理的演变过程，认为两者在终极目标上是一致的，即都是追求更快、更好、成本更低地为公众提供公共服务。可以说，二者内容不同但是追求的目的相同，整体性治理延续的是新公共管理的逻辑。曾凡军研究了整体性治理过程中政府组织的协调机制问题。他从结构、制度和人际关系层面分别建构了整体性治理的结构协调机制、制度协调机制和人际关系协调机制，认为整体性治理作为一种全新的治理模式，是在政府组织治理过程中，在不断对新公共管理模式下的服务裂解性和功能碎片化进行反思与修正基础上逐渐形成的…促使各种治理主体协调一致，实现治理层级、功能和公私部门的整合及碎片化的责任机制和信息系统的整合，充分体现包容性和整合性的整体性政府组织运作模式。曾令发在《整体性治理的行为逻辑》一文中，将整体性治理定义为："从新涂尔干主义途径来寻求公共治理的协调和整合，并且运用现代信息技术来提升治理效率。当然，在寻求公共治理工具理性的同时，整体性治理通过恢复公民身份和发挥公民社会的作用来获得价值理性。"

范永茂、陈江、韩万渠等都对整体性治理进行了研究，他们认为整体性治理是不断回应公民的需求，并以结果为导向，运用法律法规、文件命令、补贴制度和凭单等市场化或非市场化手段来提供公共物品与服务的一系列活动的总和。以一体化、协作、协同、责任为机制，整体性治理主张对治理的主体、治理相关职能、关系处理以及信息平台的搭建等问题进行动态性的协调归总（付金存等，2016）。要以全局性的观念，使公共服务不断从分散走向有机集中、从碎片化走向有机整体化，政府机构从分权走向有机集权，从部分走向有机整体（韩兆柱，2020）。王树文（2016）认为，要依托于互联网的平台，加大基层民意的向上流动，并利用电子政务的建设成果，将各界民意纳入决策层制度的顶层设计中，从而能够一改公民在过去传统闭塞政治空间内的弱势格局，重视广大公民在公共服务方面的话语分量。除此之外，也要充分利用直接或间接对话的方式来实现民主诉求的多元化和社会利益的最大化。以上都已经成为推动我国政府治理转型升级与跨界公共服务模式创新发展的有益路径。可见，跨界公共服务在政府的整体性治理中发挥了不可替代的关键作用（何炜，2016）。

对于整体性治理在研究类型方面的研究，大致可以分为以下几种：

①将整体性治理定位为一种治理范式。韩兆柱则认为，整体性治理是 20 世纪末兴起的公共治理范式，旨在向公众和社会提供更好、更有效、更完善的公共产品和公共服务，选择最合意的方式取得善治的效果。曾维和认为："整体性政府是替代新公共管理管理范式的一种公共行政领域出现的新范式。整体政府范式为公共行政的研究提供了更广泛、更坚实的理论基础和开阔的研究视野、提出了一系列创新主题，形成了崭新的知识体系和独特的研究方法"。

②将整体性治理理论制度化的尝试与努力。代表人物是彭锦鹏和曾凡军两位学者。彭锦鹏 2005 年在《政治科学评论》(*Political Science Review*)发表的《全观型治理：理论与制度化策略》中，从线上治理制度、整合性组织制度以及主动型文官制度三个方面分析了全观型治理制度化的策略。曾凡军也对制度化进行了探讨，他指出，"所谓制度化，就是指将政府组织中先进的管理理念和价值观等转变为具体的、具有较强可操作性的管理制度的过程。就本质而言，制度化并非是指政府组织中建设了何种规章、准则和规范，而在于为什么和怎么样设计与时俱进的规章、准则和规范。其中'为什么'涉及的是'制度预设'问题，而'怎么样'则涉及的是'制度变迁'问题"。笔者认为，一旦明确了政府组织目标，有必要改变传统的按职能划分结构、破除部门间的界限和鸿沟、建构以结果为导向的信息系统，并将无缝隙政府作为追求的目标。

黄韬在《整体性治理制度化策略研究》一文中，对整体性治理的制度化策略进行了分析和探讨，以务实的态度和解析的角度，从内、外、纵、横四个静态维度和价值伦理文化维度构建一个动态的体系，以尝试解析希克斯提出的整体性治理制度化的策略与途径。当然更多的只是停留在策略的探讨与目标的展望上，具体做法仍需各种政府组织与部门在实践中以创新和改革的姿态予以不断探索使之丰富。

③应用机制的探讨与构建。高建华指出，整体性治理的应用机制由沟通机制、利益分享与补偿机制、合作诱导机制等构成。卢守权则认为，动态机制是整体性治理应用机制的核心机制。他认为，环境洞察能力、自我评估能力和学

习转化能力是动态机制的三个子内容。易承志将多维机制作为整体性的重要应用机制。他认为，跨界公共事务的内在属性，必然要求跨越行政边界、功能边界和组织边界，并在此基础上构建多维的协作机制，实现系统有序的协同治理效果。沿着这一逻辑，多维的协作机制构成整体性治理的应用机制。

④案例的引入与借鉴。邓雪琳从我国行政服务中心建设的角度，探讨了整体性政府的理念如何在当下中国落地生根。作者认为，通过全面压缩行政审批的数量、科学合理地梳理流程、强化监督检查等各种手段，为政府内部精简流程和降低成本创造条件。曾凡军以府际协调为案例，研究整体性治理的潜在潜能和应用价值。在笔者看来，政府治理绩效的低下与府际协调效率的低下有着密切的联系。

何植民等将精准扶贫作为整体性治理在当代中国应用的典型案例。笔者以我国扶贫领域存在的碎片化为立足点，研究整体性治理的积极作用和价值。扶贫主体和扶贫资源配置“碎片化”是我国精准扶贫领域面临的两大困境，就政府内部而言，部门之间缺乏有效的沟通与协调；就社会扶贫主体而言，企业和社会组织等扶贫主体作为重要的社会扶贫力量，在参与扶贫的过程中呈现出鲜明的个体化特征。

3. 跨界公共服务的影响效应

学者们探讨了跨界公共服务的优势以及影响力，比如，协调性的提升、资源配置的优化与共享、社会资本的增加以及矛盾冲突的平息等。跨界公共服务的积极效应主要存在以下几个方面：首先，公共服务提供网络中的行动主体在合作中充分发挥自身比较优势，摆脱刚性行政环境的桎梏，通过跨越行政边界的合作，实现系统协调和有效协作，通过将行动者连接在共同目标下一起行动产生增值效益（唐任伍，2012）。其次，公共服务的协作供给是基层公共服务的供给侧改革，是与经济领域的供给侧改革同步而行的，是解决社会基础设施与经济基础设施发展不平衡所导致的结构性矛盾的必然选择（李萌，2019）。参与跨界服务的各主体，审时度势，采取协同机制，这在很大程度上可以突破“碎片化”的困境，将分散的公共服务聚集协调到全局兼顾的统一体当中，由此形成庞大的资源聚集型规模效应（李倩，2020）。最后，跨界公共服务具有弹性责任机制。它在将部分权力放权到市场和社会的同时，兼顾责任的控制与监督，通过网络中多中心的合作，为原先单一政府主体的财政负担减负并尽可能降低政策的成本（刘祺，2020）。

1.2.2 国外研究综述

1. 跨界公共服务的内涵与模式划分

世界本无界，因为受到人的认知能力和技术水平的限制而造成了界限（Aagaard 等，2010）。跨界一词，从字面意义上来看，可以将其理解为不同主体通过不断跨越、超越进而逐渐交叉与相互融合。经过学者对跨界的研究，又赋予了其更为深层的内涵：“跨界合作”。这里“跨界合作”的意思就是突破两个及两个以上不同行业、不同领域甚至不同空间的固有界限，而萌生的新领域、新状态、新模式等（Watson，2010）。维尔德（2003）指出，跨界服务是随着现代信息技术的快速发展，各行业打破了原有界限，信息技术促进了各行业的相互渗透和融合，形成了跨界服务。韦尔特等（2004）认为，跨界服务至少具有明显的三大特点：跨域性、融合性、复杂性。法国学者莱昂（1912）在其研究中指出，所谓“公共服务”的内涵，是指一切与全社会和谐共治息息相关，服务于社会大众，因而必须由政府主体对其加以总体监督与管理的活动的总称。为了公共服务的提供和确保其在正确的轨道上运行，就必须由政府施加干预，使其得到保障（Leleito，2010；Watson，2012）。在这样的背景下，原有的公共服务已经难以满足不断升级的公众需求，这就要求政府主体加强对公众需求回应性，提高服务的全面质量，持续升级完善公共服务的提供机制（Session，2016）。

萨缪尔森在广义上，把公共服务的三个主要职能归纳为稳定职能、效率职能以及政府的平等职能。埃利诺·奥斯特罗姆提出，公共服务是这样一种物品，它具有公益性且以服务的形式体现。公民具有直接需求，诸如衣食住行、生活、发展等广泛的需求。而公共服务的出现，正是为了在最大程度上迎合并回应其因生产活动而产生的丰富的直接需求，从而使社会群体能够从中受益或获得享受。通过深化信息的再加工，扩展公共服务的范围和深度，跨界公共服务模式既满足了用户的多样化需求，又能够使得各方共享信息资源，响应共享发展成果的目标。在宏观维度上，跨界公共服务模式对提升公众对政府的满意度起到积极的作用。在信息时代，跨界公共服务可以更好地满足公众对知识的理解、逻辑关系的展现和知识发掘的需求，帮助公众完成一系列信息搜寻活动。跨界公共服务模式还有助于集聚服务主体。

2. 整体性治理的研究

在治理公共管理“碎片化”的过程中，跨界公共管理是最有效的方式，其理论指导则为整体性治理理论。最早提出综合性治理这一概念的是英国约克大学的安德鲁·邓西尔，他在《整体性治理》一书中提出，整体性治理本质上强调的是整体主义观念，而反对化约主义，化约主义不仅对部分之为部分视而不见，而且对整体单位内部的复杂性一无所知。他阐述了执行与控制的关系、合作的概念以及现代公共管理的范式转移，在执行与合作的过程中，提出整体性治理是必要的前提。英国学者佩里·希克斯在此基础上将整体性治理推向前台，并在学术界和实务界造成巨大的影响，成为整体性治理的代表人物，“整体性治理是政府组织机构间通过充分沟通与合作，形成有效的整合与协调，彼此政策目标一致且连续，政策执行手段相互强化，达到合作无间的治理模式”。他在《整体性政府》一书中提出整体型政府这一理念。他分析了整体型政府产生的历史背景及大量社会问题出现的根源，政府组织内部的分割和协调性缺失的问题将解决方式指向整体性政府治理。1999 年希克斯与格里·斯托克等学者合著出版的《圆桌中的治理：整体性政府的策略》（*Governing in the round*：*Strategies for Holistic Government*）一书中，提出整合不足是造成政策资源浪费和执行不连贯的主因，因而整合是整体性政府的具体实施策略，应该从强度、范围、广度和曝光度四个维度测评政府的整合。希克斯与黛安娜·利尔特、金柏利·赛尔勒、格里·斯托克等学者合著出版的《迈向整体治理：新一代革新议程》（*Towards Holistic Governance*：*The New Reform Agenda*）一书标志着整体性治理理论的深化和完善。它将整体性政府转变为整体性治理，系统翔实地对整体性治理相关理论层面和实践层面的内容展开了研究，涉及整体性治理的概念框架、改革战略、信息系统、责任、预算等内容，将整体性政府转变为整体性治理。

与整体性政府相比，整体性治理理论不仅强调政府体系内部不同组织机构间功能的整合和整体性运行，也强调政府与其他组织间的积极合作，从而在更广的程度和更大的力度上强化整体性治理的内涵要旨与应用空间。希克斯强调，“整体性治理的着力点在于变革碎片化带来的阻力，重新建构起从输入到结果等的一系列方法，进而确立起重构任务的完整流程”。希克斯也非常重视信息技术在整体性治理中的应用，在《在二十一世纪的治理》（*Governance in the* 21st *Century*）一书中，作者首先区分了治理技术和治理与技术。他认为，“治理与技术是要求政府智能化地利用技术，来强化决策、监督以及项目运行的能力”。治理技术不仅包括治理与技术的内容，更在于选择和配置足以达到政策一致性目标的可行、有效的工具。支撑整体性治理的是治理技术，而不是治理与技术。至此整体性治理论的完整性和精确性都构建了较完整的发展路径。

除了上述两位学者以外，还有许多专家对整体性治理做出过深刻的研究。荷兰鹿特丹伊拉斯谟大学的克里斯多夫·波利特提出，“消除不同政策之间的矛盾，以增加政策的效力；整合稀缺资源；整合特定政策领域不同利益主体，增进协作；为顾客提供无缝隙而非分离的服务”。挪威学者汤姆·克里斯滕森认为，“整体性政府的含义很广，包括中央行政部门不同政策领域之间日益增加的横向协作、部委与其代理机构之间的内部纵向协作以及地方机构在提供公共服务时进行的协作，所有这些都旨在规范与提高服务的绩效、效益与效率”。安德莱蒂具体指出了“整体性治理”在公共服务中的四个作用域和技术线，即四个“what”：单一层级中的“整合”服务的预期；跨层级“整合”过程中各自划分的责任；跨流程“整合”中政策与执行分别赋予的内涵；政府与企业或社会组织的连结。美国学者奥利弗 E. 威廉姆森在《治理机制》认为，“合作系统的调整并不是零碎进行的，而是需要各种类型的组织行为的再平衡。做出这些调整的能力是一个制约因素，因为如果合作不能调整到足以对环境中的新限制产生实质性的触动，它就必会失败”。

3. 跨界公共服务的影响效应

外国的学者们从多个角度切入，揭示了跨界公共服务的影响效应：通过协同的知识和信息战略，可以更为高效地提供公共服务，发展知识管理标准、政策、程序和良好的实践，从而迈向一种整合性的公共服务（Bath Priory，2005）。经济合作与发展组织（简称：经合组织）指出：“迈向一个更加整合性的公共服务，就是要提供一个更多专业与知识共享，并且是公共服务更加注重贡献，促使以公民为中心的社会结果得以实现。”而在经济效益方面，跨界公共服务的出现同样对经济社会的发展产生了深远影响，通过各方的有效合作达成经济利益上的互利共赢（Parliament，2009）。在资源整合方面，通过合作治理形成联动化的公共服务主体结构，这对主体间的力量整合有所增益。跨界公共服务中的跨界合作，其主体层次多、涉及广：它通过权力的共享机制来整合市场主体、社会主体的力量，甚至涵盖了服务的对象——公民（Peristeras，2007；Watson，2010）。2010 年，巴恩斯预言未来十年跨越管辖权的边界对于有效治理至关重要，公共管理者需要具备协商、协作等技能，地方政府平衡服务、管制和召集三种角色是很重要的。最后，跨界公共服务独特的跨界信息传输保障机制，使公共服务的输送端和接收端之间得以动态化的连接，这在很大程度上提升了政府公共服务的回应性和针对性（Ross，2002；Pangalos，2017）。

1.3 主要内容和创新点

1.3.1 主要内容

本书分为两部分，即理论部分与案例部分，但为了方便读者阅读，在结构上分为三部分，即理论部分和两个案例部分共三部分。

首先，理论部分分为三条主线，一是跨界、跨界服务、跨界公共服务这一概念逻辑及其演化过程；二是经典作家的社会分工协作理论与政府公共治理理论叠加认证，如分工对应横向的分权、协作对应纵向的集权；三是从产业跨界服务到事业跨界服务的转折，这是一个无论从理论上还是技术上都是有相当难度的探索。

其次，案例分为两部分，即合作共治与价值重塑。两大类别对跨界服务模式的划分，也是高度抽象的结果。而在这个结果中，再进一步转折到“跨界公共服务”升华为数字政府。政府治理层面，则是本书攻克的难关，所谓戏法人人会，但手法不同。归类划分是戏法，而案例则是手法，即是说，跨界服务与跨界公共服务的模式可以是五花八门千变万化，但抽象其实际，都绕不过合作共治与价值重塑。合作共治是标，价值重塑是本，它们是对立统一的，没有价值重塑则合作共治目标不能实现，而没有合作共治则价值重塑就失去意义。

最后，模式的探索与内在的驱动，模式的探索应该是本书的基本任务，所以本书中我们列举了许多丰富多彩又极其典型而生动的案例。政府的公共服务，如同人体神经系统一样，分布于一个国家政治经济、社会文化、生产生活的方方面面，任何一个领域，都有政府服务的身影，既包括生产也涵盖生活，而政府这种全方位服务，正是我们体制制度之优势。从学术层面看，支撑这些模式运动的驱动力是什么，这个问题至为关键——就是生产力的发展与社会需要。一方面，我们从书中能够发现这条暗线，即人类的生产力发展经历了自然力半自然力时代、机械化时代、电气化时代、网络信息时代、数字化时代，而这些生产力的代表首先出现在生产领域，正因为生产力这一最活跃、最革命的元素的冲击，跨界服务才成为可能，跨界公共服务才能寻到源头，所以追溯跨界公共服务的原始驱动力，只能从产业去寻找，当生产力发展到数字时代，跨界公共服务也就成为必然；另一方面，作为经济基础的生产力发展，必然引起上层建筑的改变，而这些改变，可以概括为“方便、快捷、安全、舒适”，正是这种生产与消费的牵引，跨界公共服务、数字政府也就应运而生了。

1.3.2 创新点

①协同共治理论、整体治理理论与跨界服务理论建立嵌套式的逻辑关系：如协同共治涉及分工协作与集权分权，集权分权与纵向横向公共服务两大模式层层递进、相互传承，形成一种闭环理论体系。最终在此基础上，提出了跨界治理理论是本书研究的创新。

②在逻辑上，由服务、服务业、服务产业、现代服务业、新兴服务业、公共服务、跨界公共服务结合世界产业变化升级规律层层展开，弄清发展演化的脉络；在技术上，针对工业互联网技术溢出效应、现代服务业技术支撑效应，揭示生产力推动，导致生产方式、生活方式的重大变化，及经济基础与上层建筑的相互作用关系；在目标上，在数字经济背景下，通过数字政府引领，提出跨界公共服务及其理论模式。这种逻辑、技术和目标都属于一种创新思维。

③把跨界公共服务涉及的公共服务及其繁杂的模式类型，概括为合作共治与价值重塑两大模式，并分析了模式构建的原理、特征、路径，并围绕此两大模式，对案例进行分类归纳。理论阐述与案例分析结合，二者交互认证，是本书用以指导社会实践的创新。

第 2 章　跨界与公共服务

2.1　跨界

2.1.1 基本内涵

“界”作为“名词”基本含义是“有边境；有范围的意思”。《说文》上解释：“界，境也。按田畔也。”扩展为：一是边境，一个区域的边限；二是范围，如眼界、世界、自然界等；三是按职业或性别等所划分的人群范围，则如教育界、科学界等；四是大自然中动物植物矿物的最大类别，如无机界、有机界等。由此不难看出，“界”有两个基本属性，即：一是空间概念，对空间进行分类；二是关系概念，对不同事物进行分类。“跨”，动词。字从足，《说文》上解释：“跨，渡也。”扩展为：一是迈过；二是骑，两脚在器物两边或坐或立；三是超过时间或地区之间的界限，跨越、跨年度、跨国公司等。由此不难看出，跨，是时空的移动。

“跨界”，把“跨”“界”两个词组合起来，则是一个新的概念，作为一种行为，是极其常见的，在空间上从一个地方到另一个地方，从一个国家到另一个国家均属于“跨界”；从关系角度看，从事一种行业，到兼营或者转营另一种行业也属于“跨界”。本书指的跨界是公共服务在物理空间上的跨界，也包含体制、制度、法律关系等人为约束机制的跨界。

2.1.2 跨界衍生的问题

1. 分工与协作的辩证关系

跨界，涵盖了“界”与“跨”对立统一的关系，无界则无须跨，无跨则无须界。进一步延伸，分工与协作也是这种关系，因为有分工所以需要协作；因为有协作，所以才可以分工。人类社会进行规模化生产，分工与协作的辩证关系，就体现得更为明显，如“市场”一词，其空间概念就是一个交易的场所，《易·系辞下》：“日中为市，致天下之民，聚天下之货，交易而退，各得其所。”但资本来到世间，这个纯粹的空间概念，已经不能完整地描述现代市场。于是，马克思将“市场”界定为“商品交换关系的总和”，这已经是一个突破时空边界的科学概念了，是一个包含了空间和关系的最简单但却最严谨的概念，囊括了任何形式的交换行为。这个科学的概念不是马克思凭空想象出来的，而是经过对人类社会三次大分工到资本主义时期进行分析总结归纳出来的。因为“分工”是交易的前提，没有分工则无须交易，一个部落如果只生产一种物品，如小麦，则完全不需要交易。但如果一个部落既生产粮食，也生产牲畜，那么在部落内部是否需要交易呢？也不需要交易，大家彼此各取所需即可。注意，这里的“分工”就是“界”，这个界具有明显的自然属性，就是粮食生产与牲畜的生产是完全不同的两种生产，使用的生产力是完全不同的。但当两种分工分属于不同部落，或者部落够大，分出不同的利益集团，而分工的产业也带有了这种属性，分属于不同部落或者同一部落的不同利益集团，那么说，这种不同所有制就也是“界”。需要强调的是，这种界，带有明显的社会属性，是人为的，完全是由生产关系决定的。界的出现，即由分工带来的不同劳动成果又分属于不同所有者，那么交易最终才能形成。不难看出，交易就是一种天然的跨界行为，其含义就是，“界”是以社会分工和不同所有制表现出来，而不同的成果要大家共享，则需要以交易表现出来的“跨”，或者说“跨”以交易的形式最终表现出来，突破两个“界”而最终完成。

2.“界”的自然属性与社会属性

首先，“界”在一般情况下，社会“关系”由主体、客体和内容等要素构成。如前，种植业和畜牧业是两种不同的分工，在他们内部都有三要素，种植业的主体为农民，客体即劳动对象是土地和粮食；畜牧业主体为牧民，客体即劳动对象则是草场和肉类等畜牧产品；而“关系”就是将主体客体联系起来的不同生产手段。

显然，在这里劳动手段和劳动对象，即关系和客体是具有自然属性的，其形成的边“界”是不能跨越的。唯一能够跨越的是主体，一个农民养几个牲畜是没有问题的，同样一个牧民种几亩地也是没有问题的。我们可以说双方主体都实现了跨界，但我们不能由此而认为，种植业和畜牧业生产的性质发生了变化。就好像，一个教师业余时间可以当厨师，一个厨师业余时间可以登台授课，但我们不能由此而认为教师用书本和粉笔就能进行烹饪；厨师用大勺和菜刀就能上课一样。这种“界”的自然属性，是无法跨越的，能跨越的仅仅是其主体。

其次，“界”的准自然属性，蕴含着社会属性。即为什么会有这种分工？这个问题较为复杂，根据一般常识性理解，开始的时候，这种社会属性是由自然属性过渡而来，是一种准自然属性。在土地肥沃的地区适合发展种植业，就自然会有人从事种植业，同样水草丰美的地区适合放牧则自然有人从事畜牧业，但随着生产力发展，尤其是交通运输的兴起，这种分工就不会那么严格，主体之间的跨界行为就成为可能。此外，“界”的准自然属性，说明其自然属性不是绝对的，是可以变化的，如楚河汉界之“国界”，也不是绝对的。古今中外，国界也是会发生变化的，时合时分。

“界”的社会属性，是无形之界。它不是一个物理概念，但它却实实在在的存在，其表现就是制度与法律。人类最早的制度与法律之界，就是婚姻制度、婚姻法，这是一种无形之界，人类社会就是从群婚、普那路亚婚、对偶婚、一夫一妻制一步一步走过来的，每一种制度代表着一种无形的“界”限；发展到今天所有法律法规都可以视同为“界”——如经营范围、行业规制、关税等等，没有空间概念的无形之“界”，是“界”的社会属性。

2.1.3 服务与服务产业

1. 服务的基本内涵

要准确地理解把握“跨界服务”，首先要搞清楚，“服务”在我国如何从一般社会行为升级为一种产业，即“服务”演变为“服务业”，再由“服务业”演变为“现代服务业”。在我国服务作为一般社会行为，或者一般产业古已有之，凡是为对方提供了一定的劳动，而没有形成实际性商品的都可以称之为“服务”。而作为产业，在新中国成立之初，非物质生产领域的工农业生产，都可以划分为服务性行业，在我国的国民经济统计中，服务性行业是不作为重要的统计指标的，我们先后使用工农业生产总值、国民收入这两个概念，而不使用国民生产总值（GDP）这个概念，不能直接创造财富的行业不纳入重要统计指标计算。纯粹的“服务”，作为一种可以交易的商业行为，西方学者也进行过探讨。其中，1960年，美国市场协会（AMA）定义“服务”为：“出售或是同产品搭售的活动、利益或满足感。”这一定义被广泛采用多年。1990年，市场营销学者菲利普·科特勒再次定义服务：“一方供给另一方难以获知，同时没有所有权转移的活动，生产与实际产品有关或无关。”在现代社会上，服务的含义越来越广泛，即为英国经济学家科林·格兰特·克拉克所述“斐帝·克拉克法则”中的“第三产业”。根据上述定义，笔者把服务作为一般性产业，归纳出四个基本特征：无形性、差异性、产销一体性、易逝性。

2. 服务升级为产业

在今天，我国国民经济分为三大产业，即农业为主的第一产业；工业为主的第二产业；除工农业产业之外的行业，均划归第三产业，其中包括矿业。第三产业核心就是“服务业”。改革开放前，我国人民对“服务”的理解和使用是字面上表现出来的含义，如就统计学而言，我们把社会产业分为第一、第二、第三产业肇始于 1991 年，之前我们的国民经济与社会经济发展统计公报中并没有三大产业划分之说，1991 年发布的唯一一次“五年计划”公报——“七五”计划时期计划公报（1986—1990 年）中第一次出现“第三产业”字样。这是因为，国家统计局在 1985 年建立了 SNA（国民经济账户）体系的年度 GDP 生产核算；1989 年构建年度 GDP 支出法核算；1992 年建立了季度 GDP 生产核算；1993 年，取消 MPS（物质产品平衡）体系国民收入，完成了 MPS 向 SNA 体系转换过程，这一转化过程用了十五年时间。但这并没有结束，后来经历了几次经济普查，获取了新的原始数据，为了与国际接轨，对以往的 GDP 数据进行了修订。

由此不难看出，服务业作为国民经济正式统计的产业，或者说作为一个重要产业，准确时间就是 1993 年。那么真正描述“跨界服务”这个概念，历史的视角，也只能从这一年算起。1993 年国家统计中，呈现出第三产业结果，但 1985 年国家统计局《关于建立第三产业统计的报告》中，就将第三产业分为四个层次，如表 2-1。

表 2-1　1985 年国家把“第三产业”分为四个层次

层次	产业部门	内容
第一层	流通部门	包括交通运输、邮电通信、商业饮食等
第二层	生产生活	包括金融、保险等
第三层	科技民生	包括教育、文化、广播电视事业等
第四层	公共服务	包括国家机关、社会团体以及军队和警察等

资料来源：根据 1985 年国家统计局《关于建立第三产业统计的报告》相关内容整理

2.1.4 服务产业的升级与发展

1. 现代服务业

现代服务业一词最早出现在 2012 年 2 月 22 日国家科技部发布的第 70 号文件中，文件指出：现代服务业，是指以现代科学技术特别是信息网络技术为主要支撑，建立在新的商业模式、服务方式和管理方法基础上的服务产业。这一概念的提出，主要是运用信息技术与知识经济对传统产业进行改造升级，以及随着信息技术发展而形成的新业态，那么这个“新业态”指的是什么？就是新兴服务业。

2. 新兴服务业

1997 年党的十五大报告、2000 年中央经济工作会议均指出：“既要提高传统服务业，又要发展旅游、信息等新兴服务业。”

这段描述，容易让人产生“新兴服务业”是独立于“现代服务业”之外的另一种行业的感觉。事实上，金融、房地产、旅游、会计、咨询、法律等，并不是在传统的服务业中不存在，只是通过信息技术知识经济进行改造升级，更加依赖信息技术和知识经济，在知识密集程度上，有别于传统第三产业的相关内容而已。如传统第三产业也有“信息”，但这些信息是附着在第一、第二产业或第三产业信息之外的产业上的，而新兴产业的“信息”，包括知识产权、大数据等体现了更大的价值，甚至反客为主，附加值超过了原来的附着物。如正版的操作系统要比计算机本身价值还大，大数据已经可以单独作为商品出售等。这些变化，并不能改变“信息”的性质。当然，信息技术与知识经济有没有催生新的业态？当然有，如“律师”，改革开放初期，我国基本上没有“律师”这个职业，它是公共司法领域的一个分支。同样，会计是附着于企业单位的一个职能部门，没有独立的“会计事务所”，也就不存在独立的“会计师”这个职业。所以，“新兴服务业”是指随着科技发展、分工细化、消费升级，利用新技术、新模式、新服务提升传统业，向社会提供高品质、高层次、多样化服务的产业。这一概念涵盖了升级改造后的现代服务业和新技术催生的新的服务业，对于后者，对于我们国家与其说是新技术催生，不如说是制度改革与国际接轨而催生的结果更为恰当，即新兴服务业仍隶属于现代服务业。

2.2 跨界服务

2.2.1 内涵与逻辑关系

1. 跨界服务的含义

随着新一轮信息技术革命的到来，三大产业不断融合发展，各企业、行业相互渗透、融合，不断催生跨界服务。作为跨界服务概念提出的先驱，国内学者吴朝晖和邓水光对跨界服务有一个前瞻性的定义，认为跨界服务为多学科融合，更是现代服务业中新的经济活动，也可视为企业管理新的内容形式，更是信息技术在现代服务业中新的应用场景。跨界服务具有跨域、融合、复杂的特点。

尽管吴、邓两位学者最早提出“跨界服务”概念，但其对这个概念的表述并不是一个严格意义上的“概念”界定，一是多学科交叉；二是新的经济现象或经济活动；三是企业的新的管理内容管理形式；四是新的应用场景。总之，突出一个“新”的特征，究竟新在哪里，没有表述，这充其量是一个概念表述的前提或者概念应当具备的特征。

综合上述分析，本书给跨界服务做以下界定：在具有现代意义的科学技术条件下，基于最大限度地释放生产力的需要，突破时空局限和体制制度规制，对传统意义上的产业、行业、企业经营范围等边界进行解构重组形成新的边界，以期用现代最先进的信息技术对现代服务业升级改造而形成的新的生产经营范式。

2. 跨界服务逻辑关系

跨界服务重在“服务”，在生产力推动下，“服务”的内涵在不断扩大，从一般服务到服务产业到现代服务业（包括新兴服务业），大致上可以分这三个阶段。服务内涵的扩展背后，一是科技的进步与支撑；二是体制机制的变革。在我国，三者的关系可以用表 2-2 表述。

表 2-2　跨界服务与科学技术和体制机制的关系

项目	跨界服务	科技支撑	体制机制
一般服务	经营范围扩大与产业链延伸，面向所有产业	主要以传统的电子信息技术支撑	计划经济时期 市场主体单一
服务产业	表现为企业多元化（多角化）生产经营、跨界合作、跨界营销等。锁定为第三产业。以电子商务为主要特征	主要以云算法等信息技术支撑，以 PC 为主要硬件支撑	计划经济向市场经济过渡时期， 市场主体由单一向多元发展，自由竞争时期
现代服务业	跨界融合，不同行业、产业、企业融合重构，以平台经济为主要特征	主要以互联网、大数据、万物互联等技术支撑，以 PC 和智能手机为主要硬件支撑	市场经济时期市场主体以多元为主，自由竞争走向垄断时期
公共服务业	跨界融合，体现国家治理的科教文卫等公共事业与公共服务业	以现代信息技术、数字技术、职能技术为主要支撑手段	体现政府治理体系和治理能力的现代化，不以营利为目的，以社会公众福祉的提升为目标

跨界服务，作为一个概念，一直以来没有一个权威的、为大家所普遍接受的定义。把跨界与跨界服务混淆，把跨界合作、经营、服务、融合以及多元化等混同，都是正常现象，基于对“服务”的不同理解，自然会产生不同含义的跨界服务。对通过“跨界”展示出的一切社会经济现象，设定一定的条件进行分类归纳，其实就是“划界”的过程，是主观行为不是客观存在。既如此，那么当跨界锁定为一般服务行为，一个相声演员去拍电影，一个普通制造业企业去经营房地产，把这种“服务”行为叫跨界服务，就没有什么不妥；当跨界目标锁定为服务产业，那么传统电子商务、O2O 被称作跨界服务，也同样有道理。当跨界目标锁定为现代服务业（包括新兴服务业）时，跨界服务有了较为权威的解读，因为这个概念是基于科技部对现代服务业概念的阐述。

2.2.2 基本原理

1. 前提与基础

具有现代意义的科学技术条件，是跨界服务产生的前提与基础，如果没有互联网、大数据等现代信息技术的支撑，就没有现代意义上的跨界服务，而现代信息技术的发展历程就是企业生产经营模式不断发生变化，最终由“跨界”转向“跨界服务”的历程。

互联网的前身是美国军方开发的阿帕网（APAR. net），主要是防止美方全军指挥系统在遭受苏联突然核攻击以后失去联系而研制的。阿帕网于20世纪60年代成型，70年代开始逐渐转为民用。这里一个关键的硬件技术就是微软计算机操作系统的“视窗”，直到WIN95版本，计算机才走进千家万户，为互联网广泛应用打下了坚实的民众基础。2007年，我国提出“互联网化”理念，2012年11月，在易观第五届移动互联网博览会上，首次提出“互联网+”概念。在2015年的政府工作报告中首次提出制定“互联网+”行动计划，推动移动互联网、云计算、大数据、物联网等与现代制造业结合。2015年7月4日，国务院印发《关于积极推进“互联网+”行动的指导意见》。由此可见，“+”后边就是跨界融合，而没有典型意义的现代信息技术“互联网”，这是不可想象的。

2. 跨界服务的拉力与驱动力

最大限度地释放生产力需要，是由跨界服务的拉力和驱动力共同完成的。生产力是社会发展的决定力量，而科学技术是第一生产力。

①跨界服务的拉力。首先，生产力是人类征服自然的手段。跨界服务的产生依赖于广泛的需求，有需求就有拉动力。而这种需求在互联网没有走进社会经济生活之前，就已经存在，而且需求很迫切，其表现就是传统的“跨界”现象，如跨界合作、跨界经营、多元化、产业链的前向一体化、产业链的后向一体化、电子商务等等。互联网既是跨界服务产生的条件和基础，也是跨界服务这种广泛社会需求的迫切需要，“互联网”可以说是“应运而生”，云计算、大数据、区块链、物联网等，均存在于这种逻辑中，这种需求的客观表现就体现在产业结构的优化理念中。所谓产业结构优化，或者优化了的产业结构，就是三大产业在GDP中的占比，一般逻辑是，最优结构为第三产业占比大；次优结构是第二产业占比大；最差结构则是第一产业占比大。我国政府一直主张产业结构转型升级，所谓转型，即实现最优产业结构，升级则是这一目标的实现过程。最差产业结构意味着总体看国家以农业经济为主导，次优产业结构意味着总体上国家以工业产业为主导，最优产业结构则以服务业为主导，而服务业则由一般服务业向现代服务业（包括新兴服务业）升级，现代服务业发达意味着知识

技术密集型产业发达，而服务业终究还要服务于第一、第二产业，对第一、第二产业进行反哺，以推动国民经济走向良性循环，这就是“创新驱动”的本质含义。产业结构优化的理念，有两个条件：一是基于社会分工在全球分布，国家地区之间存在着比较优势；二是资源可以在全球流动，那么不同国家地区要发挥比较优势，就必须参与全球社会分工。在这个过程中，在国民经济中，一国第一产业占比最大，说明该国是劳动力低下的农业国，必然处在全球价值链的末端；同样第二产业比重最大，虽然代表该国工业发达，但伴随着的是，社会资源的损耗和环境污染；只有第三产业发达，才能克服第一、第二产业存在的弊端，处在全球价值链顶端。但近来这种优化学说也受到挑战，由于第三产业发展畸形泡沫严重，导致国内产业（主要是工业）空心化问题明显，维护泡沫付出成本也很大。

②跨界服务的驱动力。生产力是最革命的元素，特点就是对传统的颠覆和对现代的重构，除旧布新，新陈代谢，这就使“破界并重新划界”成为可能。科技是第一生产力，但科学技术是一把双刃剑，一个新技术发明的诞生，往往意味着一个旧技术和发明的终结与毁灭，以科技为支撑的任何产业、行业、企业必须追上科技进步的步伐，否则不进则退，就会被淘汰出局，无论你在旧的科技方面曾经取得多么辉煌、多么炫目的成就。“创新驱动”永远在路上，科技创新对跨界服务与其说是驱动力不如说是“压力”更符合实际。

2.2.3 本质特征

对传统边界进行解构重组形成新边界，以互联网数字与信息构成的现代科学技术，改变了时空，为跨界服务提供了前提和基础。为了最大限度地释放生产力，使跨界服务具有了现实的可能性，而生产力本身又具有推动跨界服务的拉力和内驱力。但这一切并不意味着跨界服务会真正发生，因为服务要“跨界”还面临着很多软性的体制机制障碍，如政策制度、法律法规、关税、知识产权等等，这些被看作体制机制障碍的隐形“界限”，是和传统的边界相契合的，要破坏它需要建立新的规制，有破有立。有破而无立就会陷于无序状态，从宏观上给国民经济带来极大损害。撇开国家，市场主体考虑的问题和追求的目标，有时候是和国家宏观利益不一致的。尤其是服务产业，多数情况下充当的是一种国民财富再分配的职能，它不是直接的物质财富创造者，它只是有助于物质财富的创造并参与财富的分配。这就意味着对一个个体或者少数个体有利的事情，本质都是对其他个体和多数个体利益的让渡，而社会整体利益并没有多大变化。众所周知，电商网上交易，对实体店的打击是有目共睹的，而电商网上交易所得，就是实体店的让渡，尽管这种让渡并非自愿。从整个社会宏观视角来看，就是多数人的利益集中到少数人的手中。如果没有新的制度约束的话，这种情形会更糟，由于这种行为被放纵最终就会形成垄断，垄断一旦形成，所谓自由竞争就荡然无存了。当我们强调“市场在资源配置中起决定性作用”时总是刻意回避后边“更好地发挥政府作用”，政府作用就是监控市场运行，当市场失灵、市场失控进入无序状态，政府必然出手，政府出手的结果就是重新设定边界。

2.2.4 发展趋势

1. 产业演化的一般规律

现代服务业升级改造而形成新的生产经营范式，这个生产经营范式没有最新只有更新，在这一过程中完成产业结构的转型升级表现形式就是产业融合。经济学家科拉科和库兹涅茨研究成果显示，产业结构演变可分三个阶段：第一阶段，以农业为主的生产活动阶段，农业劳动力在就业中占绝对优势；第二阶段，工业收入 GDP 占比上升，劳动力逐步从第一产业向第二、第三产业转移；第三阶段，制造业在国民经济中地位由快速上升逐步转为下降，终将成为最大产业。参照工业阶段规律，服务业结构演变，在初级阶段，以餐饮、住宿等传统生活性服务业为主；在工业化时代，商品生产服务加快发展，从商业、交通运输业、通信业演变为金融业、保险业，甚至出现广告、咨询、房地产、旅游等新业态。在后工业化时代，金融、保险、商务、科研、信息、教育等服务业成为主流，前景广阔、潜力巨大。

2. 跨界融合的三大模式

跨界服务导致现代服务业与先进制造业融合，这种融合大致可以分为三种形态：

①结合型融合。是指生产中中间投入品中服务投入占比日益增加，如调研、研发、培训、咨询、服务等；同时，最终产品提供中，中间投入品中的制造业，投入占比也越来越大，如通信、互联网、金融等服务依赖大量物联网“硬件”。但中间投入的制造业产品，不是终端服务产品，而是通过运算与生产服务过程结合为一体。生产性服务业的迅猛发展，正是服务、制造业融合的产物，服务作为一种生产资料正逐步进入生产领域，导致制造业生产越来越依赖于“软件”，以计算型为特点的新型提升经济效率、竞争力的模式正在逐步显现。

②绑定型融合。是指制造业实体产品与相应服务产品绑定使用，确保消费者获得完整体验。消费者对制造业需求不局限于实物，更加注重使用、报废、回收全周期保障，产品内涵已从单一实体扩展至全面解决方案。如华为研发的

智能驾驶系统，为汽车智能化服务提供实现方案；部分企业还将技术服务与实体产品搭售，如联想笔记本将电脑、微软操作系统软件一并出售。在绑定融合中，通过对每个人的个性化服务，引导制造业产品变革、创新，如用户对手机的拍照、音乐等服务需求，推动诺基亚、塞班等性能手机向苹果、安卓等智能手机升级。

③延伸型融合。是指体育、娱乐产业引致周边衍生品需求，带动制造产业发展。如电影、动漫、体育赛事等能够带来大量的衍生品消费，包括服装、食品、玩具、装饰品、音像制品、工艺纪念品等实体产品。如 2019 年 4 月 22 日，万达宝贝王借力自身的 IP“海底小纵队”，在世界地球日与全国 5000 多家肯德基门店跨界合作，推出海底小纵队主题餐厅、“海底小纵队套餐”，双方实现了品牌知名度上的共赢。通过跨界形成产业链，为服务业、制造产业带来利润和商机，使二者实现有机融合，推动产业共同发展。如美国电影产业，票房仅占收入三分之一，其余则来自玩具、服装等电影衍生产品，如星球大战三部曲票房收入 18 亿美元，但是衍生品收入却达 45 亿美元。

3. 未来发展趋势

现代服务业有广阔的发展前景，跨界服务永远不会停止。在科学技术方面，人工智能、机器人、区块链、5G、量子通信技术等开始崭露头角；在管理层面去中心化取代科层制成为必然。由于全球化不可逆转，世界范围的自由贸易依然是人类社会发展的主要方向，现阶段由于 FTA（自由贸易区）和 FTZ（自由贸易协定）等区域一体化自由贸易导致关税与非关税贸易壁垒的拆除，跨界服务将会在世界范围布局。而跨界主体——资本，已经在世界范围内通行，在世界主要经济体范围联合起来了。金融资本主宰一切的时代将走向极致，其内在的逻辑悖论将导致资本主义生产关系的终结。这一切表现为三种形式：

①生产关系变革根本在于万物互联，通过对人、流程、数据、事物进行流程再造结合，网络连接更加有价值。万物互联融合信息后最终转为行动，从而推动社会更加创新，实现更丰富的场景体验和发展机遇。

②金融资本积累内在悖论逻辑。金融资本积累第一逻辑为生产性积累，即为金融资本通过对相关产业、商业、信用垄断引领、占领科技创新潮流，并积累大量的科技技术、成果，保持了技术垄断、科技优势，因而金融资本也推动着科技革命。第二个逻辑是非生产性积累，通过物品定价、地产拉动、国债投资等途径，建立内生循环积累机制，吸收社会财富。第三个逻辑是从生产性向非生产性积累偏移。金融资本能力越强，体现在对产业、商业和信用的支配力

上越明显，金融资本生产性积累遇到危机时，倾向于通过制造泡沫、战争等来解决。

③资本主义生产关系的破灭。马克思提出了三种资本，即生产资本、商业资本、银行资本，金融资本试图支配高端产业链，推动生产、流通、信用，推动全球化，但金融资本通过建立剥夺、寄生积累机制，导致资本势力膨胀，劳动、产业经营成本增加，甚至产生中产贫困、公众普遍债务、失业等严重的社会问题。按照马克思辩证逻辑，消灭金融资本的是金融资本自身。

2.3 跨界公共服务

2.3.1 内涵及特征

1. 跨界公共服务内涵

20 世纪 90 年代以来，科层、竞争治理日渐出现问题。前者服务角度较小，目标、手段之间冲突，政府机构重叠运作，难以一致对外服务，出现不连续性，很难提供社会公民需要的公共服务；后者受制于短期市场绩效，不断趋于专业分工、分散治理。西方国家开始改革公共部门整合机制，用以解决分散、碎片化困境。

①联合公共服务供给。1999 年英国发布《现代化政府》白皮书，确定“联合公共服务供给”政策。2001 年新西兰开始关注公共服务碎片化供给，逐步影响公共服务供给模式，面对复杂问题，提供整合性服务。

②协同性公共服务。协同性公共服务是指通过伙伴关系提供知识协同和信息服务。

③整体性公共服务。内容包括，治理、伙伴关系和网络技术、平台提供服务关系；提升制度化、经常化组织应变能力；增强跨界合作公共服务结构灵活性；整合服务、需求适应的政府结构。

2. 跨界公共服务基本特征

跨界公共服务本质在于跨界合作，而跨界合作本质在于不同领域整合，技术模式为网络平台。随着社会发展日益多元化、服务需求复杂化，迫切需求重新组合机制要素。对此，对公共服务需求复杂性进行分析，有三个突出特征：

①动态化。随着社会发展，公共服务需求规模呈持续增加趋势，内容不断变化。如随着人口老龄化问题的加剧，2021 年 5 月 31 日中国正式实施“三胎政策”，中国青年报对相关人群开展调研，94.6% 期待完善三孩公共服务，

83.7% 遇到带两个孩子出行仅一孩享受优惠的情况。

②多元化。公共服务需求构成种类多样。美国约翰·霍普金斯非营利部门项目组将划分十二大类非营利组织活动，非营利组织即为填补政府政策空白，从一个侧面反映了公共服务多元化特征。

③不确定性。需求难界定、相互依赖影响，不可持续发展，难以找到明确解决方案，可能需要各主体协调，这源自现代社会发展和技术进步困扰。

3. 公共服务促进经济发展

①提供优质公共服务扩大内需。内需不足是我国经济亟待解决的突出问题，通过增加政府开支，提供优质服务，可有效提升社会消费。对此，健全服务体系能有效扩大内需，为经济增长提供驱动。当居民社会保障需求得到满足时，就会将预防性储蓄投入消费，拉动经济。

②健全公共服务体系增加人力资本积累。随着科技发展、知识经济兴起，对劳动者素质提出越来越高要求，人力资本对经济发展的作用越来越大。我国人力资本投入不足，劳动者素质较低，技术、管理创新日渐成为发展制约因素。通过提高公共服务水平，有效增加我国人力资本积累，促进国家发展。

③健全公共服务体系优化经济发展环境。社会稳定等部分非经济因素对经济产生重要作用。建立普惠公共服务，可改善民生，缩小地区、群体差距，对于保持经济平稳发展可发挥重要作用。

2.3.2 跨界公共服务的形成

我国传统公共服务碎片化，导致“高成本、低效率”，公共服务已成为城市发展矛盾最多、公众满意度最低的领域。

1. 城市公共服务提供中跨领域部门合作缺失

我国城市基建一段时间内落后于城市发展，加之市政建设部门建设与服务失衡，重视项目建设、忽视项目维护和长期效益的问题突出，造成城市公共服务目的、需求相背离。

同时，传统城市公共服务片面强调政府主导，忽视社会组织作用，造成社会组织发育不良。即使少数社会组织提供公共服务，也存在信息落后、效率低等问题。市民日益增长的服务需求与投入的资金和人员不足之间相互产生矛盾。另外，公共服务财政投入错位，市场化运作方式缺乏，进一步激化公共服务供给不足矛盾。

2. 城市公共服务提供中跨政府职能部门协同困难

城市公共服务的专业化、部门化、利益化、制度化，直接造成“高成本、低效率”困境。虽然分工专业化追求系统完整，损害城市系统综合性，导致部门管理存在大量空白地带，不过实践中政府会通过组建新部门填补“缝隙”，或采取运动、突击式管理。

3. 城市公共服务提供中跨地域部门协作匮乏

行政地域、户籍衍生刚性边界会导致，一是过度供给高政绩公共服务，二是低政绩公共服务缺失加剧。跨地域部门协作匮乏，公共服务均等化难以实现。

解决以上困境，需要建立完善、先进的模式，应以信息技术为平台构建网络化结构，开展跨界合作，替代等级制结构，促进主体协作，提供高效、精细的城市公共服务体系。

2.3.3 内在逻辑

1. 公共服务的“破”与“立”

（1）凡事不破不立

所谓“破”，即出现一种与现状差异极大的新事物，并且其对原有的秩序有强大的破坏性。这种破坏性也不绝对是负面的，是“立”的基础，没有对旧事物的扬弃，必然没有新事物的诞生，新事物一般是在旧事物的基础上通过颠覆旧事物发展起来的。“破与立”主要有两类：

第一类是先破后立。改革开放四十多年，总体来说，摸着石头过河，就是先破后立的过程。以价格为例，我们经历过价格闯关，在计划经济时期，几乎所有商品都是固定价格，后来实行指令性价格与指导性价格的价格双规，再后来，双规合一。但如此一来就走向另一个极端，价格全部放开之后，对非营利性公共服务事业造成冲击，影响了人民生活的基本保障和社会福利的公平分配，于是国家又开始在社会公共服务领域颁发指导性价格，如水、电、气领域。在涉及到国家安全问题上，在意识形态问题上，都存在先放后收的特点。先破后立本质上是一种实验性创新服务。

第二类则是先立后破。先立后破是指先确定某种服务目标，并设置相应的组织机构和运作的机制制度，然后把这一服务目标涵盖的相关服务内容，纳入为这个目标事实而新创立的服务体制中。如根据国际国内形式发展需要，在国家顶层机构设置中，党的十八届三中全会后先后成立了中央全面深化改革领导小组、中央网络安全和信息化领导小组、中央军委深化国防和军队改革领导小组等。国家大部制改革、国务院部委调整，每一次变动不是“先立后破”就是“先破后立”。

（2）“破与立”的理论借鉴

“破与立”的辩证关系，可以借鉴“破坏性创新”理论，这一理论原创是服务于企业的，但其揭示的规律可以为“跨界公共服务”内在逻辑所利用。破坏性创新的概念，最初是在 20 世纪前 50 年，由奥地利经济学家创新学派代表人物熊皮特提出的，在“创造性毁灭的过程”中，利用新的产品、市场，以及新的行业组织，“不断地破坏旧结构，创造新结构”。随后，在 2004 年，克莱顿·克里斯腾森、迈克尔·雷纳和马特·韦尔兰登等人对这一初级理论进行了较为细致的演化和整合，进而形成团队的共同著作《滑向未来的利润源》，发表在《哈佛商业评论》。

克莱顿·克里斯腾森等人的观点是，一般情况下，当某个行业处于刚兴起的阶段，如果其开发的新产品功能不能达到客户的要求，那这时的竞争集中在对产品性能进行提升上。每个公司都在研发新的产品和技术，希望新产品可以拥有更好的性能，以抢夺市场份额，并满足更高级、更优质的客户的需要，以求取高利润。运用这种策略，就不能使用标准接口去组装零部件，因为如果商品功能不够齐全，产品设计不完美，就会直接造成竞争失败，反而需要功能完整、各方面满足客户要求的产品，同时要匹配响应完整的、具有特点的结构框架。此时，需要企业利用整体性的组织架构确保商品功能可以持续调整并升级。

产品性能的提高一开始都超出消费者的想象，通过勇于尝试新事物的优先使用，然后逐渐扩散。当超前的技术远超过主流客户的需求时，企业就可以降低成本，并去低端市场上争取那些对性能有着更低需求的客户，这种竞争方式，可以让他们更快地推出新产品，或者提供私人定制，以满足细分市场的客户需求。如此这般，市场格局就发生了根本性改变，主导地位的整合性企业逐渐被产业链上各端平行的专业化企业所替代。

破坏性创新正是通过科技手段的升级，切入产业链中最脆弱的部分，改变存在的组织状态，从而持续对产品和服务进行升级的过程。亚历山大·奥斯瓦尔德先生将“破坏性创新”归纳为四种：

第一，破坏性技术。用更低的价格和更好的性能满足客户的基本需要，这种技术有升级的潜力，所以也可以称为破坏性技术或是颠覆性技术。比如光盘驱动器替代了磁盘驱动器，因为光盘有低价格优势并可以存储更多信息。

第二，破坏性产品。一些产品以更低价格和更佳性能，替代了已有的雷同产品。例如，经济型酒店用低价格和满足居住的基本服务需求，破坏性颠覆传统星级酒店的地位。

第三，破坏性方法。产业发展，产生一些破坏性质的方法，这些方法通常比传统方法更优异，他们产生更佳的性能或更低的价格，还为他们所在的公司带来了竞争优势。

第四，破坏性模式。破坏性技术、破坏性产品或破坏性经营方法，都可以称为破坏性商业模式的一种，在新的商业模式下构成对已存在模式的颠覆。

2. 公共服务的“分”与“和”

随着信息技术的快速发展，社会发展展现出信息化、数字化等特点。政府为了管理，只能配合这种时代的进步，才能充分发挥管理的作用。顺应时代潮流，数字治理逐渐走到了人民面前，数字化能快速提升政府治理水平，支撑经济安全发展、为人民生活提供便利。数字治理为政府治理提供了更好的工具，互联网、物联网、人工智能等新的信息技术，正在公共管理领域崭露头角。政府网站、在线政务服务平台为人民提供了信息和服务，政务事项的“秒批”让政府的办事程序发生显著改变。随着高新技术的应用，公共治理变得更高效、科学。数字治理为数字城市的建立奠定了基础，信息成为与土地、劳动力、资本、技术同等重要的生产要素，并开始发挥更重要的作用。北京、浙江等地开始大量尝试建立新型政府治理系统，从细微处察觉问题，从宏观处分析问题，优化政府管理与决策，构建数据说话、数据决策的新型政府。在应对新冠肺炎疫情过程中，“健康宝”“防疫行程卡”等数字应用发挥了重要作用，数字化在疫情防控、监测分析、资源调配等方面的创新，提高了政府治理效能。

可见，数字化转型推动政府治理升级。要加速数字化转型升级，使政府治理更加高效和便捷，掌握信息技术已成为政府的必要手段。政府在治理过程中，要充分吸取社会各界的经验，根据实际需求推进自己的数字化转型，运用信息化手段，不断升级治理效能。

第 3 章　理论基础

跨界公共服务基本内涵就是分工与协作，准确地说就是在分工的基础上进行协作，这种协作在今天可以理解为跨界、合作、融合。协作的必要性体现在，无论是自然分工还是社会分工都会形成一定的边界，这种表面上的逻辑掩盖了一个基本事实就是随着社会生产力发展，公共服务时分时合，有分有合，先分后合等等。正是从这个意义上说，引进马克思分工协作理论作为跨界公共服务的基础理论无疑是正确选择。

与分工协作理论一脉相承的是整体治理理论，这一理论是对分工协作理论成果的具体运用，其现实表现就是集权与分权、垂直管理与水平管理。垂直管理统得过死，滋生官僚主义导致条条分割；水平管理则过于分散自由、无政府主义，会出现块块分割，导致管理事务的碎片化倾向。如何做到统分结合、民主集中是提高生产效率的关键，跨界公共服务理论正是借鉴这一理论，回应社会现实。在数字化网络时代，在普遍追求效率的大背景下，事务的多样性要求管理的一致性与事务的一致性要求管理的多元性同时存在，如何将其辩证统一实现最优化，无疑是跨界公共服务必须正视的问题。

跨界服务是上述两个有传承关系的基础理论的具象化，或者叫具体应用与实践。为了研究必要，本书尝试把跨界公共服务也上升到理论层面进行探讨，尽管其本质是对上述两个理论的应用，如此，三个理论叠加，构成本书的完整理论系统。

此外，理论框架留有部分接口，即这两种理论现实中的推动力是什么？跨界公共服务游走在分工与协作、集权与分权的两域之间，并在今天形成公共服务的跨界特征，其动力压力何在？跨界公共服务的理论分析框架，如图 3-1。

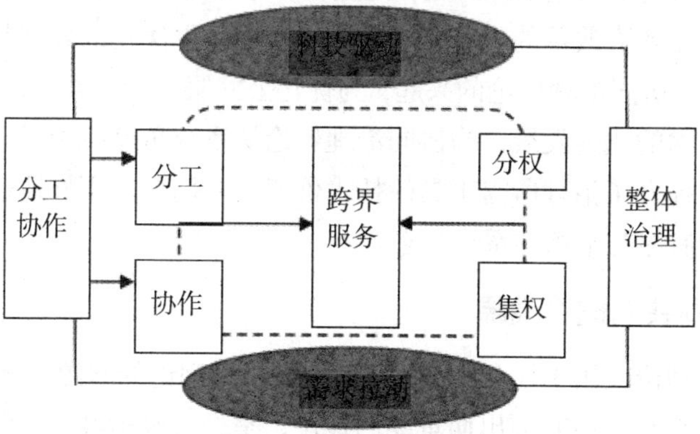

图 3-1　理论分析框架

3.1 协同共治理论

3.1.1 理论基础及背景

协同治理理论，是自然科学中的协同论与社会科学中的治理理论交叉形成的一种社会协同共治理论。这一理论对于诠释社会发展中各系统的组成部分具有较强的解释力度。了解这一理论的起源，需要对协同论与治理理论均有所知晓。

协同论是在总结多个学科的基础上发展而来的，属于系统科学的范畴，由著名的物理学家哈肯提出并创建，代表作《协同学导论》。协同理论主要关注的是，“远离平衡状态的开放系统在与外界有物质或能量交换的情况下，如何通过自己内部协同作用，自发地出现时间、空间和功能上的有序结构”。这一研究内容放在社会科学领域，可以理解为社会系统的不平衡状态，在开放的条件下与外界各种各样的干扰因素产生碰撞，经过内部协同，自然转换为平衡有序的状态。哈肯提出协同论关注的重点在于，“许多子系统联合作用，以产生宏观尺度上的结构和功能；同时，许多不同的学科合作，发现来自组织系统的一般原理”。关注事物的发展由旧的秩序转变到新的秩序，在此基础上通过类比从无序到有序得到有机的数学模型和解决方案，并延展到其他学科领域。

治理理论起源于政治学科，后被应用到经济与社会科学中。其提出者之一罗西瑙将治理的概念与统治进行区分，提出治理的范畴更大，不仅是政府的机制，而且涵盖非政府的作用与影响，在政治进程中许多不同的利益团体在达成一致的前提下实现各自的目标，在某个领域或者是范围内推进计划。随着社会组织与非政府部门的力量不断发展，为重新思考政府、市场、社会之间的关系，从扩展角度转变政府改革的思路，对现实问题进行更优化的处理与解决，治理理论应运而生。协同治理理论的兴起，为优化公共服务的方案提供了新的方向。跨界互联网技术的快速发展，为协同治理理论从系统角度赋予了新的科技内涵和应用属性，提升了治理所需工具的技术价值，人们可以更好地达成协同治理理论所追求的有序与平衡的系统状态。

3.1.2 协同共治理论溯源

协同共治理论应用于社会经济学科，需要找到理论的起源。分工协作理论，在马克思学术殿堂中占有突出而重要的地位，是一切政治经济范畴中的范畴。

马克思系统完整地研究了分工协作在生产力和工作内容中的发展过程，并深刻解读了分工协作对于社会关系发展的限制条件。

马克思在 1861—1863 年的《经济学手稿》中首次系统地阐述了他的分工与协作思想，对前人柏拉图、色诺芬、弗格森、史密斯等的思想进行了分析和批判，认为他们的思想具有一定的片面性和局限性。因此，他把分工与协作纳入生产力运动的变化过程。马克思从系统整体的角度出发，提出生产力的发展水平是实现分工的实际依据；与此同时，马克思辩证地阐释分工和生产力发展水平间的关系，认为劳动分工不仅是简单依靠生产力的提升，在某些条件下，劳动分工可以先于生产力而发展，构建生产要素与技术手段紧密结合的状态，形成推动生产力发展的积极影响。马克思提出，分工和协作二者互相依赖、密切相联，成为共同助力劳动能力与生产力变化发展的推进力。

1. 分工协作关系的内容

①就劳动过程主体而言，一方面，分工有助于发挥劳动者既定的劳动能力。这是因为：劳动者既定的劳动能力是“分解”当地劳动过程的客观依据；分工促进“因材施教”地安排和执行社会生产，分工简化了当地劳动，使更加专业化的劳动开始产生，加深了劳动者对某一操作过程的认识，提高了劳动者的劳动技能。

②以分工为基础的协作，使生产要素得到合理的安排和分配，形成了当地劳动过程的有机连续性，形成了这一过程的节奏；它减少了许多造成时间损失的中间工序，减少了生产过程中原材料的消耗，从而缩短了生产周期，提高了劳动效率。

③分工是推动工具发展的重要力量。资源的创造，取决于对劳动手段和劳动对象的熟悉熟练程度，泰勒的科学管理，正是基于这种较强的专业分工，把人像机器一样，精准地算出其运动步骤。

④分工促进了进一步的社会协作，社会工作“因分离和独立而团结”生产进而产生综合生产力。分工导致劳动生产力提高，叠加分工之后的协作使生产力进一步增加，这种先分后合的生产方式，更能够促进生产力的进一步发展。

马克思认为，分工与协作本身虽然不属于资本过程的附加值，但它提高了资本的生产力，他肯定了史密斯“把分工放在首位，强调分工的重要性，把分工看作生产力工作（资本）”的卓越思想。分工协作提高生产效率，减少重新生产所需的工作时间，延长剩余工作时间，增加了资本主义生产的价值。

针对以上观点马克思指出，如果分工协作提高了劳动生产率，资本就不会持续增加，它还导致“节约可持续资本”。因此生产过程中的分工和组合（协作的领导者）是一项不需要资本家花钱的活动，具有实施上的群众基础。

而且，马克思对分工协作与利用机器提高生产力进行了比较，认为机器生产的生产力就是“生产所产生的生产力”。在这种情况下，马克思强调了与机器使用有关的人类分离与协作的特殊经济重要性。

马克思的这些思想并不局限于对资本主义生产过程的一种解释：就资本主义力量的发展脉络而言，分工与协作的发展必然导致机械生产的产生和实施，机器的使用是发展生产力的新起点，是新的劳动分工的物质基础，这种分工与协作可以提高劳动生产率，节省不变的资本，这应该而且已经在使用机器的条件下得到证明。值得注意的是，马克思不仅深入思考劳动分工和资本生产间的关系，提出分工是“一切不同的生产方式”，协作是社会混合的基础，而且，从劳动分工的角度展示全面发展生产力的必然性，说明资本主义私有制的劳动分工是注定要被淘汰的，生产力的不断进步是社会主义劳动分工的应有之义。

2. 分工协作关系的现实意义

①财力不足与经济发展的客观要求相矛盾，这是新中国成立初期相当长一段时期内一个明显的矛盾。运用计划经济的优势，改进和发展当时的社会主义生产分工与协作，建立地方劳动协作和广泛的社会联盟，不仅是社会工作和企业不同生产要素协调结合的要求，更是改进地方工作方法，提高地方工作效能的有效方式；此外，大规模和广泛的协作，可以更好地实现生产过程的社会整合，从而产生联合生产力；因此，明确社会工作的基础和标准，合理组织社会工作，合理分配协作关系，可以发挥社会各生产要素的潜力，提高社会工作的功能和效率，进一步筹集资金，提高经济发展水平。

②从中国经济发展的角度看，改善和发展分工协作，提高生活中的劳动生产力非常重要，列宁说提高劳动生产力是确保新社会制度胜利的最重要的因素。在新中国成立初期，我们的物质是匮乏的，物质基础和工业基础都是相对薄弱的，人民需要节衣缩食地过日子。然而增加智力投资，提高劳动力素质，提高劳动人口的生产力需要一个过程，也需要较为充裕的资金。在这种情况下，通过改善和发展分工协作，提高活劳动生产力就显得尤为重要，这不仅节约了投资，而且发展了生产力；同时，也将增加和扩大劳动力积累，提高整个社会的经济发展水平。

③合理分工、广泛协作可以对共同使用的生产方式做出重大贡献，从而节约生产资源，对共同使用生产资料的能力做出充分贡献。由于合理分工和广泛协作无法实现，相当一部分机械设备和生产设施使用不充分、不合理，造成这

部分生产设施使用效率低，不能起到它们应有的作用，导致现有的生产资料和现有生产能力和潜力不能得到充分发挥。解决这个问题要靠全社会各个主体齐心协力去完成，按照社会化大生产的要求，打破地区、部门、公司之间的壁垒，在合理分工的基础上，把生产和活动综合起来。充分合理地利用有限的生产资料，最大限度地发挥现有生产资料的潜力，实现生产资料的社会储备，这对于在比较薄弱的物质基础上发展社会主义生产意义是十分重大的。

我们要从理论上和思想上确认，在社会主义条件下，在一定的生产力水平上，根据现有的人、财、物条件，进行合理的劳动和协作，发展这种分工协作关系，是社会主义生产力发展的规律，是社会主义制度的一种必然优势。

3.1.3 分工协作与生产力整体

马克思从生产力发展的角度，分析了分工导致社会工作分离与结合的辩证运动，科学地强调了生产力是一个有机整体。马克思和恩格斯在相关论著中充分肯定了分工发展对劳动过程发展的重要性（这种演进是一个加强生产力整体性的过程），出现了“全面生产力思想”的萌芽，“社会工作相互分离，成为一支自由、独立的劳动力，由于内在的必然性，只能作为一个整体和一个整体联合起来”。1859 年秋天，马克思在他的一篇手稿中写道：“各种不同的劳动都是社会工作的不同部分，因此，社会分工是社会工作的一种形式，所有的工作都通过交换作为一个整体和一个附加部分来表达。”

在 1861—1863 年的《经济学手稿》中，马克思进一步完善和发展了自己的思想，分析了分工发展对整个经济生活的影响，特别是对生产力发展和劳动发展过程的影响。这一点非常重要，分工导致了社会工作分离、结合再分离的辩证运动，社会工作凭借分离和独立，完善和发展了它的功能，导致了社会劳动关系的必然延伸和深化，只有结合实际，才能补充和完善社会工作，社会工作分离和独立的结果是当地劳动力之间不可避免的联系。很明显，当 1863 年《经济学手稿》完成时，马克思已经形成了一个完整的“全面生产力思想”。

整体生产力的概念描述了一个复杂的过程，社会工作的分离与结合，内部关系的扩大与深化、分离与结合是互为条件的，每一次的分离与结合，都是对以往的分离与结合的否定。如果把手工艺和农业分开，基本上就取消了对原始联合劳动的禁令，由于这种孤立，生产力被推迟了一大步，导致了原有社会制度的崩溃。资本主义也是对封建社会农民分散劳动的否定，它把工人聚集在大农场、大工厂里，创造新的社会工作组合。分离与整合的不断相互运动是困难的，不仅是生产方式的替代，而且是生产力发展到一定阶段的情况。分离与统一也是一个复杂的过程，但分离与社会工作相结合的辩证运动是共同的，这是因为分离与结合都是对过去社会劳动联系的发展，因而联系不断扩大和深化，生产力不断向有机整体转变。

由于分工的发展，生产力和经济生活的基础在于不断加强其整体性，不断创造新的工作安排，这表明分工和协作只有作为一个整体才能发挥出越来越大的作用。

任何生产力都是基于一定的生产关系实现的，没有明确固定的生产关系空谈生产力是不现实的。因此，人们不是机械地，而是积极地适应一个不断加强生产力完整性的客观过程。在公有制下，人们在生产中创造一定的关系、物质条件，允许知情的协作；联合劳动是整个社会主义生产力运动的基础，发展生产力的问题表现为缺乏整体性。

1. 分工协作的必然性

在社会工作方面，缺乏分工与协作导致了一些弊端，直接影响到地方工作的成效；国家单一计划不适用于不同部门和地区间的社会有机协作，导致国家单一计划在具体实施过程中机械配置，影响到发展目标的实现；不分离劳动关系和协作促进了独立和独立的区域经济的发展，并创造了经济和社会发展的“排他性”形式，结果导致整个社会未能建立起不同的生产经营环节，社会工作不同部分之间缺乏对等、沟通和渗透，导致经济发展缺乏活力。部门的区域划分和归属阻碍了工作与协作的顺利开展。因此可以说，不能与生产力发展建立正确的分工协作关系，已经成为制约生产力发展的关键因素，改善上述问题就可以增强生产力的完整性，提高整个社会的生产效率。

2. 分工协作的切入点

①要从改革入手，打破区域分割、部门所有制的现状，发展和拓宽经济活动的横向联系，为广泛分工协作创造社会条件。同时，完善和加强宏观经济工作组织，形成经济发展的有机网络。

②合理布局经济区，发展区域经济。通过创造合理的分工，适应社会大众化生产的要求，逐步由经济组织向行政区划转变。

③制定区域经济发展规划和计划。区域经济规划应处于整个经济规划中，通过区域经济规划，与国家经济计划相联系。

④通过合理投资，建设高效合理的生产性基础设施。以实现生产要素的合理配置为前提，使各类生产要素形成有机共同体。

⑤社会主义市场的开放和扩大，一方面是通过市场实现产品的分工生产，进而实现生产力的提升；另一方面，市场的逐步开放和扩大是城市一体化、扩

大化和深化经济交往的必要前提，直接生产过程中的市场反应可以增强生产力的完整性，提高生产效率。

总之，分工协作是实现人民自觉行动所必须采取的一种形式。

3.2　整体性治理理论

整体性治理理论是在与新公共管理理论的论证中建立起来的，是一种企图修正新公共管理理论使其行为中庸化的尝试。所谓新公共管理理论，是 20 世纪 60 年代一种基于经济滞胀的国家状态，经过对政府管理、行政管理的广泛研究而产生的，是一场肇始于英国、勃兴于美国的公共部门与公共行政领域的改革运动。但这种运动矫枉过正，成了新自由主义的滥觞，它信奉绝对的小政府大社会，主张减小政府规模、压缩政府活动空间、创新服务供给方法，结果导致公共管理的碎片化、无序化、混乱化。整体性治理理论试图解决以上问题，目标如同唐纳德•凯特尔感叹的那样："戈德史密斯和埃格斯的最深刻的见地是，必须按照传统的自上而下的层级结构建立纵向的权力线，并根据新兴的各种网络建立横向的行动线。"这无疑是整体性治理理论的精髓。

3.2.1 理论提出

整体性治理理论是为了回应新公共管理运动而提出的应对政府治理难题的创新理论。整体性治理理论的代表人物希克斯提出，整体性治理是将公众的治理需求作为结果导向，利用科学技术手段，以协调、整合为关键点，从整体、系统的角度统领治理的层级与功能，处理公私部门间的关系以及与此相关的信息平台，实现有机的治理导向，从分散到整体、从部分到整体、从碎片化到整体性，实现完整衔接的政府治理模式。这一理论的出发点是运用现代高速发展的技术手段，解除政府部门之间的隔阂，密切政企之间的关系，加强合作与协同，战略性地回答新公共管理运动的碎片化问题。针对"问题—对策"，整体性治理理论提出了关键的"协调与整合"概念。不仅如此，希克斯认为协调与整合可以发展为"协调""整合""逐渐紧密与相互涉入"三个阶段。相比整合而言，"逐渐紧密与相互涉入"这一阶段是更深层次的联系与合作，代表了合作模式的紧密、合作阶段的深入以及合作结构的稳定。这一理论内涵正与跨界公共服务紧密契合，在互联网跨界技术的引导下，政府治理、非政府治理都进入了新的阶段，需要回应新条件下的新问题，整体性治理理论可以更准确地回答，实现跨界公共服务的提升与完善。

3.2.2 整体性治理理论的理论传承与组织基础

整体治理理论，引导了市民的需求，利用信息技术和现代信息系统作为治理手段和工具，这是对治理系统的整体协调、整合，并对反映管理水平的责任、公共性、信息系统等分散问题进行了有机调整。这样的治理进程从地方分权到中央集权，从一部分向全体，从各自分工向统一协作发展。这是一种政府管理模式，为市民提供无缝、不可分割的全面服务。

整体治理理论是新的公共管理理论的展开。新的公共管理理论从经济和社会的角度来看政府的治理行为，在这个背景下，随着世界经济一体化的发展，政府治理对效率的需求也在增加。现代欧美社会提倡公共服务的多样化，而官僚制度的结构和运营受到低效率的影响，因此，新的政府治理方法的出现，反映了时代的要求和群众的呼声，也是社会经济发展的必要阶段。

随着信息化时代的到来，20 世纪 90 年代以后，信息技术快速发展并得到广泛应用，一些新的行政治理模式得以产生和发展。新模式成功地提高了政府解决问题的能力，在服务供应商的竞争中导入了多样性。随着信息技术的发展，政府的经营需要从分散化向中央集权化、从一部分向全体过渡，对此，有学者认为，数字信息时代的治理强调服务的再整合，提倡全面协调的决策模式和电子政府活动的广泛数字化。

在政府改革中，新行政理念导入了灵活组织形式，以实现对政府权力的解构与重组。这也是一种创新的公共管理形式，包括虚拟组织也是综合管理模式的组织基础。希克斯相信，在整体主义经营理论背后有三个假设：第一，治理结构和能力不是以高效的管理流程为导向的，而是以问题为导向，它很有可能解决一些群众最担心的问题；第二，民众一系列问题需要协同解决；第三，要解决一些问题，必须整合政府机关以及各个职业、层次、机关的活动。良好的治理理论目标是整合政府职能，解决部门和机构之间的问题，更好地为民众提供公共服务。

在这三个假设中，后两个是我们必须仔细审视的，让我们再次回顾韦伯的理想官僚模式——政府的目标之一是解决以上问题，官僚制是基于合理性的，它最大的优点是具有非人格化、特殊化、制度化的特性；它反驳了爱国主义下的人类规则，推进了行政变化。

整体治理理论假设各个不同的部门单位在行使职责的过程中，合作解决并处理问题，而复杂问题的存在使组织的进步发展变得更具有可能性。从一定角度来说，这样的政府组织形式可以认为是网络形态，但与此同时，并不能取代原有的稳定的官僚机构部门，由于管理和配置系统不是网格政府模式，而是作为分级政府模式设计的，所以两种管理模式常常与实际操作相矛盾。政府和市民需要完全不同的公共管理体制，让他们放弃使用了几百年的传统官僚制度，存在很大的障碍和困难。

在 20 世纪，韦伯提出的官僚制度是提供公共服务、实现公共政策目标的主要组织模式。但是，这是一种依赖于管理和控制程序的规则和特定组织文化的官僚制度。显而易见，21 世纪是一个复杂、多元的时代，20 世纪的理论不能满足这个时代的要求。例如，国防部和公安部在国家安全保障领域不能单独有效地阻止恐怖活动，因此需要更加完备的通信系统，以更快的速度从民间组织收集、分析、处理各类信息。在某种程度上，整体治理理论是基于官僚制度，但不属于官僚制和新公共管理理论的典型范式。

3.2.3 整体性治理理论的现实价值

整体治理理论的重要性与新公共管理理论的不足有关，主要体现在以下几个方面：

1. 以人为本，增加“管理原则”的价值

新公共管理理论是一场以效率为基本价值的改革运动。市场机制和私营部门管理的工具和方法具有“管理主义”的价值观，破坏了公平、正义、责任的民主价值观。我们应该把公共需求和公共服务作为一个整体来考虑，强调政府在社会管理和公共服务领域的职能，通过协调、协作、融合，促进公共服务之间的密切协作，实现公共服务与公众的无缝对接。在生活中，它突出了“宪政”的特征，具有价值性和公益性。

2. 诚实守信，克服分权行政的困境

新的行政改革创造了一种不同于传统官僚体制的组织结构，也就是扁平分散的组织结构，同时，新的公共管理通过竞争机制提供优质和多样化的服务。但是，它没有考虑到服务之间的协作与协调，部委之间缺乏协作决策机制，容易陷入独立治理的困境。而整体治理不仅克服了政府组织内部部门性和自治性的不足，而且协调了社会与市场的横向关系，对政府的战略协调起到了全面的服务作用，因此市场和社会应该共同管理整个社会网络。

3. 以综合性组织为载体，以弥补权力过度分散的弊病

然而，过度的权力下放会导致信息失真以及机构与本地利益相关者之间的沟通缺乏，这会增加追求政府利益的离心力，减少政府聚集资源的能力以及为民众服务的能力。整体治理在一定程度上可以纠正新公共行政权力过度分散造

成的多层次结构的弊端，即横向的、在官僚层面支持一个全面的组织结构，并控制政治进程，加强各部门的能力，促进不同部门之间的联系与协作。

4. 提供了一套全新的治理方法和手段

以整体和网络信息技术为基础，整合了各种信息和网络技术，提高政府管理和流程的透明度，从而提高政府运作效率。

3.3 跨界治理理论

纵观世界，许多国家在行政体制、人事部门、保险制度、国家预算和其他领域都采用了统筹协调的概念。这一概念的引入促使政府变革行政体制，创建和设立服务型政府，进一步促进政府不同部门间资源的系统整合，促进职能有机统一的大部门体制的实施和部门间协调机制的完善，具体启示和应用如下：

第一，对我国大部制改革的总体制度和进度进行了深入的梳理，体现在公众重新关注行政理念，强调组织结构内的协作与整合，允许多重参与公共服务，数字信息技术必须通过技术手段来实现。

第二，对中国政府和人事制度的评价，对其结构和运行机制从各个方面进行分析和优化。

第三，针对中国政府预算体系中的碎片化、信息孤岛化现象，进行全方位的思考和善治，这就需要建立面向公民需求的政府预算综合模式，包括将信息技术作为治理和协调的手段，将整合和责任作为管理战略。

第四，综合治理一般用于解决行政区域内横向政府组织之间的跨界治理问题，它对区域公共行政和协作管理具有重要的启示和操作价值。

3.3.1 理论背景与理论价值

佩里和邓利维等科学家在 20 世纪 90 年代提出了部门治理理论，这是新公共行政解决公共服务碎片化的主要策略来源。在亚当·斯密和韦伯提出分工是提高政府行政能力的重要因素之后，专业化分工已成为政府部门推崇的模式，但过分强调专业化分工，导致政府机构过多，分配过多。此外，权力领域主体的分配在某些方面能够促进效率提高，但在复杂问题紧密相关、无法个别解决的情形下，新公共行政更偏好利用不同职能部门间的竞争，通过新自由主义的方式弥补传统科层制行政体制的缺陷。但这样的做法无视了部门间合作协同的必要性，这也是为什么学术界和理论界致力于解决治理碎片化的问题，在这种情况下就产生了一套完整的领导理论。打造数字政府，整合与信任作为一种管理机制，注重从分散向整合过渡，强调政府活动是为公民提供综合公共服务的一般活动。它认为，综合治理可以促进某一公共领域的关键部门之间的协作，以便更好地共享资源，避免出现相互排斥和破坏性的政策和决定。

数字政府作为一种新的政府治理理念，在西方国家得到了很好的运用。综合治理和跨界公共治理作为一般政府解决行政管理中碎片化问题的新工具，二者密切相关。

首先，控制适宜，注重信息技术的实施。在邓利维看来，综合治理是以信息技术为基础的，这对服务信息的整合、电子政务的全面决策和普及程度，以及消除各部委之间的壁垒和区域间沟通的顺畅运行提出了更高的要求。为了使综合治理发挥整体作用，我们需要利用信息技术来理解数据共享，有效发展和实施信息技术也是更有效率地处理跨界问题的重要抓手之一。

其次，管理目标一致。要保护公共利益，整体治理把领导作为一种协调、整合、信任的机制，突出不同层次，整合不同部门的关系，主要目的是有效回应公众的诉求，解决人民群众的实际问题，提高人们的幸福感。因此各国政府的目标是一致的，也就是说都是针对公民的需要，解决民众关切，以人为本。

在民主施政领域，整体施政过程强调恢复公共利益的概念，提倡结构的协调和一体化。以信任和问责机制为工具，依赖信息技术，针对跨界公共事务的碎片化问题进行协调整合进而成功解决，是提高政府行政效率的内在要求。笔者运用整体治理理论，从概念、主题和资源三个方面构建了跨界公共服务的整体治理机制。

1. 概念层面：重新界定责任概念

整体治理旨在解决跨界公共问题，重视整体目标的实现，致力于维护最佳公共利益和一般公共利益。整体治理是解决碎片化问题的根本措施，首先必须改革治理领域的责任划分原则，解决碎片化问题。正因为如此，在管理人员进行知识技能领域的培训时，要注意责任观念的转变，制定明确的工作要求和评价指标体系，避免相互规避、投机取巧、“踢皮球”等不负责任行为的出现；确保跨境公共部门治理的行政效率，加强各政府机构之间的协作，即在利益均衡的基础上，在平等协商的基础上，促进治理原则的有机结合。

2. 主体层面：建立共同治理结构

整体治理强调以多种问题为基础的治理，提倡放弃强势政府的治理，旨在建设服务型政府，提高政府治理效率。整体治理可以有效提高跨境公共部门治理效率，这就要求政府在履行管理职责的同时，加强与社会力量的协调与协作，积极管理非营利组织、企业、社会团体、民众等，与群众和其他不同的社会团体在跨界公共服务的过程中实现合作，以开创管理协作的新局面。利用部门、人员之间的信任处理复杂的、牵涉多方的利益问题，参与联合管理，比起用威权的强制工具更有效。威权制度是整理资源和协同合作的制度保障，信任制度的设置建立在解决问题的互动过程之上，只有通过各主体之间的沟通，才能建立良好的信任关系，进而更好地实施公共事务的跨界治理。我们可以从两个方面建立信任与协作机制：一是加强法治作用，依靠法律约束来规范政府的行为；二是弘扬社会主义基本价值观，依靠法条来限制各主体的不当行为。

3. 资源层面：建立主体间信息共享机制

整体治理模式支持利用现代信息技术促进电子政务的发展，消除体制障碍，通过区域间交流和分享机制，促进区域间和边界之间的信息和资源交流。公共部门和私营部门为了满足跨境治理的综合信息需求，有必要消除跨界治理中技术和信息的碎片化，建立“一站式服务平台”，支持信息技术整合监管资源，整合现有的技术方法，增强跨境公共部门的治理能力。在当前的发展形势下，整体治理需要整理集聚不同的资源，集合为统一体，确保管理技术的时效性，减少科技手段利用的重复与浪费，将技术资源转化为治理工具，以提高各部门通过科技手段管理跨界公共服务的能力，最终提高资源整合的效率。各政府部门间应重视内部信息的收集和优化，避免因低效协作和闭门造车而走入困境，充分了解各级部门之间的信息沟通，建立政府相关部门与非营利组织、企业、公众等社会力量之间的信息共享网络，建立网络化治理结构，全方面多角度实现整体治理。

3.3.2 跨界治理理论的应用

跨界公共服务是在协同共治理论、整体性治理理论与跨界治理理论的基础上展开的，或者说它是对上述理论的印证和检验，是一种广泛而深入的社会实践活动，是关系到亿万人民福祉的社会实践活动。现实中的中国跨界公共服务实践，能否借鉴上述理论，能多大程度上鉴定上述理论，是理论阐述不能忽略的环节。

分工协作是一种辩证的整体的体现生产力发展的关系。马克思用历史唯物主义观点论证了这种关系真正能够做到最大限度地释放生产力，而不是最终发展成为生产力的障碍和羁绊，最终唯有生产关系的彻底改变，必须由代表社会意志的政府统筹社会资源，才不至于因为分工而激发的生产力处于失控状态，最终成为生产力发展的障碍。而在这方面我们社会主义制度的中国恰恰具有这个优势，能够发挥整体生产力、最大限度容纳并释放分工协作带来的生产力。

我们拥有体制制度基础和政府公共管理基础，这样就在跨界公共服务实践中证明这种理论的正确性，这种理论也反过来指导跨界公共服务实践。

在新冠疫情危机下，各产业逐渐形成数字化的商业模式与运营方式，实现全面数字化的升级与转型，推动中国产业数字化全面发展。数字化进入快速发展的阶段，延展了数字信息的空间，跨界的信息技术手段进入产业，产生机遇，激发创新人才源源不断地涌入新的产业之中，从而催生出创新的商业模式与经营发展方式，带动更多产业跨界融合，形成新业态。数字化经济的发展将以万亿级规模体量持续实现高速增长，数字化的发展成了必然的趋势与选择，而这正是跨界公共服务发展的基础。

在跨界公共服务的内涵中，政府是规则的制定者，而且是社会经济所产生的最大买家，是打造自身在跨界数字化转型中重要的参与者。然而当前，数字政府的建设是系统性、整体性工程建设，必须具备全局意识，从整体角度出发衡量数字政府的建设与推进。在这一过程中，信息孤岛一直是政府数字化的主要难题，信息壁垒长期存在，在数据层、业务层、管理层不断累积，已经成为政府跨界转型的重要问题。除此之外，政府的数据价值效能和数据共享能力同样值得关注。在运用跨界信息技术手段时，最基础的是数据信息的转发与共享，数据信息资源最理想的状态是实现效能最高值和数据资产共享。然而目前来看，政府的数据信息资源并未得到充分利用，大量的政务数据信息没有产生实际的业务价值，数据信息的转化效率较低。在未来的政府数字化进程中，跨界技术的创新与融合是打破僵局的关键，应用新的技术手段产生解决方案，从而使政府进入跨界数字化的新时代。

第 4 章 技术基础：数字经济与数字政府

4.1 科技与大数据助力产业跨界融合

4.1.1 数字经济产业跨界融合的必然性

在传统产业中，跨界融合发展已经是普遍现象，新的人口红利的滋生、消费的转型升级、新的商业模式、金融领域创新以及广泛的产业服务等都体现了跨界融合。人口老龄化到来使“独生子女”政策得以调整为“三孩政策”，这将最终影响到新的人口结构的形成。新的人口结构必然在生产消费的布局中产生新的变化，这个变化就体现在产业与产业、产业与消费、消费与人口结构的重组重构，典型特征就是表现为各种类型的融合。同时应当看到，老龄化的另一个副作用，就是社会负担增大，而新的人口政策对人口结构影响的滞后性，需要一个较长的调整适应期，还会带来消费率及消费需求的改变。在某种程度上，这当然意味着居民幸福感、安全感、获得感的提高，服务型经济社会将最终形成。

依托移动互联网的电子商务在完成线上布局之后，又瞄准线下，如此一来，积极效果就是刺激了实体店发展。2017 年，以小米为代表的电商公司开始启动线下布局建设，延伸和拓展线上线下互联网优势，互联网下沉到线下实体店，线上线下融合发展的新型商业模式形成，这对生产消费都将产生深远的影响。未来，无论是品牌还是商业实体都会有更多的机会，比如 5G、宽带无线、智能终端和互联网的快速发展，将改变社会的消费价值认同，生成新的消费理念。互联网开放与共享的特征，对生产和消费产生双向互动和影响，一方面人财物信息等社会资源广泛的互联互通；另一方面这种互联互通，又实现新式的商流、物流、信息流与技术流的转型升级，产生迭代效应，降低了制造业在全产业链中的成本，服务业将在更广泛的基础上发展起来，第一、第二产业都将迎来互联网广泛应用的新机遇。

4.1.2 产业跨界融合的关键

产业跨界融合，追求一加一大于二的效果。集合双方或多方优势实现强强联合，应当注意以下几个方面：一是消费者在对品牌认知过程中，没有更多的主动性，受人工智能大数据影响很大，在自己认可的品牌和人工智能大数据狂轰滥炸推送的品牌之间做选择受到很大考验；二是企业应当重视自己的数据库建设和累积，研发自己的和大数据平台相衔接的 APP；三是跨界寻求能对自己的发展短板起到弥补作用的品牌，通过合作融合开拓更大的自己能够掌控的根据地；四是要与强大的对方融合，首先自己必须变得强大，如果对方能够弥补自己的短板而自己不能同时弥补对方短板，做不到优势互补，融合是没有现实可操作性的；五是融合是另一种意义上的竞争，同样优胜劣汰，如果自己没有强大优势和资源的掌控能力以及适应未来市场的发展能力，则不可能与一流产业企业融合。

在技术上，Testin 云测是“一站式移动应用云测试服务”相关行业领域内的领头羊，它以最新潮最先进的技术手段，为跨界融合在技术上提供支持，主要是为这些新技术在跨界服务中提供测评、质量监控、追踪等等技术支持，服务于数以百万计的用户，为跨界融合奠定了一定的技术基础。

4.2　数字经济与现代服务业发展

4.2.1 互联网的价值与溢出效应

1. 互联网的价值

关于工业互联网的经济价值，通用电气公司将其称之为“1% 的力量”，其寓意是：即使工业互联网使其燃气发电机组的能源消耗下降了仅仅 1% 左右，却依然可以产生巨大的经济效益。具体来说，下降的 1% 在未来的十五年之内可以节约惊人的燃料成本费用。世界上工业装备制造业的龙头是通用电气，其在航空、铁路、能源等高水平关键装备生产中发挥着重要作用。因为通用电气一直处在全球装备制造业产业链顶端，他提出了工业互联网这一概念，自然有其深远的对现实和未来发展趋势的考量。首先，近年来，高速发展的互联网产业已经开始向传统产业的固有领域发起“进攻”，不像后者仍采取坐以待毙的方式；其次，传统产业要想实现其自身的大变革，必要基础还是科技的进步。这种理念的推进，涉及成本利润的充分论证，基于此，通用电气依然采取保守审慎的态度来推广这一概念。

关于创新工业互联网的概念，通用公司也进行了大致的描述，即借助第三方开发商提供的商务与技术平台整合网络和数据信息来创造新的商业模式。例如，实施医疗诊断网络化时就可以启动家庭水平的诊断装置：诊断设备通过网络平台向医生传达诊断数据，在线平台通过与患者的相互作用，医生向患者提出诊断建议，介绍专业医院和医生，从而形成新的家庭医疗产业以及由此派生的新服务。医疗诊断网络化，需要建立一个公共平台以及相关数据标准和实施指南，政府在这一过程中，应该充分地发挥中立和支持作用，以促进医疗诊断网络化的推行与健康运行。

尽管从通用公司倡导工业互联网概念不难看出其行业领先的特征，但其依然保持对市场与技术的敏感性，也不乏在更高技术领域谋得垄断地位的雄心。但通用公司应当看到的是这条路风险与挑战并存。

2. 互联网的本质

工业互联网引起的划时代变革表现为两个方面：一是新的工业革命必然催生一系列机器、设备、设施、厂房、工作区，乃至于新的单位和工作场所的出现；二是最强大的互联网革命；在其影响下，信息、计算机和通信系统等将会相继投入运行并得到进一步发展，三者逐渐融合，充分体现了工业互联网的本质。

①智能机器。借助相应的软硬件与仿生人的部分职能，为此产生新的技术团队、技术流程与技术操作，赋予传统的物质元器件智能化主动性。

②高级分析。颠覆传统分析技能，综合运用电气工程、自动化、材料科学、现代数学与现代统计学综合科学知识，掌控大型机械与系统工程原理。

③人员。招聘具有工业互联网专业知识的操作人员，使其分布在不同时间与空间节点上，协同工作。

这些要素的综合运用，无疑会使更多的经济体与经济单位遇到前所未有的发展机遇。比如，应用传统的统计方法通常会降低成本，而先进的信息系统和技术监控使人工工作能力与实时数据处理水平大幅度提高。高频实时数据、更加精准的机器分析、信息传播存储的高度自动化与超凡的预测能力，整合在一套大数据工具平台上，更高效更精准的工作方法及其流程的动态叠加，会产生更大的生产力，覆盖整个制造业系统。

3. 互联网助力工业互联网发展

互联网溢出效应首先表现在助力工业互联网发展上，工业互联网能否带来很高的效率和更大的便利，这一点取决于市场主体发展的速度；而部署工业互联网，其成本则会因为不同行业不同地区而有所不同。然而，人们普遍认为，这一部门的投资成本最终将产生积极效益。

助力工业互联网发展首先需要强大的网络安全系统；其次，需要加强自身的人力资源管理，特别要重视新型的复合型人才，即兼具机械和工业工程两个领域的知识与经验，以期为行业培养出新的“数字机械工程师”；再次，要创建大数据管理与应用方面的专家，同时搭建安全高效的分析平台，除此之外，应当予以算法软件、网络安全专家充分的重视与尊重；最后，在对传统老员工进行重新培训以更新其知识和技能的同时，也要培养大批量的新型员工，通过技能培训使其全面地掌握工业互联网技术。工业互联网的推进不是减少而是增加就业，它是一个在高新技术加持下能够最大限度扩容劳动力的项目，因为工业互联网对于传统生产技术工艺流程既有传承也有变革，是人机交互结合的最佳通道。工业互联网创造的价值远远高于消费互联网和社会互联网，其主要的原因有五个：

①提高工业设备生产效率，节省设备维护成本。一般价值评估在 10%—25%，即可方便利用工业互联网。

②商业模式的推广可能不会增加价值，但在极少数情况下，其增值意义重大。

③传感器技术的进步，小巧灵活极其节省成本和物理空间的设备产生。

④互联网技术飞速发展及其技术的标准化进程加快，使在低成本的控制下，传感器也能够连接到业务流程和消费活动数据库。

⑤企业和政府对工业互联网的潜在好处有了更深入的了解，工业互联网可用于降低成本和提供工业服务方面。

4. 跨界公共服务的技术跟进

工业互联网是第四次工业革命的基石，是新一代信息工程技术与工业化深度融合的产物，是人、财、物的全方位联通；其不单是互联网在工业领域的简单应用，而是强调全产业链、全价值链铸造的新的工业技术业态与生态；数字化、网络化、信息化、智能化是其主要技术呈现形式，是以互联网网络技术为基础、以各种方式的平台为中枢、以安全迅捷高效为保障的后工业化产物。

公共服务，如数字化政府治理、网格化社区服务、智能化个性服务等，本质上也需要这些先进技术的跟进、借鉴与兼容，在公共服务中也体现这些技术特征。如果产业领域已经进入第四次工业革命时代，而公共服务技术应用依然停留在第二次工业革命时代，则公共服务的职能就成了第四次工业革命时代的桎梏，所以说公共服务向跨界公共服务过渡就是在技术与管理手段上与工业互联相匹配的反映。

工业互联网以绿色、环保、节能、安全、高效、高质为出发点，并由此催生了一批新模式，随后产生了六种典型的应用模式，而这些模式也完全能够在跨界公共服务中得到体现：

第一，平台化设计，将模型、算法、人员配置、计划实施纳入一个平台，实现平行设计、交互设计、敏捷设计并由此提质增效。而跨界公共服务在理念上，是纵向垂直的层级节制的集权模式与横向联合平台支撑的分权模式的最优组合。

第二，智能化制造是互联网、大数据、人工智能等新一代信息技术在制造业领域的加速创新应用。跨界公共服务同样需要智能化，如在公共事业的交通领域、重大疫情的防控领域等都实现了很强的自动化与智能化。

第三，网络化协同，指通过跨部门、跨层级、跨企业的数据互通和业务互联，促进资源共享、能力交易以及业务优化配置。跨界公共服务的前提——跨界本身就是打破条块分割、冲破物理和制度边界的束缚，实现全方位的社会公共服务。

第四，个性化定制，通过大数据调研分析客户的需要，对市场进行精准定位。在跨界公共服务中，为了公众的个性化服务定制，也借鉴这些技术，依托大数据和算法，让社会公众完全能够体验到满足个性化需求的公共服务产品。

第五，服务化延伸是制造与服务融合发展的新型产业形态，具体包括设备健康管理、产品远程运维、设备融资租赁、分享制造、互联网金融等。跨界公共服务冲破物理边界、冲破制度边界本身就是公共服务价值的放大与服务范围的无限延伸，这个过程涵盖了平台建设、智能管理、网络协同、个性化定制的全过程。

第六，数字化管理是企业通过打通核心数据链，贯通生产制造全场景、全过程，基于数据的广泛汇聚、集成优化和价值挖掘，构建数据驱动的高效运营管理新模式。跨界公共服务的目标就是为了发展数字经济而打造数字政府。

4.2.2 数字经济催生现代服务业业态

1. 现代服务业的产业特征

现代服务业，是为生产领域提供中间品的新型服务部门，这些中间品涵盖了知识技术和信息，其产品提供过程借助现代管理理念与方法、组织形式和经营模式以及高新技术，重点倾向于向高层次产业领域，包括金融、政府、教育、信息、网络、物流等容易与高新技术相融合的领域以及由新技术改造了的传统服务业领域提供服务。

从产业性质的角度说，现代服务业的三大产业特征，即商品的无形性、中间消费性、经验性。从战略经营活动的角度看，现代服务业不具有搜寻性商品的特征，随着社会分工的进一步细化和较强的专业化以及普遍化，生产者的服务逐渐从原来的企业价值链中剥离出来，成为企业增值率最高、战略层次最高的服务；从其市场结构来看，产业竞争具有垄断性，这是由于其供给主要是“量身定做”，差异性很强，替代性很低；从生产要素的角度来讲，主要包括技术资本以及涵盖专家群体的人力资源，都属于知识型要素。不难看出，生产性服务业以商业银行等金融业为推动力，引进了更加专业化的知识技术产品生产过程；从空间上看，生产性服务业具有高度的空间集聚性，契合城市功能、助力城市辐射功能提高。

2. 现代服务业产生的一般规律

（1）现代服务业的提出

“现代服务业”一词最早出现可以追溯到党的十五大报告中，这一词有别于其他的学术词语的原因是它独具中国色彩。党的十五大报告在阐述社会主义初级阶段产业结构特点时明确指出：我国已经逐渐进入主要包括现代化农业和现代服务业在内的工业化国家历史时期。这一观点与“配第—克拉克定理”颇为类似。配第和克拉克借助大数据样本，研究得出一个结论：劳动力将随着其收入水平的增长，逐步从传统的农业领域转向新型工业和服务业领域，但遗憾的是，在这个转移过程中，农业和服务业自身劳动力分布如何却没有明确指出。党的十五大报告细分出了农业和现代服务业两个概念，这为以后探索究竟什么是现代服务业提供了很大研究空间，也为未来产业结构的升级改造，如何在充分发展现代产业的基础上，提升服务业在国民经济中的分量，提高产品增加值、增加就业等预留了空间。

（2）现代服务业与三次产业的关系

尽管现代服务业有较强的中国特色，但它不是无本之木、无源之水。它是在传统的产业划分的基础上提出的，是人类在认识事物过程中结合现实状况，赋予传统事物新的内涵，赋予其更深刻的社会现实意义，其基础是社会经济的发展和转型。

现代服务业主要源于“第三产业”的划分，厘清第三产业产生过程尤为必要。新西兰学者埃伦·费希尔在其著作《安全与进步的冲突》（1935）中，率先提出了“第三产业”的概念，并在该书中赋予了我们今天所见到的第三产业的内涵。它有别于第一产业的农业和第二产业的工业以及矿业，具有不直接创造社会物质财富的特质，如教育科学、文化、艺术、娱乐、旅游等活动。

当然，埃伦·费希尔并没有提出三个产业并进行界定，完成这个使命的是克拉克，他不仅丰富了费希尔第三产业概念的内涵，将国民经济划分为三个部门的结构，而且拓展了今天我们熟悉的三大产业的范围和内涵。

这种对国民经济统计意义上的划分，一直在资本主义世界通用，这为各国对国民经济进行统一口径、便于对比提供了理论基础。如20世纪60年代，人们研究发达国家与欠发达国家国民经济的产业结构的总体变动趋势时，一般认为，第三产业在整个国民经济中所占比重越大，则意味着，产业结构越优化，对发展越有利。这一认识，几乎成为产业转型升级的目标和方向。

较传统服务业来说，现代服务业的发展势头迅猛。20世纪七八十年代，在现代服务业领域，美国的生产额与从业人员的增速远远超过了传统服务业。现代经济贸易的重要动力源泉当属现代服务业，它已经成为主要经济体和各个国家治理追求的目标。这一点充分体现在，一方面，发达国家，尤其是欧美主动把第二产业向外转移而致力于发展现代服务业；另一方面，第二产业的转移又反过来带动现代服务业也进行转移，并受这个政策的持续影响，有数据表明，外国直接投资方向已经逐步转向了全球服务业。

4.2.3 现代服务业与跨界公共服务

1. 跨界公共服务与现代服务业内涵相容

跨界公共服务是公共服务业的新业态，而现代服务业就其一般界定的范围包含公共服务业，自然也包含跨界公共服务业。在国家统计局1985年《关于建立第三产业统计的报告》中，将第三产业分为四个层次，其中第四个层次就是公共服务，这其中包括国家机关、社会团体以及军队和警察等，可见公共服务业很难和现代服务业严格区分开。从概念的来源看，2012年2月22日，国家科技部发布的第70号文件将现代服务业描述为：现代服务业是指以现代科学技术特别是信息网络技术为主要支撑，建立在新的商业模式、服务方式和管理方法基础上的服务产业。这种新的模式涵盖两类，一是通过新技术对传统服务业的改造与提升；二是由新的现代技术催生的新的服务业业态。而这两种类型也都存在于跨界公共服务中。

2. 跨界公共服务与现代服务业特征甄别

现代服务业具有“两新四高”时代特征。

第一，关于“两新”。一是新服务领域，完全突破了传统的仅在消费领域的服务范畴，为了适应新的产业发展需要以及现代城市化、城镇化要求，而崛起的新的生产性服务、智慧型服务和跨界公共服务形式，其中跨界公共服务是建立数字政府智慧城市的关键环节。二是现代服务业是通过服务功能换代和服务模式创新而产生的新的服务业态，跨界公共服务正是这种新业态的典型表现形式，它充分借助现代信息技术、网络技术、大数据技术，拆除了公共服务的物理和制度边界，为社会公众提供统一的服务。

第二，关于“四高”。一是高文化品位和高技术含量，高技术含量是跨界公共服务的技术支撑，没有这些技术，跨界是不可能的，如现代通信技术、智能化、数字化技术等，这不仅为实现跨界服务所必须，也是必要条件；高品位文化是跨界公共服务的一个方面，提高全民族素质无疑是跨界公共服务的主要目标之一。二是高增值服务，公共服务跨界的本身就具有价值放大效应，同样的公共服务产品和内容，能够借助现代技术实现在不增加成本或者甚少增加成本的前提下，实现公共福利最大化。三是高素质、高智力的人力资源结构，这是跨界公共服务的基础支撑，没有掌握现代科学技术的高素质、高智力的人力资源，实现跨界公共服务是不可能的。四是高感情体验、高精神享受的消费服务质量。针对跨界公共服务的对象而言，基于公共服务不以盈利为主要目的，但是让社会公众享受优质的个性化高体验的服务享受，是跨界公共服务孜孜以求的，也是衡量国家治理体系、治理能力的现代化标志。

除此之外，现代服务业具有资源消耗少、环境污染少的优点，是地区综合竞争力和现代化水平的重要标志，同时它还具有集群性特征。现代服务业在发展过程中呈现集群性特点，主要表现在行业集群和空间集群上。绿色环保节能安全是跨界公共服务首先要考虑的问题，如智慧城市、网络化社区管理、智能化交通教育卫生等等民生领域的公共服务，突破时空限制是跨界公共服务的价值所在。

4.3　数字经济与数字政府

4.3.1“孤岛问题”与数据效能

以数字经济为典型的现代信息技术，在互联网加持下，与制造业融合产生了工业互联网，与普通消费服务业融合催生了包括公共服务在内的现代服务业。随着科学技术与产业互动发展，数字经济技术趋于完善，跨界公共服务正是在这些技术的支撑下，发展起来的。为此，要加快建设数字政府，必然要深化“数智 + 政务”的深度融合。为此，解决以下两大问题最为关键。

数字政府的进程所面临的是整体性的、系统性的数字工程建设。随着政府数字化转型的纵深推进，处于改革神经末端的政府，在转型推进的过程中逐渐暴露出诸多问题，政府间各类信息孤岛问题、数据管理与价值利用问题，成为数字政府建设的重要难点。

首先，“孤岛问题”始终是政府数字化转型面临的首要障碍。一方面，早期各部门独立进行信息建设，导致操作系统、数据采集标准各不相同，各部门间信息重复、数据不贯通，“数据孤岛”问题始终存在。此外，“业务孤岛”也是政府各部门长期存在的焦点问题，政府各业务平台间标准不统一、接口不连通，导致一个完整的业务在各系统间难以顺畅流转，各部门协同效率低下，直接影响了政府的办事效率与服务质量。不仅如此，目前中国体制背景下的管理模式和信息应用模式，多以“条块分割碎片化”式为主，各部分管理视角的不同也导致部门内部的信息不对称、流程不清晰等问题出现，“管理孤岛”就此形成。“数据孤岛”“业务孤岛”“管理孤岛”层层叠加，已成为政府数字化转型的首要难关。

其次，政府的数据价值效能、数据共享水平也有待提升。数据是数字化转型的核心要素，效能最大化、数据资产共享是理想状况下的数据资源状态。但由于目前未形成完善的数据治理体系与数据标准，政府数据资产无从查清、数据质量无法把控、数据价值无法挖掘。而且，受国家政策、行业限制等多因素影响，各级政府间、政府与企业间全方位的数据资源尚未进行共享，数据资源共享开放力度明显不强，数据资源开发利用深度不足，数据资源交易增值潜能有待激活。

4.3.2 数字政府建立的关键因素

要实现跨界公共服务与公共服务创新融合，数字化转型升级是必由之路。面对各种挑战，能否把握机遇，建设数字型政府，相关方面需要从管理机制体制的创新和融合两个方面寻求解决之道，不断用新技术、新思维、新理念、新解决方案推动政府服务变革与创新，不断完善政府职能。数字政府正在进入一个崭新的以数据创新为标志的时代。

1. 三大融合

融合是政府转型升级为数字政府的关键因素，其中包括三个方面：即数据融合、业务流程融合、管理体制机制融合。首先，数据融合。当前政府各职能部门之间数据的互通性较差，开放程度较低，难以信息共享，那么在转型升级过程中，必然要通过构筑大的信息共享平台，整合不同的模式、语义、结构、数据源，形成社会公众可以共享的数据链；利用 AI 智能技术手段进行筛选分类归并输出，实现全局化的数据治理通道，充分放大数字效能，释放数字红利。其次，业务流程融合。按照公共服务价值链、公共服务产品与服务生命周期，梳理整合政府相关业务流程及办事规则，利用数字信息技术理顺职能部门之间、业务与资源之间的在线协作与动态优化，实现跨部门、业务、层级之间的优化。最后，在管理体制机制上，打破部门和层级之间的制度体制壁垒，突破人为边界，消除条块分割，打造垂直层级与平层相互兼容互动，各级政府可以共同联手协作的一体化服务平台，实现一个窗口、跑一次路，零差别处理高效、高质公众满意的政府服务。

2. 三大创新

政府要实现数字化服务转型，也反过来促进中国数字经济的发展。数字政府发展本身，其数据业务管理的多元化不仅能够提供社会公众服务的多样化及个性化之外，也为构建开放包容创新数字生态做出贡献。创新是政府数字化转型升级的关键词，主要体现在政策创新、技术创新与业务创新上。首先，政策创新。政府相关部门应当及时出台相应的规范公共服务管理的统一标准，完善政策体系，如健全数据体系及标准，数据安全防范等；政府是各行业的风向标和示范标准，只有在底层政策上不断健全，创新开发，政府的数字化转型升级才能拥有自我革新的原动力，带动整个体系发展。其次，要夯实数字政府基础设施底座，就必然用云计算大数据等最先进的现代技术来达成数据融合，最终实现数据交互。这种交互绝不是数据之间的简单交换，而是数据与人、自然设备的融合交互，在利用数据建模、数据可视化等更为先进的技术手段，革新政府的决策机制，通过数据的掌控分析，可以有效进行预判，完成从人治到数治的创新过程。最后，业务创新。技术支撑必将重构政府数字化建设，赋予政府在更大的跨区域、跨职能、跨领域的服务；诸如社会网格化治理、智慧城市建设、公共安全防控等。随着底层政策的支持、中层技术的发展，未来政府服务的时空边界将发生不可预知的变化。

第 5 章　跨界公共服务模式

5.1　跨界公共服务模式概述

5.1.1 模式内涵

跨界公共服务模式创新的本质莫过于推动公共利益的最大化，实现治理过程的民主化，推动治理模式由碎片化向社会协同模式转变，即政府、社会组织和公众充分发挥各自的优势，多方共同合作、协商，共同参与治理。

跨界公共服务模式，就是指政府在治理过程中，以现代信息技术为载体，实行一元主导、多方参与、各司其职的合作治理模式。笔者试图构建的跨界公共服务模式就是以跨界公共服务平台为支撑，以系统论为核心理念，以业务协同和资源共享为基本特征。从表面来看，这是政府宏观掌控社会事务的总体规划，社会组织协助政府在自己授权和擅长的领域提供公共服务，满足公众需求，公民个体积极参与处理公共事务。实质上，它是以社会组织为桥梁，旨在建立公民和政府间的对话与协同关系，强调主体的多元化、主体间权力的互动、自主自治网络体系的建成，最终实现公共利益最大化与社会治理民主化。

在治理的过程中，政府负责总体规划与社会宏观布局，并依法对社会各项事务进行规范和制约，监督和协调各种非政府组织和公民个体参与社会治理的关系和行为。政府的治理重点在于处理社会组织、公众不能解决的问题，这类问题一般都要借助政府权威加以解决，例如，维护社会秩序、缓解社会危机等。社会组织作为在治理中联系政府部门和公民个体的中介，一方面要积极高效负责地协助政府提供公共服务，满足公众多层次、多样化的需求；另一方面要动员社会公众广泛参与治理，真正体现出“小政府、大社会”的特征。而社会公众则在公共精神的指导下和社会参与责任感的驱动下，理性、积极、有序地参与社会公共事务，不断提高自己的社会参与能力，实现有效的自我管理和自我服务。社会协同政府治理模式总体上体现为政府集权治理向社会组织和公民个人的增权治理转变，在此过程中需注意的问题有两个：一是政府适度放权和如何放权的问题；二是非政府组织和公民个人参与治理经验的缺乏和能力不足的问题。

5.1.2 模式特征

1. 区域跨界

所谓跨区域，是以服务主体原本服务覆盖的区域边界为基准，将服务覆盖的空间范围扩张到边界之外，是服务的“区域”跨界。区域跨界的几种常见情形包括：平台式跨界，如电子图书馆通过整合知网、维普网数字信息，构建一个服务社会的公众平台；延伸式跨界，如北京地铁脉络向燕郊延伸，公共服务随之延伸；网格式跨界，如海关特殊监管区既有海关总署的垂直监管，也有关检融合的横向监管。

其特点为：单纯的空间扩张，不涉及服务核心内容的变化；增加的成本有限；前期市场开发有较强的可复制性。竞争、需求、技术、增长、费用五大特征的相似，改变了传统的条块分割，对社会公众更加方便快捷安全地接受公共服务非常重要。

2. 职能跨界

所谓跨职能，是指服务主体在同一管理界面下设置新的服务职能，是服务的“职能”跨界。职能跨界的几种常见情形包括关联职能跨界与联动模式跨界，其特点包括，职能跨界往往由战略引领，存在内生驱动因素；被动的跨界往往是短效的，管理层是成功的关键；如政府综合行政办公区域，就是把原来相关的但受制于不同监管部门分头管理的职能整合在一起，集中在一个办公区域，形成“一个窗口”“只跑一次路”的职能综合服务模式。

3. 领域跨界

跨领域，强调综合性、跨度大、力度大、维度大，是必须由国家相关部门领衔，对下属区市甚至兄弟省市，乃至全国范围的相同公共服务资源进行的跨区域跨职能的整合。

领域跨界涉及的领域极为广泛，文化事业、教育事业、公共卫生事业、养老保险事业等。这些事关民生的重要公共服务事业，因为历史遗留问题、改革盲点问题、条块分割问题、诸侯经济割据问题等，导致社会公众办事难、难办事。公共服务领域的痛点、堵点严重影响了社会公众日常生活，社会公众对打造数字政府，享受基于数字共享的跨区域跨职能的方便快捷的综合服务提出了要求。

5.1.3 现行模式面临“碎片化”困境

1. 碎片化的现行跨界公共服务模式

随着改革开放的全面深化和经济政治社会的快速发展，社会公众的公共服务需求日益增长并越来越多元化，与之相应的跨界公共服务模式也呈现出越来越多元、越来越复杂的格局。在现行的跨界公共服务模式下，政府、市场和社会组织成为公共服务的多元供给主体，任何单一的供给主体都无法很好地满足社会公众日益增长和多元化的公共服务需求，这必然要求多元化的公共服务供给主体在发挥各自供给优势的同时，能够最大限度地实现协同治理。但是，在治理的过程中由于职能分工不清，任务繁杂，导致一些政府部门间、职能部门诸多业务间以及各地方政府之间处于分隔与不协调状态，我国政府对公众需求和公共服务进行封闭式的、消极的、垄断的甚至低效率的回应，在次基础上产生了碎片化的治理模式。

当然，中国碎片化的跨界公共服务模式的形成和发展有一定的历史根源，并经历了较长时间的积累。中国自计划经济时代开始，政府就属于官僚制的组织结构，各项政府工作普遍实行专业化分工，不仅有分明的层级结构，而且实施严格的规章制度，追求的价值目标是效率至上，对社会各个领域进行单方面、高强度的控制，垄断了治理的全部职责。政府治理过程中的工作和项目都是按照职能分工的原则来进行的，是一种专业化的、纵向分割的方式，一项任务分散在若干不同的职能部门中协作完成，当然，整个治理过程也被组织的部分或单位割裂成一个个片段。随着西方国家公共管理改革运动的发展，中国也开始将“企业家政府”的核心精神融入政府治理的过程中，即注重执行机构的分散化和小型化，引入市场竞争，有效提高政府治理效率，提高公共服务的供给质量和效率。但是，这也不可避免地强化了机构裂化和管理分隔的问题，如图 5-1 所示。

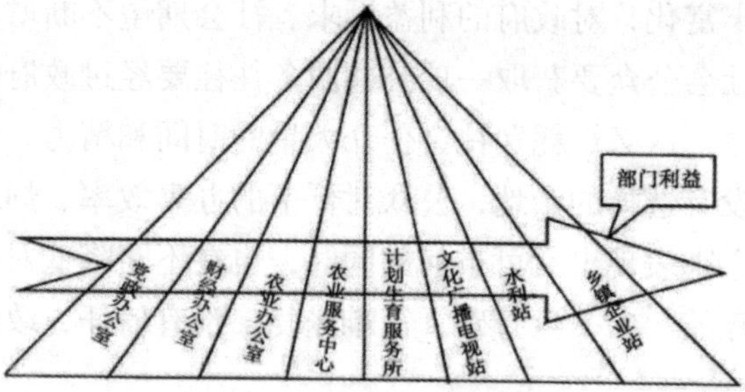

图 5-1　治理过程的割裂

从上图我们可以看出传统官僚制的政府治理模式已经表现出对新环境的不适应，治理效果、效率以及适应性皆不尽如人意。政府各职能部门的横向协调性极差，各部门如同一个个林立的“碉堡”，因而表现出“隧道视野”效应，即每个部门只关心自己所分担的那块任务，并努力追求本部门利益的最大化，没有人为政府治理整体负责，没有人对公共需求和公共服务负责。在政府治理模式不断演进和发展过程中，社会组织作为一种新兴的力量参与进来，但是，社会组织和社会公众即便参与治理，也不可能和政府形成平等的相互合作关系。在某种程度上，社会组织缺乏自主性，在政府治理过程中只能代理行政机构行使某些职能；而民众也只是有限参与，传统的政治制度限制了社会民众与政府部门的沟通和参与决策，这些都造成了政府治理过程中的“分而不明”“分而不合”的治理困境，即分工不明确、分工不合作。这也是中国独立化、分权化、灵活性的政府治理模式，即碎片化政府治理模式形成的重要原因。

2. *碎片化跨界公共服务模式的弊端*

随着网络时代对整个社会生活影响的日益深刻，碎片化跨界公共服务模式的弊端日益凸显，这不仅阻碍了政府整体效能的实现，而且给公众带来了极大的不便，主要表现在以下三个方面。

第一，管理驱动导致政府陷入公信力怪圈。一方面，网络社会的多变性和复杂性给政府治理带来了巨大的挑战和压力，不仅表现为政府治理体系尤其是法律法规体系的不完善，而且表现为网络社会治理中具体策略的缺乏。公共管理的实践者和改革者还没有完全适应将自己的话语行为暴露在网络的“强光灯”下，政府无论在治理实践还是在相关理论探索上，都存在严重不足，这些使政府在网络社会治理方面表现出明显的不适应，这必然影响政府在社会公众心中的权威和形象，进而影响政府公信力。另一方面，公民、企业和社会组织的需求日趋多样化和丰富化，对政府的利益诉求、社会期望不断增多和提高。但是与之对应的是，社会公众要获取一项公共服务往往要经过政府各职能部门若干复杂、烦琐的程序，这必然耗费社会公众大量的时间和精力。由于公众对政府提供的公共服务没有选择的余地，公众对低下的办事效率、烦琐的办事程序、利己的管理驱动原则表现出无可奈何的同时，也在不断降低对政府的信任。信任本来就是“易碎品”，一旦打碎，很难修复；没有信任，政府权威的建立根本无从谈起。

第二，部门林立导致政府应对群体性事件的协调性低。一方面，政府在治理过程中，政府在各职能部门间进行了高度的专业化分工，这使一些社会弱势群体想通过正常渠道改善自己的生存现状、表达自己的利益诉求变得愈发艰难，因而进一步加剧了社会问题的严重程度，为滋生群体性事件提供了温床。碎片化跨界公共服务模式导致的政府各部门之间的割裂和自我封闭性，使政府在应对群体性事件时很难做出快速、及时、灵活的反应，这势必会影响社会的稳定、和谐以及政府治理的效率。另一方面，在网络性群体性事件的应对和处理中，政府各职能部门之间缺乏有效的合作。在网络环境下，群体性事件的影响力和破坏力在一定程度上比传统的群体性事件更为严重，这都对政府应对突发事件的能力提出了更高的要求。在碎片化的政府治理模式中，各部门林立，本位主义严重，遇事各部门不是相互协调、及时快速地抢占舆论先机，积极应对网络群体性事件，而是相互推脱责任、缺乏相应合作。由于网络所独有的信息放大效应和扭曲效应，使政府信任危机可能被无限扩大，并形成恶性循环，即政府公信力越下降，人们越倾向于对政府言行的不信任，对相关政策的不支持。

第三，民生建设滞后加剧了社会风险。在政府碎片化的治理过程中，诸如公共安全、社会秩序管理等狭义的社会治理是政府治理的重点领域和重点内容，侧重于从风险控制角度来提升关系人们安全感和幸福感的社会福利水平。从另一个角度讲，随着改革的不断深入和发展，传统文化传承遭遇困境、部分公民社会道德滑坡、部分地区社会秩序混乱等问题逐渐暴露出来，作为负面社会因素时刻诱发社会风险。通过分析，我们不难发现这些诱导因素源于公共服务供给不足、供给水平的低下以及社会建设的落后，最终不能满足当前人们多样化、多层次的需要。当由此造成的民生建设相对滞后时，就不可避免会出现一些不安定社会因素，影响社会稳定和谐。因此，只有通过不断完善公共服务体系，形成平等的利益分享机制，才能从根本上缓解社会矛盾，促进社会公平，推进社会和谐。

5.2　跨界公共服务模式再构建

5.2.1 模式重构

我们可以借助跨界公共服务平台这个载体来构建跨界公共服务模式。由图 5-2 可以看出，我们在构建跨界公共服务模式的时候，必须将政府治理置于具体的外部环境之中进行创新研究，如置于网络信息化时代和大数据时代等环境之中。环境因素是政府治理正常运行的基础，影响参与各方的互动关系，这种影响力贯穿于整个政府治理过程之中。同时，政府治理各参与方也在一定程度上对外部环境产生影响，进入政府治理环节，公众可以利用跨界公共服务平台进行互动交流、在线办事等。新兴社会组织的跨界公共服务平台也可以通过同样的方式发挥沟通交流的载体作用，公民通过关注自己需要的政府公众账号与相关部门“零距离”接触；公民也可以通过新兴社会组织的微信获得跨界公共服务平台不能提供的信息查询和具体领域的服务，从而满足自己多样化的需求。在包括领导力、各参与方的利益动机以及相互依赖性等动因的推动下，社会协同政府治理模式的治理实践开始启动，协同引擎也开始工作，并不断给参与行为提供动力。协同引擎包括有效参与（广泛的利益相关方、足够的话语权）、思想共识（共同目标、互相信任、利益平衡）和协同能力（领导力、学习、体制设计），只有这三者实现良性互动，协同引擎的动力才能发挥到最大程度。紧接着协同引擎将动力传递给协同行为，各参与方为实现协同目标而在政府治理过程中积极地实施各种行为，并使协同治理产生一定的效果，包括对参与各方的影响、评估、问责等。如果对各方产生了积极的影响，那么各方就有很大的动力和积极性参与政府治理，并且通过评估衡量取得的良好治理效果，进而形成责任共享机制。如果各参与方都有较强的责任感，那么最终就会实现善治，就能够对自身的内部系统、经济和市场活动以及社会公共事务进行高效管理，从而有效地提供公共服务，满足公众需求，维护社会秩序和公共安全，更好地实现和发展公共利益。这效果反过来又会对动因产生积极的影响，形成政府治理的良性循环。

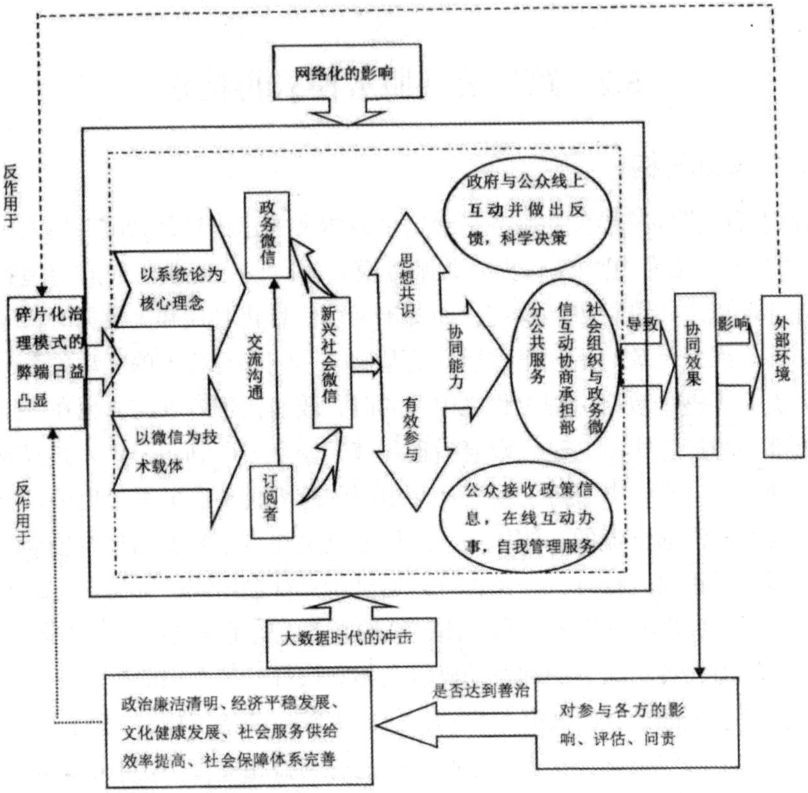

图 5-2　社会协同政府治理模式

5.2.2 模式的路径选择

要构建跨界公共服务模式，我们就要找准路径和方法。第一，明确网络化时代政府治理的参与主体，即政府、社会组织和公众。第二，我们需要深入分析各参与主体在政府治理过程中的职能，进而构建政府主导、社会组织协同、公众参与的治理模式。但是，整个过程都需要以跨界公共服务平台为载体，以社会法治为保障，在治理过程中，政府要借助跨界公共服务平台由负责者转变为主导者。政府各部门通过开通跨界公共服务平台以及关注新兴社会组织的平台，与社会组织、跨界公共服务平台使用者即社会公众进行沟通联系，从而实现社会治理最低标准的设定，并发挥多方协商中的召集工作、机构建设、社会治理监管等职能。总的来说，政府在社会协同政府治理模式构建中主要起宏观调控作用，对社会公共事务进行总体规划，主导各个领域、各个方面工作的顺利开展，与社会组织、民众形成协同治理网络，并以社会责任共同分摊机制为基础，最终形成多元协同的治理模式，为多方参与社会治理提供可行的、良好的政治、社会氛围。

社会组织是社会治理的中坚力量，是不同利益汇合而成的新的社会组织形式。在社会治理过程中，社会组织的作用不外乎高效地“协同”，即在管理和服务内部成员的前提下，协同政府在政府无力管理权力下放的领域发挥自己的优势，积极高效地提供公共服务，满足人民多样化、多层次的需求，补充政府缺位的领域治理。

公民个人在政府治理过程中发挥基础作用。政府治理归根到底是对人的管理和服务，公民个人参与政府治理，与政府部门、社会组织有效地互动、协商，无疑会使政府治理能够坚持正确的价值取向和追求，取得良好的治理效果。社会公众可以通过跨界公共服务平台，发挥其在政府治理模式构建中的重要作用，主要表现为理性地表达利益诉求，通过合法渠道满足自我需求；充当社会的“安全阀”，为维护社会稳定、缓解矛盾冲突发挥自己的独特优势；多渠道、多方式监督政府和社会组织的治理行为，推动其积极创新；实现自我管理和自我服务，并通过积极参与公共事务的管理和公共服务的供给，减轻政府的治理负担。

综上所述，跨界公共服务平台的发展为跨界公共服务模式的创新提供了有利条件。跨界公共服务平台能够有效地促进政府治理观念创新，能够实现政治部门与公民个人的有效、理性互动，从而有利于解决现实问题、化解社会矛盾。另外，跨界公共服务平台的应用也是跨界公共服务模式创新的一种体现。公民参与意识的增强，推动了政府治理主体的多元化进程，跨界公共服务平台为公民个体参政提供了新渠道，为政府治理模式创新提供了新平台。总体来说，跨界公共服务平台可以推进政府信息的公开化、公共服务的专业化、政府决策的科学化、公民参与的常态化。因此，我们应充分利用跨界公共服务平台进一步推动跨界公共服务创新模式的构建。

第一，强化政府责任机制，注重公民需求的及时回应。政府部门要做到积极准确地回应公民需求，还需从价值观念和执政理念上做出改变，将以人为本和顾客导向等理念内化为自身的道德修养和价值追求，始终秉承服务至上的价值理念，对公民合理的所需、所想给予及时解决，以卓越的公共服务供给能力服务于公民不断增长的公共服务需求。

第二，正确定位跨界公共服务平台内容，营造各合作方认同的文化氛围。从跨界公共服务平台的性质、功能及服务理念来看，其现实定位必须具有本地化、个性化、专属化、高品质的特征。

第三，完善跨界公共服务平台运营机制，推动政府公共服务流程数字化改革。一方面，相关部门要推进跨界公共服务平台运营保障机制的建立，以此来约束信息发布者的行为，为形成健康的信息传播环境创造有利的条件和氛围；另一方面，要优化工作流程，提高公共服务供给效率。

第四，完善跨界公共服务平台监管处罚机制，提高政府依法行政能力。一方面，要加强跨界公共服务平台法律法规建设；另一方面，将跨界公共服务平台建设纳入政府绩效考核，对政府部门运营跨界公共服务平台的情况进行有效监管，以此提高政府依法行政的能力。

5.2.3 模式的社会实践

1. 跨界公共服务平台的应用实践

中国传媒大学媒介与公共事务研究院新媒体实验室的统计数据显示，截至2014年10月31日零时，中国跨界公共服务平台——政务微信发展总量已突破1.3万大关，整体运行呈现出“井喷”状的“加速度”态势。浙江、江苏、广东三省领跑全国，职能类型更加全面，已发展为39个职能细类。其中，与民生关系最为密切的公安政务微信数量高居榜首，总量达2446个，共青团、政府办、医疗卫生计生、党政新闻宣传、检察院、文物旅游、科教文体及法院系统位居前列。最值得我们关注的是，“新社会组织”公众微信发展势头迅猛，极大拓展了多元的社会服务。

公安政务微信是政府政治职能中治安领域的实践代表。公安政务微信通过向订阅者发送警方提醒来提示市民做好安全防范，更好地预防了犯罪行为的发生。截至2014年7月13日，与民生关系最密切的公安政务微信总量达1094个，发挥着权威信息发布、提供在线咨询服务、积极引导舆论走向等功能。其中，“平安北京”“安徽公安在线”“平安肇庆”“广州公安”“历下车管”“济南公安”“泉州公安”等公安政务微信最具有代表性。

食品药品监管政务微信是政府经济职能中市场监管领域的实践代表。市场监管作为政府重要的经济职能之一，一直以来都是老百姓广泛关注的重要领域，其中食品和药品监管更是和社会公众的生活、利益息息相关。最具代表性的如“中山食品药品监管”“西乡塘食品药品监管”“广东食品药品监管”“福建省食品药品监督管理局”等。笔者认为，政务微信与政府治理中市场监管职能的结合是最有意义的一次实践，对于“舌尖”和“针尖”上的安全，政府部门虽然花了很大力气整顿，但是市场监管的部分越来越多、越分越细，导致监管效果不尽如人意。食品药品监管政务微信不仅能够传达相关政策信息，查询办事指南，还能够传播食品药品安全的科普知识，最重要的是公众可以通过微信平台进行投诉建议，和政府形成合力，对食品药品领域的企业行为进行有效监督，共同助力“舌尖”和“针尖”的安全，促进政府治理模式创新，提高政府的治理效能。

文物旅游政务微信是政府文化职能中文化事业领域的实践代表。微信可以成为各地发展特色文化、促进旅游发展的一个推广利器，其中微信营销就是新兴的网络营销方式，各景点通过微信平台将每个订阅者都视为潜在的消费人群，树立良好的旅游形象。其中，最具代表性的有“浙江旅游”“山东省旅游局”“吉林省旅游局”“香港旅游发展局”“南京旅游”等。文物旅游政务微信的主要功能是，发布相关的旅游信息和热点资讯，提供旅游路线查询服务，对旅游资源历史文化、信息产品、民俗风情等进行多方位、多角度、有创意的介绍，并与订阅者互动，接受并采纳订阅者的景点分享，推动本地旅游的特色化发展。

社会保障政务微信是政府社会管理职能中完善社会保障领域的实践代表。网络应用的日益普及，使各地人力资源和社会保障局开始推出政务微信，这对提高社会保障事务的效率、提升政府公信力和公共服务的建设能力有重要的促进作用。最具代表性的如“北京 12333”“厦门社保”“深圳人力资源和社会保障局”“烟台市人力资源和社会保障局”等。

2. 跨界公共服务平台应用前景

除此之外，新社会组织微信公众号应用显示了政府治理主体多元化的趋势。借助政务微信公众平台，依照法律法规及民政部门登记注册的社会团体、学术性社团、行业性社团、专业性社团、联合性社团、行业协会及社区活动团队等新社会组织，在公共服务领域积极参与，满足多元化的社会需求，积极提供各种社会公益服务、募集社会资源、促进社会就业等，这些社会组织日益发展壮大，并形成了新的社会传播力量。新社会组织公众微信平台的不断发展和完善，有力地推动了政府治理领域政府、社会组织、社会公众的积极广泛参与和共同治理，在这一过程中，社会组织起到了很好的桥梁纽带作用。

5.3 跨界公共服务模式类型

在 5.2 节中，相关部门为冲破当下跨界公共服务模式“碎片化”问题的枷锁，搭建起了以跨界公共服务平台为载体的跨界公共服务模式，在其过程中我们发现跨界公共服务模式的重构与变革离不开一些关键要素，包括跨界主体以及跨界职能等。其中，满足互联网时代下跨界主体多元化的治理需求、回应服务对象需求的多样化是实现公共服务供给模式跨界创新的现实路径。

本节梳理了跨界公共服务模式的历史划分，将现行的跨界公共服务模式在理论上概括为四种：政府支配型、多方参与治理型、社会组织和公众支配型、贫乏型。而当下人类社会进入了数字化发展的大数据时代，对人类社会的各个方面产生了重大而深远的影响，同时也引发了数字政府等政府治理模式的变革。因此，结合当下数字经济蓬勃发展的时代背景，从上述四种跨界公共服务模式进一步归纳出跨界公共服务模式的两种主要类型：合作共治模式与价值重构模式。

5.3.1 模式类型的历史划分

关于学界对跨界公共服务模式类型的划分研究，本书在研究综述中曾提到：基于差异化的观察视角和多元化的维度，不同学者曾将跨界公共服务模式划分为不同的类型。比如，区域整合模式，主要指跨界的各区域各部门根据现实需求，整合自身资源，通过与各合作方平等协商的方式，集成协调各方意见，共同处理跨界事务（曾维和，2012）；府际合作模式，其中包括建立正式或非正式的合作关系，通过合作各纵向间、横向间政府微观主体协力解决跨界的公共问题（崔晶，2011；韩兆柱，2020）；准市场化模式，政府应当向市场适当放权，主要发挥市场自身力量来提供公共服务，激发市场活力以弥补政府自身财力和服务提供能力的欠缺（付金存等，2016）；社会合作模式，该模式涉及非政府团体、非营利组织、社区及市民等广泛的主体（何炜，2016）。

综合国内外学者的研究和探索，笔者将现行的跨界公共服务模式在理论上概括为四种：政府支配型、多方参与治理型、社会组织和公众支配型、贫乏型。将四种模式类型以模式图画出，如图 5-3 所示。

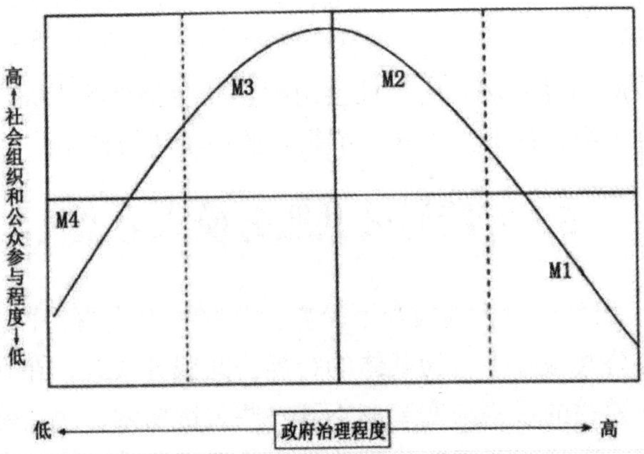

图 5-3　政府治理模式

如图 5-3 所示，四种政府治理模式各具特色。在模式一（M1）中，政府主导程度非常高，而社会组织和公众参与程度极低，我们把这种模型称为政府支配型治理模式，即政府在提供公共服务和满足公众需求方面处于绝对的主导地位。

在模式二（M2）中，治理主体呈现多元化趋势，即政府、社会组织和社会公众的参与度都非常高，这种模型被称为多方参与治理模式。

在模式三（M3）中，社会组织和公众参与治理的程度相对较高，政府的治理程度相对较低，我们把这种模型称为社会组织和公众支配型治理模式。

在模式四（M4）中，社会组织、公众以及政府都处于相对消极的状态，参与治理的积极性均不高，参与度低，我们把这种治理模型称为贫乏型治理模式。

通过研究和分析政府治理理论中的治理模式，我们可以发现中国现行的跨界公共服务模式为政府支配型治理模式，即政府通过税收和财政预算等方式统筹管理政治、经济、文化和社会的方方面面。

5.3.2 模式类型

在互联网时代，大数据作为推动人类生产生活方式变革的“引擎”，正以前所未有的动力驱动跨界公共服务模式的变革。针对当下时代数字化变革的趋势，本书将上述四种跨界公共服务模式进一步归纳出两种主要类型：合作共治模式与价值重塑模式。合作共治天然体现“跨界”，而价值重塑，则是一切合作模式的动机或起因，过滤掉模式的具体形态，我们不难发现，后边是资本、资产、人力资源、科技元素等的价值重构与联合。

1. 类型一：合作共治

（1）模式简介

“推进社会治理创新。注重运用法治方式，实行多元主体共同治理。”党的十八大以来，创新社会治理理念，探索社会公共服务领域多元化治理机制已成共识。一是由于公共服务的特殊性，长时期内，国家在公共服务领域的垄断地位难以动摇，社会资源优势一直未能充分发挥，调动社会积极力量的力度不够，使公共服务事业进一步扩展的能力受限。而合作共治理念的提出，有望解决这个问题，一旦付诸实施，将能够以最少的成本获得最大收益。二是受传统公共治理理念影响，山头主义、诸侯经济在公共服务领域形成条块分割一定程度上仍然存在，难以在不同地区、同一职能的不同部门进行资源共享与合理归并整合，严重影响社会公众事业的发展。数字政府下的合作共治跨界公共服务模式可以有效地解决这一问题。合作共治主要包括以下特征：多元主体，共同利益，共同治理。

（2）合作共治模式具体类型

第一，跨职能服务治理模式。这种模式最为普遍，其特点就是，同--件事情会有多角度行为，而每个角度的行为，都有一个相应的职能部门进行监管，导致多头管理或者政出多门，让行为人无所适从，解决办法就是职能融合。

例如，在现有的海关监管模式下，各直属海关拥有不同程度的自主权力，不同部门之间存在着通关信息分享不畅、联合协作程度较弱的问题，导致执法统一性未能得到严格的贯彻落实，对于应对当前经济发展形势、严厉打击走私等违法犯罪行为带来阻碍。在当前经济高度流动和开放的条件下，不同企业的经营方式相似度较高，甚至违法企业违规方法、价格欺骗等方式都十分相似，全国范围内的外贸经济在实质上已成为统一体，而海关面对统一的企业经营方式，需要不断提高执法统一性，如对同一商品的估价结果提升一致性，不断提升执法能力和水平。

最为典型的是进出口货物的检验检疫不属于海关管辖，但进出口货物又必须进行检验检疫，分属两个部门，妨碍了进出口的便利化，于是将这两种具有同一目标的两种行为、两种职能进行合并融合，即关键融合。

这些问题的存在，使海关安全监管职能的行使受到掣肘，海关需要在借鉴国内外先进经验的基础上，进一步深化改革，从管理体制、组织机构和职能上探索安全监管的更好途径和方式。

第二，跨区域服务治理模式。这一模式，主要指公共事务或某个事件本身已经突破了各个行政区划的物理边界，如雾霾肆虐、瘟疫防控、洪水泛滥等任何一个地区都不能单独完成的公共服务事业目标，必须打破条块分割，进行跨越物理边界的公共服务融合。

例如，京津冀雾霾跨界治理为何未取得预期的成效，可以概括为跨界合作利益协调机制不畅、跨界合作动力机制不均衡以及缺乏统一的监管标准。首先，跨界合作利益协调机制不畅，在合作跨界的共治实践中，北京和天津在经济发展上明显处于领先位置，会考虑合作共治在实际经济增长上产生的抑制影响。其次，跨界合作动力机制不均衡，京津两地存在自身独特的区位优势，较为强大的政策支持以及以第三产业为发展主体的产业结构，在大气污染防治上不存在较大困难，而河北省雾霾问题较为严重，在缺少有力的财政支持的情况下，存在较严重的治理问题。最后，缺乏统一的监管标准。京津冀三地大气污染物的排放价格标准并不一致，高污染作业倾向于落户环保监管较弱势的河北省，从而进一步加剧三地间的不平衡问题和共治难题。

京津冀雾霾跨界治理的特殊性便体现在由中央权威主导，在缺乏权威主导的情况下，地方政府之间就空气污染治理、水体污染治理等跨界公共议题能否达成共识以及能取得怎样的成效有待进一步观察，跨行政边界协调困难始终是该模式无法逾越的问题。

第三，区域网格治理模式。区域网格治理，是指事务本身涉及千万级单元，极其复杂，千头万绪，行为人的行为有极大不确定性、不稳定性，只能借助大数据进行纵向和横向交织形成网格状跨界公共服务模式，这是打造“智慧城市”“智慧社区”的普遍做法。

例如，城管组织对于互联网技术、信息技术、数字化技术等高新技术的运用非常重视，并且都已经将这些技术与具体的工作事务相结合，并取得很好的实践效果。这一方面是由于国家政策大力推行。近年来国家大力推行电子政务等，与时俱进，致力于将最新的技术实际应用在国家治理的各个领域。另一方面也是由于城管工作的特性所决定的。从城管的职责范围来看，其职责涉及的项目很多，而这些项目所涉及的领域也较多；从城管的管理区域来看，其涉及面过大，这些都为具体工作的进行带来大量的人力成本、时间成本和资源成本；而新技术的应用，为跨地区快速、便捷地沟通信息，及时处置事件提供了可能。此外，在法治政府的前提下，传统的人治观念已经被淘汰，城管作为一个政府部门，其工作方式和工作流程中更需要避免作为单独个体的人的影响，除了法律法规，新技术带来的标准化和流程化操作也可以避免这种影响，使其工作更加规范，因此高新技术的应用已成为城管必不可少的工作手段。

第四，跨界公共服务方向。跨界公共服务方向就是数字服务治理，一网通办、跑一次路、一个窗口其本质是一样的，就是跨界公共服务发展的目标是方便、安全、快捷、舒适，实现社会公众福祉的最大化，是以人为本。而要做到这一切，打造数字政府，必不可少，这是跨界公共服务的发展方向。

政务服务“一网通办”建设愿景就是加大环节精简和流程优化再造，强化跨部门协同和前台综合、后台整合，筑牢数据基础，从“能办”向“好办”转变，更好推动“高效办成一件事”，收获更佳体验和更好口碑。2020 年的政府工作报告中提出，推动更多服务事项一网通办，做到企业开办事项全程网上办理。目前，全国各地积极引入“一网通办”成功经验，加快落地实践，努力做到进一张网，办全部事，如“最多跑一次”“不见面审批”“秒办秒批”等，具有较强的推广复制效果。

2. 类型二：价值重塑模式

（1）模式简介

价值重塑，即价值定位，是指公共组织探索服务对象的需求，研究如何响应每一细分领域的独特偏好，再使公共产品与服务需求配套。正确的价值定位非常重要，是价值网络构建的依据。

创新和竞争提升了用户对服务的要求，用户业余时间的减少和收入的增加也提高了其对便利性的要求，所以，新趋势的价值主张重点是三个方面：一是超级服务，放大公共物品或服务的某一种功能，使公众更方便享受；二是方便的解决方案，不仅仅为用户提供公共产品与公共服务，而是为公众提供一个更好的解决方案，即为从公共产品的优化，到享用过程的总体优化，如公共图书馆阅览室，改变人们在实体书店购书的传统，为公众提供轻松、便捷的阅读体验；三是个性化，工业化标准、大规模生产正在被大规模定制生产所取代，个性化提高了使用者效用，公众以前只能从广泛的但受约束的标准化的产品中做选择，个性化的服务可以提供更具独特的，符合独特需求的公共产品或公共服务。

（2）价值重塑模式具体类型

第一，价值放大模式。这一模式是根据公共服务的公益性特征，对公共物品和公共服务展示其公益最大化的模式，公共电子图书、电子阅览室、数字博物馆等等皆属于此种模式，因为这些图书和古物等是全民共同财富，借助于互联网大数据技术，公众可以更方便、更快捷地接触这些资源，增强了其惠民价值，提升了整个民族文化素质。

例如，公共服务领域研究最早、热度最高的是公共图书馆的跨界服务。我国公共图书馆跨界合作的实践探索和业务研究始于 2006 年，2014 年互联网大潮兴起后，应用互联网技术的跨界合作模式逐渐在公共图书馆中大量运用，并成了一种行业标准。“微信读书”等基于社交领域的大数据向客户精准推荐书目，同时嵌入了社交功能，满足青年群体的多元化需要；“kindle”覆盖了绝大部分正版读物，满足了深度阅读者对知识的获取需求；“掌阅”“网易云阅读”“QQ 阅读”等基于网络文学的用户需求，提供了休闲的浅阅读体验；“得到”“喜马拉雅”等有声读物阅读应用为用户提供了不同感官的“阅读”体验。互联网所带来的颠覆创新，倒逼“门可罗雀”的公共图书馆反思传统知识传播服务模式，并探索互联网 + 背景下的整合创新之道。

公共图书馆跨界服务的发展，首要在于界定图书馆公共服务的边界。张美莉认为传统的图书馆跨界服务是指发展图书馆的文献信息服务，深度参与文献、情报、信息、知识的生产、分析、传播和利用过程，拓展图书馆信息服务密度、深度与广度服务模式；刘细文、熊瑞认为文献生产（出版）、知识传播（教育）、知识利用（科研活动）等是现有图书馆服务的“边界”，而“跨界服务”就是要跨越传统图书馆的文献信息服务边界，参与文献、信息、知识的生产、分析、传播和利用过程，达到丰富服务内涵、拓展服务领域的目标；唐虹、戴日光利用城市图书馆建立多维度联通跨界服务结构模式，重新定义城市图书馆的跨界服务要素。

第二，智能服务模式。智能服务模式本质上也是价值放大模式，是在原有的公共服务产品和公共服务基础上，通过现代技术，放大其应用的范围和空间，如远程教育、线上教育、网课等属于此类，这一模式在解决教育资源分配不均、实现教育公平的问题上有非凡意义。

例如，当前人工智能与数字信息革命为服务业提供了非常多的跨界融合机遇。教育行业的目标是不断为国家和社会输送需要的人才，因此在人工智能时代教育行业的跨界融合创新显得更为重要。随着大数据与区块链技术的迅速发展，知识的获得与传播方式同样出现了新的变化，与过去的教育观念、教育风格和教育制度相比，当前教育产品更需要与用户充满个人风格的学习需求相匹配，利用跨界融合实现个性定制，尤其是在全球新冠疫情的影响下，线上教育展现出巨大潜力，对人工智能时代的教育提出创新需求。

有研究预测，二三十年之后全球会有超过半数的劳动职位被人工智能取代，当前机器翻译已经超过人工翻译的准确率，人工智能阿尔法狗在围棋上也曾超过世界冠军。人类独有的创造、想象和同理心的情绪价值是人工智能无法通过学习实现的，这正是教育创新需要关注的核心需求。跨界融合为教育行业带来新的发展机遇，将人工智能运用于教育行业、推广人工智能的学习方法，对于培育核心创造力有着重要意义。创新是教育的使命与责任，响应时代发展要求，不仅需要培育学生信息能力、创新能力与社会责任感，人工智能的跨界融合将带给教育新的意义。

第三，远程服务模式。这一模式是借助人工智能、大数据、情景模拟仿真系统、全息影像系统等更为先进的技术，在不通过服务对象的前提下，把公共服务与公共产品送到公众群体中。如远程医疗、远程教育等就属于此类，这种模式有望颠覆人类生产生活的时空结构，并形成新的产业，具有广泛的发展前景。

随着后疫情时代的到来，智慧医疗的市场进一步被开发，不论是买药 APP 或者问诊小程序网站等都呈现出与人工智能不断融合发展的趋势。从互联网医疗行业诞生最初，医疗产业的跨界融合已经开始初步发展，数字化革命与智慧化进程共同推动智慧医疗的更新升级，互联网巨头引领的潮流为医疗行业带来风险与机遇。某咨询机构报告表明，2020年中国移动医疗市场规模实现544.7亿，比十年前多出三十多倍。移动医疗端的发展为消费者市场带来足够的刺激，药品零售和移动问诊的服务模式不断丰富发展。如今经过十多年的更新换代，小型轻量的医疗服务已经实现了充分的线上发展，智慧医疗的第一阶段成果初步实现。但是对于广大的医疗机构来说，智慧医疗与其结合尚不紧密，传统的医疗模式依然占有主导地位，而这正是智慧医疗未来发展的空间所在。

第四，大数据赋能模式。大数据赋能具有广泛意义，尤为典型的是其精准的预判能力，和对服务对象个性、偏好、行为方式的准确捕捉能力，是使接受公众服务的对象能够不加个人干预而得到个人所需要的服务的一种模式。该模式有大数据精准定位的功能，是跨界公共服务未来发展的目标。

大数据、云计算以及物联网的高速发展，为文化与旅游业的未来发展带来新方向。应用优质性能数据处理、智慧数据深入挖掘算法等技术手段，将旅游行业的物质资源与信息数据实现高密度系统结合与深度开发，构成全新的、为公众和企业同时提供服务的产业形态，在融合的现代通信技术基础上，围绕游客的互动体感，不断刺激旅游全产业链升级更新、结构创新，利用移动终端，主动搜寻旅游信息，迅速调整出游计划，保证游客的现场体验感。智慧旅游的发展主要表现在旅游服务、旅游管理和旅游营销三个方面。从智慧服务来看，智慧旅游从游玩者的角度出发，利用数据信息的优势提高游客在游玩过程中的体验感和旅行质量，在获取景区信息、决定旅行路线、线上预订产品并支付以及享受游玩并最终形成评价的过程中，发现智慧旅游的魅力，感受到智慧服务带来的全新出行体验；利用GPS地理定位和监控功能，达到信息数据的实时传递和交换目的，帮助游客拥有更好的旅行体验，增强满意度和舒心度，也为游览者提供更安全的人身保护和出行品质保障，促使旅游中的消费模式发生新的改变，引领新型旅游消费增长。

第2部分 案例篇：合作共治

第 6 章　数字贸易港：跨界治理与自由贸易

6.1　自由贸易的边界跨越

6.1.1 自由贸易区对物理边界的跨越

1. 自由贸易区（FTZ）

自由贸易试验区是一项贸易协定，它在贸易和投资方面比世界贸易组织的有关规定更为有利，它规定了一个主权国家或地区关境以外的特定地区，允许外国货物免税进出。自由贸易试验区涵盖了狭义与广义的双重含义：在严格意义上，自由贸易试验区仅仅指在处于以出口加工功能为主的地区，并为其提供所需的原材料和其他货物的地区；从后一意义上来看，除了狭义的地区外还包括自由港、转口贸易区。

一般来说，自由贸易区位于港口地区或靠近港口的沿海地区，自由贸易区在美国等经济实力较强的发达国家尤为普遍。13 世纪法国建立了马赛港作为自由贸易区。1547 年，意大利宣布热那亚湾港口为世界上第一个自由贸易港；美国于 20 世纪 50 年代初期就指出在自贸区内可以大力发展制造业的思路；20 世纪 60 年代末，一些发展中国家用这种方式建立并成功建成了独具特色的工业园区，并逐步发展成为出口型产业；20 世纪 80 年代初，许多国家的自贸区由传统型向非传统型转变，成为高科技产业区，最终建成“科技自由贸易区”。

2.“自贸区 FTZ”对物理边界的跨越

无论是历史渊源还是历史重大事件（两次世界大战），国家和地区是有看得见摸得着的物理边界的，而这个物理边界是以公共法理为基础的，也是国家主权的象征，具有强力排外性。这些物理边界是世界范围自由贸易的障碍，要开展自由贸易，首先必须越过这个边界，但由于世界各国各地区发展不平衡，又不可能把这些边界全部“拆除”，于是在适当的地方，如港口开辟出一个特定区域，允许不同国家地区的人进入从事贸易事务，这个特定区域就是“自贸区 FTZ”。它有如下特征：

一是类似于“租界”和“使领馆”性质，对宗主国（开设自贸区的国家）如同让渡一块“领土”，对参与贸易的其他国家意味着自己的“领土”延伸。

二是虽然是物理边界，但是以法理为基础，物理边界的“突破”也意味着

"法理"和制度边界的突破，如一个国家关税为 10%，但进入这个区域则是"零关税"，这意味着物理边界的突破同时引致法律边界的突破。

三是自贸区 FTZ 形成一个新的"界"，这个"界"相对于 ABC 国属于贸易事务的公共界。

四是为国际贸易提供跨界公共服务奠定了基础。如图 6-1。

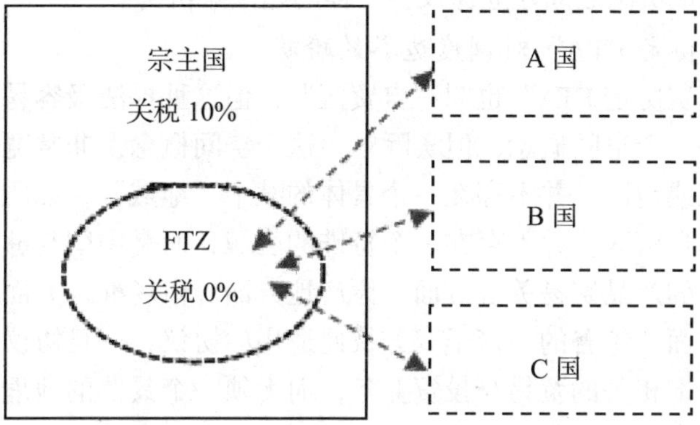

图 6-1　"自由贸易区 FTZ"的跨物理界突破

6.1.2 自由贸易协定对制度的跨越

1. 自由贸易协定含义

自由贸易协定（FTA），多数情况下，FTA 也称作"自由贸易区"，为了能够和 FTZ 准确分开，不至于望文生义，引起混淆，笔者把 FTA 称作"自由贸易协定"，它是由两个及其以上的国家基于自由平等的原则共同签署的具有法律效力的协定。FTA 的签署致力于促使经济的全球化，消灭贸易的壁垒（如进出口关税、贸易配额和优先权），它使协定国相互之间的国际货物和服务可以自由流通。FTA 的贸易伙伴形成了一个自贸区，一方面，FTA 将会使签署国的海关流程手续得以简化；另一方面也有助于改善成员国之间的不公平贸易。过去，自由贸易协定跟欧洲联盟或北美自由贸易协定、邻国或某些地区，在通常所称的区域贸易协定中占据中心地位。

自由贸易协定种类及范围：

①自由贸易协定，取消关税和各种贸易限制（如北美自由贸易协定），以促进成员国之间的自由贸易。

②关税同盟，除成员国区域内自由贸易外，共同关税同时适用于区域外国家，对外关税由区域内国家补贴，如南美共同市场。

③共同市场，除了关税同盟的贸易政策外，在成员国之间诸如人力要素和原材料之类的生产要素也可以随意流动，如欧洲共同体，中美共同市场。

④经济同盟，会员国家之间相互调整金融、财政政策和社会福利等所有经济政策，共同执行其政策，如欧盟。

⑤完全经济整合，成员国废除独立的经济政策，将所有经济政策纳入一个经济体，并在成员国之间建立像议会一样的超国家机构。

2.“自贸协定 FTA”对制度边界的跨越

尽管“自贸协定 FTA”也叫“自贸区”，但这种提法极容易引起混乱。字面上看，它是一个空间概念，但实际上，这个空间概念是非常宽泛的，范围涉及某几个国家或地区，并不存在一个具体的某个“地域”。如所谓的中韩自贸区、中国越南自贸区，并不存在一个特殊的区域，而是中国与韩国、中国与越南就某些具体的产品贸易关税方面、原产地方面、市场准入方面、配额问题以及投资问题方面，签署的一篮子双方彼此适用的协议，一旦协议生效，可以涵盖双方国家全部相关的贸易与投资业务，而无须一个具体的地理空间。自贸协定 FTA 有如下特征：

一是其本质上是双边或者多边贸易与投资协定，是对双方或者多方针对除了双方和多方之外的其他国家和地区适用的贸易和投资优惠的协议。

二是其是对法律（主要是关税）方面、管理制度方面的“界”的突破，即当涉及双方或多方某个或某些具体产品劳务的时候，实行有别于其他国家的税收法律制度和投资制度。

三是自贸协定也不绝对排除物理边界，就像自贸区并不绝对排除法律制度边界一样，因为，双边或多边始终有一个大致的范畴，如北美自由贸易区、中国东盟自由贸易区等。如图 6-2。

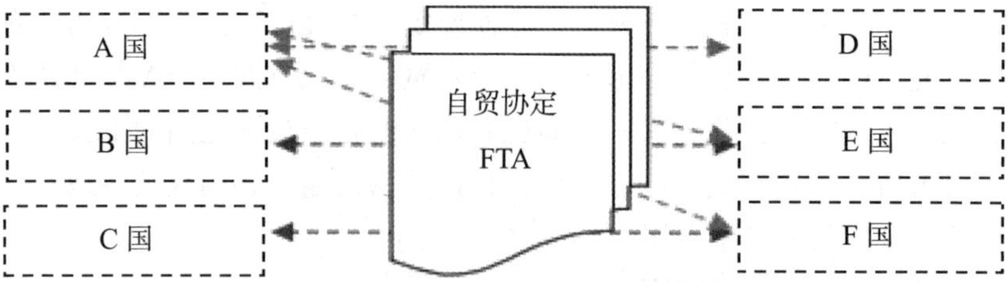

图 6-2 “自由贸易协定 FTA”的跨制度边界突破

6.2　自由贸易试验区跨界监管模式

6.2.1 自贸协定：TPP 与 RCEP

1. 跨太平洋伙伴关系协定（TPP）

（1）TPP 溯源

由新西兰、新加坡、智利和文莱等国发起的跨大西洋伙伴关系是亚太经合组织成员国旨在建立多边关系的自贸协定。跨太平洋伙伴关系协定（TPP）谈判始于 2010 年 3 月，主要集中在两个方面：一是十二个参与国的共同决策领域，如知识产权保护条款；二是在与美国、日本等十个太平洋国家签订的《太平洋战略经济伙伴关系协定》中，一些双边协议最终取得重大突破，比如减免某些商品的进口关税。如图 6-3。

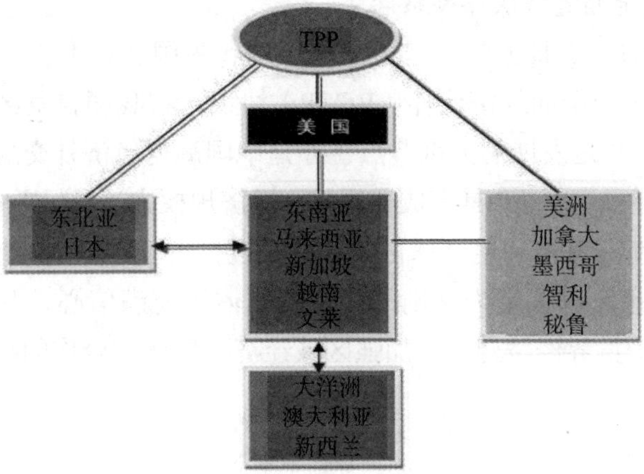

图 6-3　跨太平洋伙伴关系协定（TPP）

（2）CPTPP 取代 TPP

第一，TPP 夭折。美国退出 TPP 的政治经济考量是由于 TPP 的法律特征会导致美国的 GDP 增速减缓，进而给美国国内的人民造成一定的负面效应，TPP 也已遭受到了美国关键政治反对党派的抵制。

第二，CPTPP 取代 TPP。2017 年 11 月 11 日，日本和越南领导人共同宣布，除美国以外的十一个国家将签署一项新的自由贸易协定，称为“全面和渐进的 TPP”（CPTPP）。2018 年 3 月 8 日，上述十一国代表参加了 CPTPP 的谈判，并在智利首都圣地亚哥举行了签约典礼。如图 6-4。

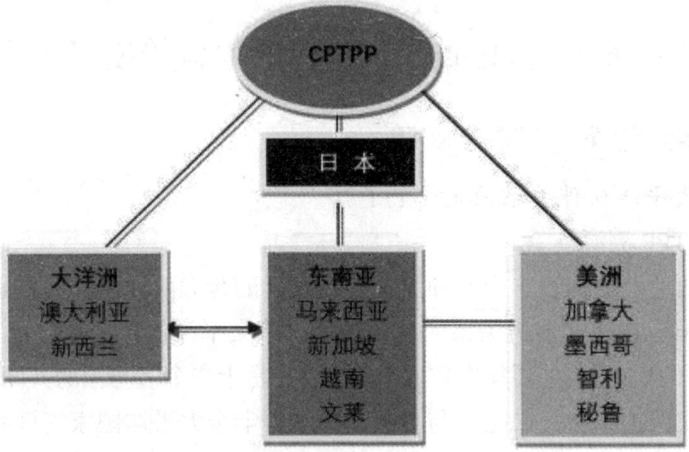

图 6-4　全面和渐进的 TPP（CPTPP）

2. 区域全面经济伙伴关系（RCEP）

（1）区域全面经济伙伴关系含义

2020 年 11 月 15 日上午，包含东盟十国、中国、日本在内的十五个成员国正式签署了区域全面经济伙伴（RCEP）协议。在我国自贸区发展壮大的战略进程中，RCEP 是发展的关键节点，亦是中国赢得经济外交战略性胜利的标志牌。有数据显示，RCEP 具有成员国多、经济规模大、国际影响力大的特征；与此同时，在新冠疫情和逆全球化威胁的双重打击下，RCEP 也在一定程度上表明了亚太国家对以规则为基础的多边贸易体制充满信心，并于中国共同致力于推进开放型世界经济建设，加强区域经济一体化与合作的决心。如图 6-5。

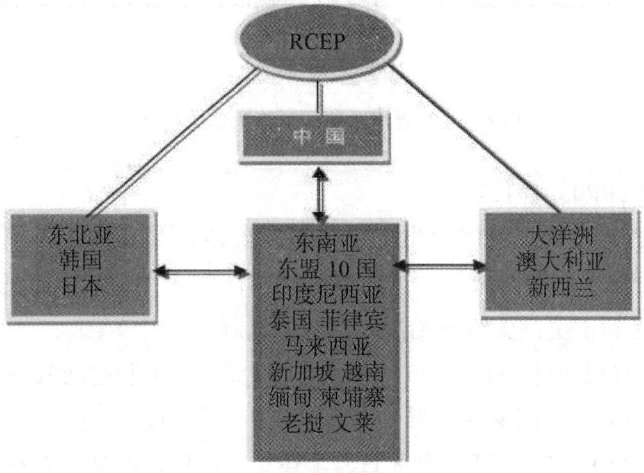

图 6-5　区域全面经济伙伴关系（RCEP）

（2）RCEP 的主要内容及协议亮点

第一，从 RCEP 达成的协议文本上，基本体现了要有效整合亚太地区复杂多样的经贸规则并形成一个相对统一规则体系的初心。首先，RCEP 在规章制度设计方面，具有独特之处，它在最后文件中保留了规章制度一定的弹性与灵活度。RCEP 成员国的类型结构十分丰富，国家的发展水平参差不齐，这些成员国无论是在经济制度与结构上还是经济规模等方面都具有明显的不同之处。基于此，RCEP 为其各成员国提供了都能享受的规章制度设置方面的红利，它进行了具有针对性的特殊制度安排。

第二，RCEP 在贸易协定基本规范尤其是进出口贸易注资的自由化方面，获得了出色的成绩。RCEP 的货物贸易，总体对外开放程度超过九成，各成员国相互间的关税减让也多以直接降到零关税抑或是十年内降到零关税的服务承诺居多；在注资角度，RCEP 成员国以负面清单方式，开展注资准入，给予国外的投资人更加实际性的开放待遇。因为在对外贸易中，因存在同时具有多种亚太经贸制定的规则而导致的凌乱的“意大利面条碗”形势，因此 RCEP 需要对复杂的规则进行一定程度的归总整理，其往往更偏重于对原产地的规则制度的梳理。RCEP 吸取了我国—东盟 FTA 升级交涉的先进经验，为 RCEP 成员国企业给予可灵活选择的规则，这将大幅提高企业对 RCEP 的使用率，有益于加速连通地域内生产制造联络网络。而从海关部门的程序流程与贸易便利化等角度来看，RCEP 也引进了更透明化合理有效的规则标准，以深入减少非关税壁垒，助力地区内生产要素和商品的自由化流动。

第三，在一些热点新兴贸易议题领域，RCEP 也做出了规定。比如说，在互联网高速发展的以及大数据应用成为热点的现阶段，RCEP 因地制宜针对电子商务领域拟定了具有制约效力的协议条款，其此举动的主要目的就在于大幅度冲破数字贸易的壁垒，削减对成员国施加压力的各种限制。另外，其也在保障线上用户数据及私人信息安全等层面进行了严格的管理和规范。

6.2.2 中国特色的自贸区：自由贸易试验区

1. 自贸区的中国特色就是“自由贸易试验区”

第一，实行协议开放与自主开放。首先，开放协定的含义是两个或两个以上的主权国家或单独的关税区通过签署协定（或协议），并将它们的合作建立在世贸组织中最优惠的国民待遇的基础上，进一步对彼此开放贸易，建立区域贸易和投资自由化。例如，区域贸易协定、自由贸易协定、关税同盟、太平洋伙伴关系协定（TPP）和各种优惠贸易协定都对该协定开放。其模式是，经济货币联盟——欧盟；共同市场——南方、中美洲共同市场、加勒比共同体等；关税同盟；自由贸易区（FTA）；优惠贸易安排。

另外，自主开放是指国家根据发展的战略规划需要，对某些行业（行业）的对外贸易自主决策实施比过去更加开放的政策措施，旨在对外贸投资给予优惠待遇或在“境内关外”（海关特殊监管区）实施自由的贸易政策和措施。例如：自由区、外贸区、对外贸易园区等。

第二，协议开放与自主开放的主要区别在于：一是开放措施的适用范围不同；二是开放措施的发布形式不同。

实际上，从两个角度来看“自由贸易区”具有双重含义：一个是世界贸易组织（WTO）定义的自由贸易区，另一个是世界海关组织（WCO）定义的自由贸易园区。前者属于协议开放，后者属于自主开放，二者采取的政策措施在范围和公布形式上各不相同。自主开放项下的自由贸易试验区，不能单独对某个国家某个地区实施更加开放的政策措施，对台、对港澳有其特殊性，可以在方案中体现，但目前阶段，仍需在 ECFA36 或 CEPA37 框架协议下执行（第二批 2.0 版）。

2. 中国自由贸易试验区发展特点

随着时间的推移，中国的自由贸易区在发展上逐渐呈现以下特点：

首先，数量在不断增加，自由贸易区的数量呈上升趋势。

其次，功能倾向综合。自 20 世纪 70 年代以来，出现了以进出口贸易为重点的自由贸易区和以出口加工为重点的自由贸易区的一体化。除此之外，自贸区内还开展了大量包含进出口贸易、展销、生产等在内的多种商业活动。通过功能整合，自贸区有效性和风险防范能力显著提高。

最后，管理不断加强。各国贸易区在建设之初，在资源条件和管理水平上存在水平差异，而在多年的良性发展过程中逐步形成了规范标准的管理模式。

6.2.3 自贸区跨界监管模式

1. 自贸试验区监管模式

进一步扩大对外开放，以各自的地区优势为基点，与周围国家及地区开展更加深入的贸易往来，以更佳的服务保障对外开放整体战略布局。例如，紧紧围绕搭建国际性陆海贸易新通道，广西省自贸试验区深入开展沿线的对外开放，以达到促进跨境贸易、跨境物流、跨境劳务战略合作等优质发展的目的；我国黑龙江省自贸试验区与俄罗斯开展了紧密的战略合作，积极主动促进工作人员出入境的方便快捷性，同时保障公司企业“走出去”享有便利条件。

推动高质量发展需要充分地运用战略累积竞争优势，根据体制机制创新，突破发展路上的瓶颈，促进发展质量、效率及动力的变革转型。例如，江苏省自贸试验区积极地推动高新科技与产业融合，有助于集成电路、人工智能、生物医药等行业以创新为驱动，不断进步发展；山东省自贸试验区紧紧围绕海洋经济发展，打造东北亚水产加工和商品交易中心，扎实推进我国海洋药物中试基地搭建，以提高我国海洋领域国际交流与合作的水平。

在以服务为关键突破点的同时融入国家性重大战略，这个层面上不但意味着要以各地方、各区域的独特资源为优势以形成独具特色的试点格局，还要同时进一步与国际经济贸易规则接轨。

2. 自贸试验区基本功能

中国自由贸易试验区不仅具有传统自贸区几乎全部的功能，同时在中国自由贸易试验区，首先允许非本国船只自由地进出；其次，放松了对进口货物的配额管制；最后，自贸区还具有吸引外国资本在区内置业、支持外资创办大型商业企业、发展出口加工企业等功能。

6.3　跨界治理与自由贸易创新

6.3.1 建立自由贸易港的探索

自由港是国内外一个国家（地区）的特殊区域，我国海岸线长，海岛资源丰富，研究建设中国特色自由贸易港，打造开放度高、营商环境好、辐射效应强的开放新高地，对创新和开放型经济发展具有重要意义。

1. 转变设计理念对标国际高标准

首先，自贸区的设计要考虑新时代的新要求、新形势和新问题，而不是考虑其名称、面积、港口是否属于海关特殊监管区。

2. 应对国内外营商环境

在国内商业的营商环境上，从企业、公司的注册到注销，要进行全链条的改革；在国际进出口经济贸易方面，跻身国际贸易的世界前列，建设先进水平的“单一窗口”，实现贸易的全业务全流程覆盖；在投资方面，优化投资项目全流程格式，优化审批；在事中事后的监管方面，以信用体系建设为切入点，完善相关监管机制。

在国际上，美国政府的减税行为也许会造成全世界范围内的减税、降税热潮。而现阶段，我们国家的企业面对的综合性成本增加，在短时间内难以在全国各地大幅度减税。但是国家仍然可能通过采点以及合理布局，建设规划多个以“低成本”为特点的自由贸易港（或自由经济产业园区），形成综合成本费用的洼地，构筑经济增长的堡垒，这是解决新形势下新问题的重要举措。

6.3.2 海南自由贸易港方案与制度设计

1. 海南自由贸易港方案

2020 年 6 月 1 日，中共中央、国务院就海南自由贸易港建设印发了相关文件，对此做出周密的制度性安排，内容总结归纳如下：

①指导思想。以习近平中国特色社会主义思想为指导，全面贯彻执行党的十九大精神、十九届三中全会精神和十九届四中全会精神。要解放思想，摒弃一部分传统观念，大胆创新，努力推动贸易投资自由化和便利化，建立适合高水平自由贸易港口发展的政策体系，建立具有国际竞争力和影响力的海关特殊监管区。海南自贸区建设被视为中国开启新时代、奋斗新征程的明确口号和重要门户。

②基本原则。借鉴国际经验，高层次的规划和高层次的框架是建设自由贸易港的原则，为此，我们必须积极适应国际经贸规则和框架的新趋势，充分发挥高新技术的作用，加强国际自由贸易口岸管理和体制安排，加快建立开放型经济新体系，增强区域经贸辐射力和主导力，建设深度融合的全球经济体系；确保海南自贸区建设方向正确，同时借此深化与东南亚国家的交流与合作，促进粤港澳共同发展；符合海南定位，海南丰富的自然资源、独特的地理位置，充分挖掘国内突出市场和国内经济效益，赋予海南改革一定的自主权，支持海南自主创新；积极探索和完善相关法律法规，坚持底线思维；进一步加强治理和权力下放，把分权管理和优化服务结合起来，全面推行便民准入和法制监督制度，建立监管标准和监管体系，要加强高风险检测和系统风险防范，建立健全风险防控支撑措施，确保海南自贸港正确健康发展。

③发展目标。到 2025 年，中国针对整体营商环境的初步制度体系将达到较好水平，产业竞争力及市场参与者将显著增加；到 2035 年，在运作体制机制方面，自由贸易港将更加灵活、有效、平等，跨境资本流动和人员准入的基本实现将更加高效和有组织；到 2050 年左右，海南将成为独具世界影响力水平的自由贸易港。

④实施范围，海南岛全岛。

2. 海南自由贸易港制度设计

①贸易自由便利。一是服务贸易自由化和便利化政策，包括准入和授权经营；二是实行“零关税”自由化和货物贸易便利化的制度程序；三是在海南岛

建成海关特殊监管区，总体上放宽海南岛的市场准入政策，营造一个公开平等的投资及营商环境，保护各类产权。

②跨境资金流动自由便利。要在不同的阶段开放各类资本项目，以促进自贸港境外资金的高效安全流通，实现国内、国际的双循环，并以贸易投资自由化、便利化为重点任务，使金融服务于实体经济。

③人员进出自由便利。海南自由贸易港可以按需实行更加开放的高端人才引进政策和停居留政策，形成人才储备的摇篮。

④运输来往自由便利。加快建立现代化的综合性交通运输体系，实施高度自由便利开放的运输政策。

⑤数据安全有序流动。在进行数字风险控制的前提下，打造数字经济，增加数据领域的开放力度，实现各方数据的充分汇聚。

⑥健全现代产业体系。增强产业的综合实力，需要发展现代服务业、高新技术产业、文化产业及旅游产业等。

⑦完善税收制度。按照关税为零、税率降低、简化程序、强调法治、分阶段适用的原则，逐步完善和更新税收制度，以适合高水平自由贸易口岸。

⑧强化社会治理。推进政府机构改革和政府职能调整，推进治理体制和治理能力现代化等技术的全面实施，建立全面、科学的公共和行政管理体制，规范自由贸易口岸的有效管理制度。

⑨法治制度建设。自由贸易港法律体系的建立是以《海南自由贸易港法》为基础的，其中包括具体地方性法规和争端解决机制。

⑩提升风险防控体系。制定并实施有效的风险防控措施，实时监控风险因素，防范和减轻贸易、投资、金融等重大风险，增强防范风险的意识和方法。

6.3.3 产业开放与制度开放

1. 产业开放

产业开放是因为，在未来，国家开放的重点领域将由以制造业为主向以服务业为主转变，这是当前不可忽视的客观形势，因此跨界公共服务也要提高对产业开放领域的重视。产业开放要求各产业、各服务业要以自身特点、资源禀赋等为优势，以产业开放的角度，进一步提高对外开放的水平层次。产业开放包括，加强产业开放观念意识，有的放矢，采取针对性强的开放策略；全力打造独具战略目光的新兴产业以及现代服务业等。

产业开放发展模式有：服务业的新模式、新业态；采用服务业与制造业相互融合的发展模式；空港经济、陆港经济、河港经济发展模式；内外互动、区域协同发展模式；PPP 模式；投资公共服务新模式等。

第一，服务业发展的新模式、新业态。探索制造与服务融合（互动）发展新模式，重视国外营销网络体系的建设，完善售前至售后的一条龙服务，打造我国自有品牌的独特优势，带动我国产品出口；提高大、小企业价值链和供应链管理水平，鼓励企业从产品出口向“产品+服务/技术/品牌/标准”出口转变；大力发展服务贸易，优化贸易结构，扩大电信、计算机及信息服务，文化服务，专业管理咨询服务，服务贸易在对外贸易中的比重。

第二，服务业与制造业融合发展模式。首先，针对装备制造业领域融资难、融资贵的问题，可以通过融资租赁缓解这一问题，带动装备制造及相关行业（如医疗）等领域的发展，这就需要突破制约融资租赁发展的一些制度性障碍，比如，提供更加便利的保税融资租赁措施、允许外币结算等；其次，通过这种产业开放的新理念，可以结合行业特点，更好地形成一些新的产业发展模式，积极促进制造业与服务业的融合发展。

第三，空港、海港、陆港经济。首先，当前中西部地区在工业化发展过程中，面临的环境成本急剧上升，其他要素成本（包括制造业产业工人工资）高企，与东部地区改革开放初期已完全不同；其次，中西部地区经济亟须转型升级，由传统的粗放型经济增长方式转向以知识和技术为要素投入的集约型经济增长方式，注重提升产品科技含量和附加值，依托空港、陆港、河港，构建全新的产业体系，探索新的产业发展模式；比如，依托空港，构建科技含量高、货物相对轻便、适合临空经济特点的产业体系。

①空港经济：航空运输实现了质的飞跃，中西部机场的快速发展，对面向全球吸引、集聚高端产业将发挥很大作用。

②陆港经济：“一带一路”倡议不断推进，进一步拉近了中西部地区同世界的距离，陆港经济有望加快发展，成为支撑中西部内陆地区经济发展的重要支点。

③河港经济：长江经济带发展战略中自贸试验区已覆盖长江中上游地区的三大百万以上标箱吞吐量的港口，分别是上游的四川泸州港和重庆果园港、中游的湖北武汉阳逻港。要探索内陆与沿海、沿边、沿江协同发展新模式，这些地区有望在通关一体化、多式联运等方面率先突破、率先示范，对推动当地制造业和外贸发展发挥重大作用。

第四，内外互动、区域协同发展模式。在经济发展处于起点时，国民资本呈现紧缺的现象，此时需要根据对外贸易来提升国民资本的积淀，因而，对外贸易通常情况下是先于外商投资的；当国内生产和出口水平得以提升时，经济发展水平也会得到相应的提高，国家的资本充裕，其生产和再生产会不可避免地摆脱国界的桎梏，进而在海外寻找更宽广的进步空间；对外贸易快速增长的环节中，国内要素资源得到充分运用，原来剩余要素将显得相对紧缺，资金紧张、物价飞涨，当资金投入和外国资源的配置更为高效和有益时，便会形成外国直接投资。

2. 制度开放

制度开放是因为，不同服务业开放的差异性，具有主管部门多、制度性障碍多、协调难度大等特点。制度开放以服务业为主，它以系统全面的开放型经济新体制为支撑。制度创新是这一环节的主要任务，积极衔接国际经贸合作与交流的新规则、新制度。在金融开放与创新方面，要着力加强制度整合，逐步改善安全公平的营商环境，通过制度性开放促进高水平对外开放。制度开放发展的重点，首先是与高标准对标，注重系统性、全面性的集成开放（商事登记、贸易、投资、金融开放创新、事中事后监管），避免零敲碎打；其次，上网、共享、备案、减费等规章制度协调推进。

第一，商事登记制度开放。推进贸易体制一体化改革，开放企业从登记到注销的全链条改革；名称核准，除涉及前置审批事项或名称有权核准机关与企业登记不在同机关外，取消名称预核准环节；经营范围，试行由登记制改为备案制；多证合一，进一步将市场主体登记等相关问题及其他各类许可证纳入营业执照，逐步使“一证一码”成为唯一的“身份证”；证照分离，加快清理整合行业准入环节行政许可，审批事项切实解决企业“准入不准营”难题；电子审批，推行电子证照和电子签名应用，逐步实现电子与纸质证照同效；退出机制，对未开业企业、无债权债务企业实施简易注销制度，试点开展个体工商户简易注销登记工作。

第二，贸易制度开放。贸易环节，从进出境船舶申报拓展到外贸企业资质办理、贸易许可、原产地证照办理、出口退税、税费支付、结（付）汇等国际贸易主要环节。贸易方式，从一般贸易商品拓展到所有进出口商品，包括跨境电商商品、海运快件、邮递物品等；贸易载体，从船舶出入境拓展到飞机出入境，为企业提供更加便捷的服务；信息服务，整合归类通关、数据等贸易数据信息，构建高效的公共信息服务体系，以实现物流与监管两大信息系统之间的数据交换共享；互联互通，推进与国家部委及周边省市互联互通，促进跨区域通关合作、数据互换和协同监管。

第三，投资制度开放。深化投资项目审批全流程改革（全流程格式化审批）其流程为，选址—核准（备案）—设计审查—施工许可—竣工验收。

第四，金融开放创新制度开放。主要内容包括利率市场化、人民币国际化、资本项目可兑换、汇率形成机制等；核心要点是人民币国际化（跨境使用）；发展目的为利用零风险试验原则服务实体经济，解决融资难、融资贵难题；推动策略稳步前进。

第五，事中事后监管制度开放。核心中的核心是监管方式的转变而非监管要求的降低，减少事前审批流程与事项，增加事中、事后监管内容；要建立守信受益、失信受惩信用体系；监管机制包括双随机等；执行机制要有效执行。

6.3.4 精准开放与自我开放

1. 精准开放

之所以进行精准开放，一方面，在经济发展过程中，实施对外开放的策略，而随着持续的对外开放，可以继续扩大开放的领域空间越来越狭窄；另一方面，持续扩大开放，复杂性高、难度大、风险的不确定性等都在逐渐攀升。精准开放是指以服务业为主导的对外开放，不仅仅是降低外资准入门槛的问题，它还涉及产业管理制度、产业的生产安全、产业发展规划等诸多问题；要从产业层面上准确理解如何扩大这些地区的对外开放程度；精准开放，要依据领域的差异化，尤其是各类服务业的差异特征，来制定开放的方案策略，核心内容是致力于提升产业链的资源共享程度和占据产业竞争优势的主导地位，以细分为阶段目标，确立其重要环节，以此进一步加强风险防控，制定适合产业的对外开放对策，执行准确的产业对外开放发展战略。

地方聚焦需要瞄准重点领域，在部分地区布局，把握住重要环节，来实现产业定制化的准确开放发展战略；要加强与企业主体的沟通交流工作，精确定位其产业发展规划；根据市场需求，确定工作安排，凸显工作重点和大方向；专门针对差异化“服务”的差异特征，来引进服务交通监控类型，以适应不同领域的特殊性，并探讨建立专门针对服务贸易、金融、文化、教育、医药等比较敏感领域的监管模式。

笔者认为，精准开放的开放诉求包括以下内容：

第一，边境措施。主要包括药品流通、教育培训、人力资源服务机构、合资证券公司、医疗机构等方面的外资准入问题；跨境电商货物进出口、药品出口（标准互认）、文化产品通关（通关慢、海关编码归类不准）、海外电影进口等方面的各种限制或不便利问题；医疗、教育、跨境电商、金融、科技等领域的人才引进问题（专家证、职称评审、子女上学等）；股权投资（对内对外双向）、跨境汇款等方面的问题。

第二，民企准入。存在中医特色门诊、景点、民宿、银行等方面的民企准入门槛高等问题。

第三，审批环节。存在自由裁量权大（社保定点不批）、审批权限不下放（出境游、演出经纪领域、医生行医注册审批、诊所审批等）、审批慢（增值电信等）等问题。

第四，制度障碍。在文化动漫、电视动画领域国民待遇方面（目前允许中外合拍文化动漫，但文化动漫的中国元素在 50% 以上才享受国民待遇）、融资租赁（企业税赋、内外资杠杆比例不统一、改备案后注册时间更长了）、全球维修、出境加工（A 类资质认证、互为前置的问题）、汉语教学考级（学生签证等）、外籍人才所得税（一次性补交）、科研项目对外籍人员开放等方面存在一些制度性障碍。

第五，制度缺失。主要包括缺乏融资担保核销规定、缺乏中外合作办学实施细则、缺乏针对电商网点注册登记的有关规定等。

第六，事中事后监管。主要包括教育领域多头监管、基层执法权限缺失；综合执法、信用体系建设（融资租赁、文化等）、事中事后监管（股权投资等）等亟待加强。

第七，存在一些关于信息共享、部门联动、部门协调等方面的综合性问题，如单一窗口、多规合一（解决某些领域的用地问题）、地区间政策分割等方面的问题。

第八，存在因为自我功能提升引发的制度性诉求问题，如无水港延伸港口功能带来的海关、质检等有关审批问题。

此外，还包括一般人纳税资格的复制推广、市场采购贸易不征不退、PPP 公益服务等方面的问题或诉求。

2. 自主开放

实行自主开放是中国对外开放主要国策的重要体现，这是中国实施更加积极开放战略的必然要求。自主开放表现形式有，自贸试验区和服务业扩大开放综合试点。自主开放国家层面要提高高级设计水平中自贸试验区的自主性，对重大敏感事项争取尽快出具证明文件；对不受行政法规、部门规章等法律限制的一般性“许可”试点措施，争取“同类备案制度”的许可；对行政法规、部门规章等有法律限制的试点措施，各部委应及时调整有关行政法规和规章。

地方工作重点包括，落实国务院批复方案 + 自选动作（省级及以下事权范围内、省级与片区不同）；跑步前进、合理竞争；总结评估（创新举措、最佳实践案例、发展模式）；复制推广（全省、市级、多向）；明确底线（风险 + 规则），深挖诉求（规则、结合重大战略、地方需求）、深化改革；明确未来方向，积极争取上级政府部门支持；创建公共服务平台、发展基金；统计监测体系、总结宣传工作等。

除了上述创新开放外，还有“协议开放”。

国际层面以“一带一路”倡议为统领商建自贸区，丰富双边国际合作产业园、自贸试验区功能。国内层面在片区之间推动区域协同发展战略，借鉴服务业扩大开放综合试点经验。“一带一路”倡议属于协议开放。

第 7 章 数据整合：海关跨界治理

7.1 海关跨界服务提供动因

7.1.1 海关服务提供的历史变迁

通过优化边境执法活动，促进货物快速流动，降低制度性交易成本已经成为全球各国的共同诉求。全球海关作为重要的国际贸易参与及监督管理部门，被赋予了越来越多的权力，也在全球范围内掀起了组织变革及职责整合的潮流。

虽然多数国家认识到海关的角色已发生重大转变，其职责范围也应相应扩大，但各国海关的应对步伐并非完全一致，甚至存在较大差异。因此，为了进一步明确海关的职责调整与贸易变化关系，应对部分国家进行海关机构整合的浪潮，世界海关组织制定并发布了《全球贸易安全和便利的标准框架》，对贸易安全和贸易便利的标准进行了设定，并借此指明了世界海关的改革方向。

在 2002 年世界海关组织成立 50 周年的时候，世界海关组织（WCO）的成员国海关领导人进一步聚焦海关履职尽责的方式，针对如何实现进出口货物贸易有效监管和行政执法行为的高效运作之间的平衡，提出了建设面向 21 世纪的海关发展规划，并就新世纪、新职责、新海关进行了广泛讨论。6 年之后，也就是 2008 年 6 月份，WCO 发布了《21 世纪海关》，描绘了新时期各国海关的发展蓝图，并进行了海关角色的定位，成为指导各国海关进行改革调整的标准参考。同时，为进一步顺应新时期国际贸易及国际关系的变化，围绕完善和改进海关职能实现方式，优化组织构建形式，区域性国际组织以及相关国家也开展新一轮的改革探索。围绕构建“21 世纪世界最佳海关”定位，实现国际贸易与本国的经济发展相辅相成、相互促进，部分国家推出了全方位、综合性、多领域的海关机构改革方案，以全面提升进出口货物贸易的管理效率与效力。

虽然，各国经济发展水平、政治体制有所不同，甚至存在根本性差异，海关的发展环境及承担的职责也存在较大差异，但其作为边境监督管理机关的职责是相同的，这也是各国政府海关机构改革及职责调整的根本价值遵循，与新形势、新情况的科学判断与合理调整也是异曲同工。

7.1.2 海关跨界服务提供动因

海关是国家行政管理的重要组成部门，全球各国概莫能外。1980 年，随着我国改革开放国策的实施，党中央、国务院拉开了我国海关管理体制改革的序幕，这标志着中国海关开始了现代化改革之路。四十年来，随着中国海关改革的不断推进和深入，逐渐开辟出一条具有中国特色的依法行政、持续发展、科学进步的现代化中国海关发展道路，也为我国对外贸易的快速发展奠定了制度基础。

垂直管理是中国海关管理体制的基本特征，也保证了中国海关准军事化纪律部队的创建。尤其是随着金关工程、智慧海关等信息化系统建设，中国海关发展基础不断夯实，在贸易统计、监管通关、关税征收、打击走私等四大职能履行方面成绩突出。但是海关作为国家决策的重要参与部门，在金融危机、欧债危机等预测预警中并未充分发挥“春江水暖鸭先知”的优势，进一步提高把关服务效能仍然有较大的提升空间。

1. 职能过于细分导致机构过多

海关总署根据不同的职能，设置 17 个司级组织部门，在这些司级组织部门下设置不同的处室；除此之外，海关总署拥有 6 个直属的事业单位，负责 4 个社会组织和驻外的办事处的监管工作。在全国范围内的直属海关中，广东省设有广东分署，上海市和天津市分别设置两个特别派出办事处，这就表示在直属海关与海关总署间夹杂着 3 个不同的职能部门，使原本的三级组织结构变为四级。为了保持与总署组织部门设置的对应性，广东分署、各特别派出机构以及直属海关，一定需要分别设置不同的处室，使组织结构能够保有完整性；隶属海关作为基层机构，同样要设置相对应的组织部门，使职责分工与上级管理部门相统一。通常来说，隶属机构的职能部门不会过于复杂，可能会较为简洁，但是也会有 5 个及以上的科室设立。职能划分与设置的细致程度，使组织机构规模过于庞大而臃肿，导致不同层级间的部门信息沟通时间增加，部门之间的沟通可能会变得无效，降低组织的办事效率。

2. 海关现行的以税收为核心的职能体系

实践中，海关长期以来的工作重心是税收征管，相应的机构设置、管理制度主要围绕这一重心安排设立。当前，安全监管的重要性日益突显，在全国通关一体化改革中设立了全国海关风控中心，其职责主要防控安全准入、准出风险，这可以看作是中国海关侧重安全监管的开端，但海关整体的管理理念、组织机构、工作制度等都不是以安全监管为出发点来构建的，所以，无法与之配套，影响了海关行使安全监管职能。

3. 安全监管的机构分散

国家安全风险涉及军队、科研、文化、农业、银行等各部门、各领域，而进出境环节防范安全风险都需要通过海关、边防等部门行使相应的安全监管职责。实践中，一方面，相关安全的主管机关分散，与海关缺乏稳定高效的沟通联系渠道和机制，导致海关信息来源少，工作被动，沟通协调难度很大；另一方面，口岸的安全监管机关分立，各管一段，信息不共享，削弱了进出境安全监管的整体效果，而且，海关内部缺乏安全监管专门部门，相关职能分别由监管、风险管理、缉私、通关等部门行使，没有明确的牵头部门。

4. 海关履行安全监管职能缺乏法律的有效授权

安全是国家生存之本，为抵御各类安全风险，国家提出要落实总体国家安全观。海关作为进出境的监督管理机关，有责任和义务落实国家的战略部署，但囿于“法无授权即禁止”的行政原则，《中华人民共和国海关法》没有授予海关安全监管职能，海关应对进出境环节的各类安全风险，还缺少法律的有效授权。实践中，海关虽履行防止进出境核扩散、“洋垃圾”、毒品等职能，但对照总体国家安全观所提出的政治、国土、社会、文化等 11 类安全问题，呈现碎片式的监管，无法对进出境国家安全实施全面保护。回顾海关工作重心的调整，曾经滞后于形势的变化。

5. 条块分割致使部门间协调配合不畅

从整体的角度看，在现有组织部门的运转下，海关各机构之间的内部沟通是顺利流畅的，在事务处理上的结节主要体现在不同部门的交叉重叠之处，主要表现在以下两个方面。一是不同的职能单位之间，负责不同业务的职能单位构成封闭式的环状运行体制，在人力、财政、物质资源的分配上呈现人为设置的条块分割问题，不同部门间呈现互相掣肘的现象，不利于协同作业。海关总署和直属海关之间通过业务部门的垂直条条实现监管，但是不同条条间的横向沟通较为弱势，仅仅通过联系合作办法维持，出现了纵向管理强势而横向沟通弱势的不利局面。二是口岸海关与隶属海关之间的协作有一些问题，虽然这个问题在数次的业务操作改革后有一定程度的改善，但是在业绩考核制度没有根本改变的情况下，协作不畅的问题仍然存在，最后导致监管方向的错误，甚至出现程序上的管理漏洞。

6. 执法统一性尚未得到彻底解决

在现有的海关监管模式下，各直属海关拥有不同程度的自主权力，不同部门之间存在着通关信息分享不畅、联合协作程度较弱的问题，这导致执法统一性未能得到严格贯彻落实，对于应对当前经济发展形势、严格打击走私等违法犯罪行为带来阻碍。在当前经济高度流动和开放的条件下，不同企业的经营方式相似度较高，甚至违法企业违规方法、价格欺骗等方式都十分相似，全国范围内的外贸经济在实质上已成为统一体，而海关面对统一的企业经营方式，需要不断提高执法统一性，如对同一商品的估价结果提升一致性，不断提升执法能力和水平。

这些问题的存在，对海关安全监管职能的行使造成了掣肘，海关需要在借鉴国内外先进经验的基础上，进一步深化改革，从管理体制、组织结构和职能上探索安全监管的更好途径和方式。

2018 年 4 月 20 日，十三届全国人大一次会议在审议通过的国务院机构改革方案中，明确提出了中国海关的机构改革要求：“国家质量监督检验检疫总局的出入境检验检疫管理职责和队伍划入海关总署。”之后，全国对外开放口岸的全部一线检验检疫人员统一以海关名义对外开展工作，一线旅检、查验和窗口岗位要统一上岗、统一着海关制服、统一佩戴关衔。关检机构整合之初，在关检双方业务还没有深度融合的情况下，尽快由“改头换面”向“一口对外、一次办理”的“脱胎换骨”转变，最棘手、最紧迫的问题就是加快实现双方管理职责的一体化监控，用高水平的业务运行监控建立起改革、推进、反馈、调整的闭环监控链条体系。因此，实现海关检验检疫数据的跨界应用成为不得不解决的问题。

7.1.3 海关跨界服务提供人力资源约束

建设网络强国，要把人才资源汇聚起来，建设一支政治强、业务精、作风好的强大队伍。“千军易得，一将难求”，我国要着力培养造就世界水平的科学家、网络科技领军人才、卓越工程师、高水平创新团队。人才自古以来就是第一资源，古往今来，人才都是富国之本、兴邦大计，“智慧政府”建设和大数据建模也概莫能外。近年来，随着我国经济规模持续扩大，业务模式不断丰富，新经济业态竞相涌现，政府面临的监管要求与压力也呈现出指数级增长的态势，与业务对应的数据表、数据项、记录条数也在大幅扩张。以中国海关为例，随着机构改革关检融合的深入推进，海关大数据池汇总的各类数据表已经高达上万张，而表格中包含的字段也是数十万之巨。如果不精通海关业务，找不到每张表、每个数据项与海关现实业务的对应关系，上述数据也仅是一个个杂乱的、没有任何信息含义的 0、1 代码而已，很难从中挖掘出进出口贸易的规律和发展趋势，更不用说进行风险预警、决策支持了。

同时，随着业务越来越复杂，工作人员在业务流程、法律法规、操作步骤不断跟随形势变化的同时，底层的数据表、数据项也在同步发展。长期以来，业务人员与技术人员两条线式的并行发展，又让这种业务与技术的对应变得更加复杂，使同时熟悉业务和技术的人员更加稀少和可贵。例如：2019 年 1 月 13 日，海关总署发布 2019 年第 18 号（关于修订《中华人民共和国海关进出口货物报关单填制规范》的公告），对若干条项做了相应调整和修改。在我国进出口贸易已经几乎实现 100% 无纸化通关的情况下，几乎每一个细微的业务调整均涉及底层数据表或字段的对应调整，并需要对信息化系统进行同步修改，这也进一步加大了培养兼通业务与技术人才的难度。

另外，随着政府机关数据交换日益普遍，国内外机构交换数据日益频繁，政府部门购买外部数据逐渐常态化，这就要求建模人员要同时熟悉其他部门的业务和底层技术逻辑，能够对外文进行直接阅读并抓取有用的信息，总体对建模人员的业务积累和技术储备提出了更高的要求。例如：笔者建立的数字经济海关税基侵蚀模型需要同时应用海关、外汇高频数据；中美经贸摩擦监控评估模型、产业转移监控评估模型、进出口营商环境评价模型等需要同时应用海关、税务、外汇、工商等部门高频数据。

综合的数据维度越多，发现的问题和规律越透彻。2017 年 4 月，海关总署与国家税务总局、国家外汇管理局、原国家工商总局等联合签署了《关于实施信息共享开展联合监管的合作机制框架协议》，从制度层面，为数据维度的充分应用提供了保障。同时，海关总署发起设立了“一带一路”倡议沿线海关信息交换和共享平台，海关总署购买的 BVD 境外企业、亿海蓝全球船舶轨迹等数据，为开展大数据建模进行风险分析、形势分析提供了越来越丰富的源数据，但是有效利用、综合分析上述数据也对建模人员的能力和水平提出了更高的要求。

7.2　海关跨界服务模式构建困境

7.2.1 数据跨界应用的障碍

2017 年，国务院出台《政务信息系统整合共享实施方案》（以下简称“《实施方案》”），通过政务信息系统整合共享，建设“内外联动、点面结合、上下协同”的“大平台、大数据、大系统”。但是，国家部委信息系统、数据、服务融合仍存在较大问题，主要原因如下：

1. 数据跨界清洗的难点

各政府部门受开发理念、开发公司、开发软件、开发时间不同的影响，同类数据的格式不统一，数据清洗难度大，造成跨界应用成效不突出的问题。例如：

日期数据就存在“年：月：日”“年 / 月 / 日”等数十种格式，仅实现政府数据跨界传输存储而不提供数据字典，使非数据生产部门难以按照统一的标准进行数据清洗，以方便后续编程使用。

2. 数据跨界加工的难度

数据价值不在于大，而在于科学加工后的应用。但是，随着信息化系统建设加快，不同政府部门、同一政府部门的不同业务条线均建立了大量信息化系统，沉淀了海量的数据资源，如果不能根据数据为对应的业务贴上数据标签，区分原始数据、衍生数据，其他政府部门就难以跨界加工其他部门的数据。

3. 跨界数据应用场景的难点

受部门职权限制，没有梳理出跨政府部门的指标体系，没有建立各类政府业务的强耦合关系，致使单一政府部门较难提出政府数据的跨界整合和综合利用的场景需求。而国务院虽然制定了《实施方案》，但是没有提出政府跨界应用的场景需求，难以对“大平台、大数据、大系统”的建设成效进行验证，以建立“应用—改进—提高”的政府数据跨界应用闭环链条体系，推动政府数据持续整合共享。例如：海关、外汇、税务、商务等部门均为高频政府数据的生产部门，但是以时间为横轴，以管理相对人、进出口货物等为纵轴，综合比对分析、实时监控内外贸税款缴纳情况、货物通关情况、外汇收付汇情况的监控指标体系没有建立，制约了《实施方案》的效能发挥。

7.2.2 大数据的盈余性

大数据的盈余性是各行各业应用大数据所面临的共同挑战。大数据的体量巨大，在这海量的数据中，并非所有的数据都是有用的。大多数时候，可以利用并进行模型加工的数据可能只是全量数据中很小的一部分，这种情况在非结构化数据中更为常见。尤其是随着信息化时代数据体量的飞速增长，那些毫无意义而且存在字段缺失、空白跳跃的数据就会越来越多，虚假数据、失真信息和真实数据、可靠信息相互交织、彼此共存。这样一来，对行业发展和政府决策较为重要的数据就被淹没在数据海洋里，有效抓取、精准识别存在较大困难。同时，数据库大量存储的是高频非结构化数据，如何对上述数据进行再加工和挖掘，将高频非结构化数据加工成为低频宏观结构化数据，以点带面，以小映大，发掘海量数据背后的深层次规律，形成正确的趋势性预判和预警性分析，避免被碎片化信息切割致使决策误判尤为重要。

当前，即使在信息化水平相对较高、国际法较为完备的进出口贸易领域，也很难完全禁止企业为达到融资、套利目的而虚构贸易的情况，在各国海关保存的基础数据中依然可能存在虚假数据，企业与货物不符、单证与货物不符、经营与外贸不符等情况一定程度上存在。这些虚假数据存在于各国海关报关单、舱单、税单等海量单证信息之中，没有高效管用的大数据通用建模工具，很难进行有效的分析与剔除。在 2015 年 1 月举办的国务院新闻发布会上，郑跃声表示："海关总署和有关部门高度重视虚假贸易的蔓延，正不断地采取措施予以遏制，应当说海关贸易统计的数据基本上还是可以反映我国对外贸易进出口的实际情况的。"虚假贸易一般包括"套利贸易""作假贸易"和"套利、作假混合贸易"三种。近些年来，虚假贸易被有效遏制，但完全根除虚假贸易仍需一定时间，而虚假贸易也只是反映了大数据盈余性的一个侧面。

7.2.3 "循数监管"的复杂性

当前，随着数字政府、数字社会、数字地球的不断推进，传统的科层制日益被打破，集中的权力不断被消解，扁平化的特征日益明显。如今，每一个自然人、法人组织、团体组织都变成了媒体源，彼此互联互通和自由信息交换日益普遍，信息呈现出透明、开放、直接交互和分享的趋势，这样就使数据之间的关联关系日益隐蔽和复杂，"循数监管"的复杂性不断提升，难度显著增大。首先，随着可利用的关联数据日益增多，收集、挖掘、分析、发布、共享大数据成为常态，这对大数据深度挖掘提出了更高要求。其次，建设服务型政府是智慧政府建设的题中之意，而让"服务群众零距离"落地扎根，并让人民群众获得实实在在的实惠，就必须"让数据多跑路，让群众少跑腿或不跑腿"成为常态，需要从已有的关联关系反证传统的群众证明或提交事项并无必要，"循数监管""循数服务"的标准不断提高，也在不断倒逼政务服务标准化和公共治理规范化。最后，传统的空对空的理论探讨和居高临下式的"威权"说教和"压力"管理越来越难以获得群众的认可，"用数据说话、凭数据决策"已经成为全社会的共识，使依靠直觉判断的"经验式决策"必须转向依靠数据的"智慧式决策"，对"循数监管""循数决策"提出了更高要求。

在此，充分反映海关检验检疫机构改革历史的通关单就是一个典型事例，可以让我们充分认识到政府实现"循数监管"的复杂性和高难度。

2008 年 1 月 1 日，按照《中华人民共和国海关总署中华人民共和国国家质量监督检验检疫总局关于通关单联网核查有关问题的公告》（2007 年第 68 号）要求，为进一步推进无纸通关改革，提高口岸通关效率，从而有效防范并打击逃漏检的违法违规行为，方便合法进出，海关总署与质量监督检验检疫总局对列入法定检验进出口商品目录内的商品，实行了"通关单联网核查"制度，也就是出入境货物通关单电子数据与进出口货物报关单电子数据的对碰核销、联网核查。检验检疫部门需要按照规定，将列入《出入境检验检疫机构实施检验检疫的进出境商品目录》（以下简称“《法检目录》”）的进出口货物（包括转关运输货物）签发货物通关单，实时将通关单电子数据通过质检电子业务平台、经电子口岸信息平台传输给海关，海关将报关单相关数据与通关单电子数据核对，并在办结海关手续后实时将通关单核销回执反馈质检部门。如图 7-1 所示。

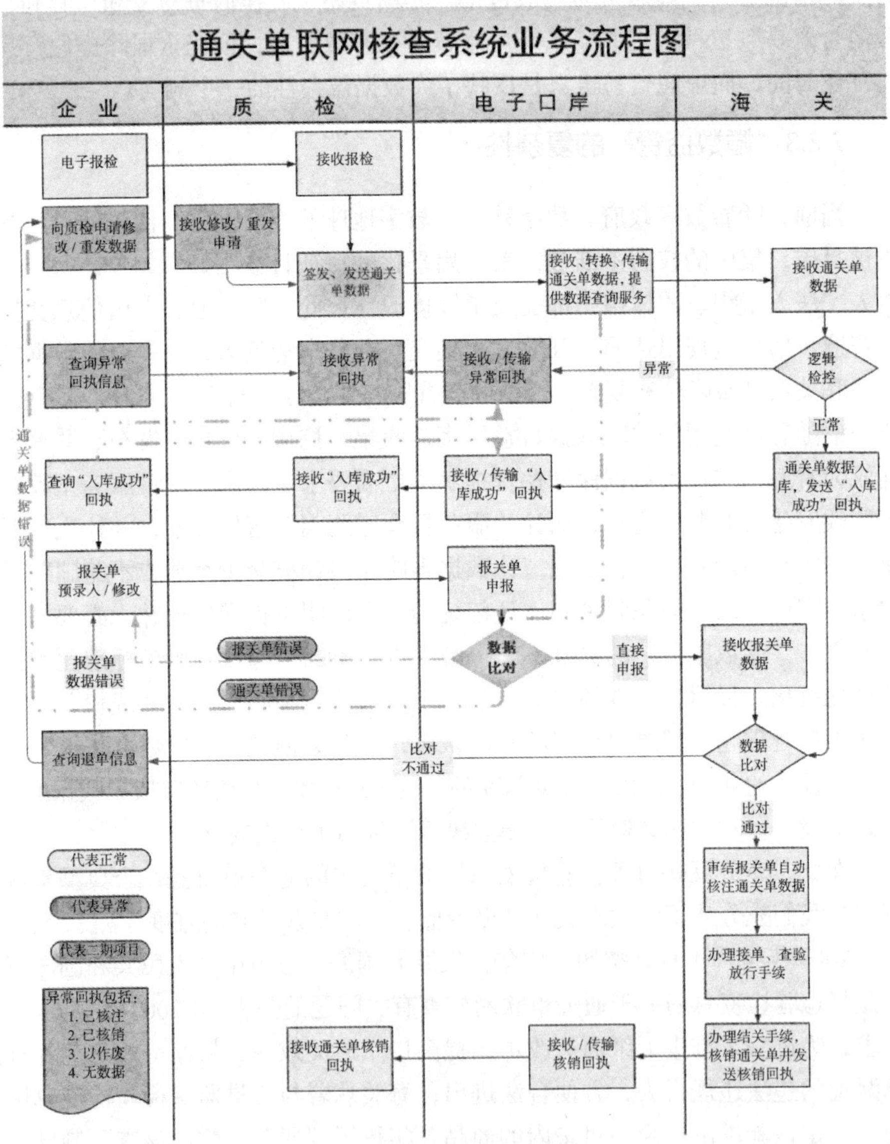

图 7-1　通关单流程图

2008 年，原海关、检验检疫部门实施的通关单联网核查制度是对《海关总署、质检总局关于印发〈海关总署、质检总局关于建立关检合作机制备忘录〉的通知》（署厅发〔2005〕125 号）“积极支持和推进口岸电子执法系统建设，应用推广电子通关（通关单电脑联网核查）、原产地证、‘一单两报’（一次录入，分别申报）、物流信息、统计信息等信息交换，实现信息共享”要求的具体落实。通关单联网核查的实现，使海关与检验检疫部门通过统一的公共数据平台，实现了跨部门的信息共享、数据交互和联合监管，一方面形成了海关、检验检疫部门联合打击逃漏检行为的合力，有利于进一步规范进出口通关秩序，另一方面大幅简化了通关手续，通过数据多跑路，大幅降低了企业的贸易成本，显著提高了口岸的通关效率，但是也暴露了一些问题。

一是申报项较多重合。通关联网核查后，检验检疫通关单进出口商品申报数据项为 96 项、海关报关单进出口商品申报数据项为 73 项，而上述申报事项高度重合。2013 年 7 月 24 日，随着海关总署与质量监督检验检疫总局《关于进一步扩大关检合作“三个一”试点工作的通知》（署监函字〔2013〕179 号）下发，关检合作“三个一”（“一次申报、一次查验、一次放行”）试点工作全面推开，其中，仅“一次申报”数据项就由 169 项精简整合为 92 项，企业录入工作量同比降低 47%。从报关单、通关单“一次申报”压缩项可以看出，通关单申报项几乎涵盖了绝大部分报关单申报项。

二是名称不尽一致。通关单联网核查的实现，暴露出原海关、检验检疫部门对同一概念的对象采取不同名称的问题。例如：海关报关单的经营单位与检验检疫部门通关单的收 / 发货人表述不同但是对象一致；报关单上的运抵国（起运国）或地区与通关单的输往国家或地区（输出国家或地区）表述不同但是含义一致。上述情况的存在，一定程度上造成进出口企业的认知障碍，增加了报关、报检的复杂度。

三是存在法律法规冲突。以通关流程为例：“先报检、后报关”是通关单联网核查的基本流程，而《中华人民共和国进出口商品检验法实施条例》第十六条则规定“海关放行后 20 日内，收货人应当依照本条例第十八条的规定，向出入境检验检疫机构申请检验”。作为部门规章的《关于通关单联网核查有关问题的公告》（2007 年第 68 号）“先报检、后报关”的规定与《中华人民共和国进出口商品检验法实施条例》“海关放行后再申请检验”规定存在冲突。

四是标准不尽统一。以企业管理为例：海关与检验检疫部门分别出台了《海关企业信用管理暂行办法》《出入境检验检疫企业信用管理办法》。其中，《海关企业信用管理暂行办法》根据企业信用状况将企业认定为认证企业、一般信用企业和失信企业；《出入境检验检疫企业信用管理办法》将企业信用等级分为 AA、A、B、C、D 五级。上述情况的存在，不仅造成了进出口企业被动适应原海关、检验检疫不同的评定标准，也一定程度上造成同一进出口企业在原海关、检验检疫评级倒挂现象，也就是两部门对企业的评级相悖，同一企业出现低评级与高评级并存的情况，不利于政府公信力的树立和进出口货物整体通关效率的提升。

五是存在事权重叠与交叉。《中华人民共和国海关法》第二条规定：中华人民共和国海关是国家的进出关境监督管理机关。海关依照本法和其他有关法律、行政法规，监管进出境的运输工具、货物、行李物品、邮递物品和其他物品，征收关税和其他税、费，查缉走私，并编制海关统计和办理其他海关业务。但是，1998 年国务院批复的《国家出入境检验检疫局职能配置、内设机构和人员编制规定》也规定："国家出入境检验检疫局是主管出入境卫生检疫、动植物检疫和商品检验的行政执法机构。"这样就造成上述法律和方案未对货物监管与商品检验的执法边界进行清晰的界定，致使原海关、检验检疫部门对货物、物品、商品等通关环节的查验、放行等事权重叠与交叉的情况日益突出。

尤其是随着《国务院办公厅关于支持外贸稳定增长的若干意见》（国办发〔2014〕19 号）"全面推进'一次申报、一次查验、一次放行'，实现口岸部门和地方政府信息共享"要求的出台，从国家层面对原海关、检验检疫执法权交叉与重叠的情况进行了一定意义上的法律确认，使职责交叉和职权重合从规范性文件层面得到了认可。之后，虽然在 2018 年 3 月国家口岸管理办公室发布的《提升跨境贸易便利化水平的措施（试行）》中，将报检报关由"串联"改为"并联"，实现了报检、报关同步"并联"受理，作为优化口岸营商环境、提升我国跨境贸易便利化水平的重要举措，从制度层面对通关单联网核查"先报检、后报关"通关模式做出了进一步的修正，但是没有从根本上解决通关环节事权交叉、通关流程烦琐的问题。

从上述分析可以看出，通关单联网核查有效推进了原海关、检验检疫部门的信息共享，但是也一定程度上暴露出我国进出口通关环节监管部门重叠、执法权交叉、流程较为烦琐等体制机制问题。这在影响我国整体通关效率和贸易便利的同时，也一定程度上使我国国际贸易分值排名持续走低。近年来，我国跨境贸易分值世界排名在世界银行发布的《营商环境报告》中持续走低，从 2007 年的第 38 位一路跌至 2017 年的第 97 位，并于 2015 年首次由我国整体营商环境改善的积极因素转变成为我国整体营商环境改善的拖累，并持续恶化。2015 年以来，在《营商环境报告》中我国跨境贸易分值与营商便利度总分值世界排名差距持续扩大，由2015年差距8位扩大至2017年的19位，如图7-2所示。上述问题也引起党和国家的高度重视，2017年召开的中央财经领导小组第十六次会议上明确要求，切实解决进口环节制度性成本高、检验检疫和通关流程烦琐、企业投诉无门等突出问题。

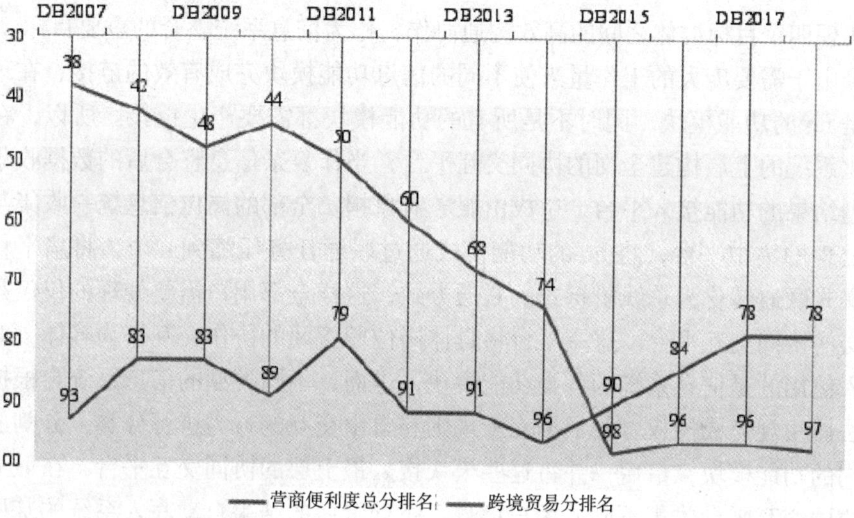

图 7-2　我国营商便利度总分与跨境贸易分世界排名情况

7.3　海关跨界服务模式创建

7.3.1 数据跨系统交互与协同共享平台创建

1. 数据跨系统交互建设

考虑到不同部门、不同年代开发的信息化系统所用的技术结构、编程语言不尽相同，采用同一系统架构对所有的原海关检验检疫信息化系统进行同一标准的改造不仅难甚至几乎不可能。通过网络和系统接口实现数据跨系统交互，使操作人员摆脱跨系统登录的束缚，用数据的自由流通和交互消解不同信息化系统之间的屏障，在功能上实现“一个平台”“一个系统”，不失为一个低成本、高成效的办法。

国务院办公厅《政务信息系统整合共享实施方案》将服务对象界定为自然人和法人，他们均属于法律概念上的民事行为主体。相关部门可以按照以下原则确定信息系统整合后的服务对象，实现数据跨系统交互，确保既与国务院信息系统整合共享后的服务目标群体一致，又能充分响应人工智能快速发展的时代潮流。一是法律概念上的“人”，包括自然人（海关关警员、进出境旅客等）、法人（进出口企业等）、非法人组织。二是考虑到“机器代人”是“智慧海关”建设的重要内容，将与自然人、法人、非法人组织发起协同交互的机器或信息系统的功能模块作为人工智能（也可称为机器人），赋予其法律行为能力和事件发起属性，将其作为与自然人、法人、非法人组织并列的四个目标群体之一，把实现四个目标群体之间的高效沟通协作，作为信息系统整合的重要目标。

由于需要庞大的工作量来使不同的信息功能模块完成有效的链接，在理论上是nn的功能模块，同时不是所有的功能模块都需要产生链接。所以，在信息化系统的上层构建全面的协同交互平台，当作复杂信息整合后的数据收集和处理结果的功能接入平台，达成由服务对象担负全部的岗位信息统一收集与结果处理的集中平台，将nn的功能模式通过联通任务压缩到n个，将扁平化的蝴蝶式联通转化为总线阶梯式的联通方式，这样全部用户需要处理的仅仅是最上层的协同交互平台。这一平台将具体岗位职责间的协作交互作为客体，对应投入使用的是信息系统的各类功能模块，进而，不同类型的信息系统会根据相关法律法规完成授权，并根据交互规则和自由交互的行为进行分类，分割成为不同的功能模块，最后一并将这些模块接入最上层的协同交互平台，在最上层的协同交互平台收集不同的用户信息，将处置后的结果自动写入系统的基层数据库。在上述方法的操作下，可以带来下面几点优势：首先，可以充分应用原本的信息系统成果，根据功能对信息系统进行分割，不需要对整体的信息系统进行删除或是重建。其次，可以有效应用过去海关和检验检疫在核心信息系统升级的丰富经验，先整合信息系统进行试运行，在过程中优化。对已经开始投入使用的信息系统进行有序的渐进调试，不断通过尝试步骤完成最后信息系统的整合。针对不同类型的功能模块所承担的相同协同交互行为，在经过一定期限的尝试调整后，通往最上层的协同交互平台按照用户使用量和受欢迎度做出的评价，将长期搁置的功能模块进行删除，对使用频率低的功能模块再实施优化整合。最后，信息系统具备较强的便捷性、兼容功能与可扩展度。用户可以利用上层协同交互平台实现所有相关的岗位职责协同交互，节约换用不同信息系统登入的时间，而且顶层的协同交互平台仅是信息采集和结果处置的平台，具体协同交互行为的发起、处置仍由具体信息系统的功能模块来承担，开发人员只需做到功能模块有效接入顶层协同交互平台即可，后续可源源不断地纳入新的使用人员，接入新的信息系统的功能模块。

2. 统一的数据交互平台构建

落实将“分散独立的系统整合为一个‘大系统’”的信息系统整合共享要求，不是简单地将信息系统进行分类组合，也不是简单地将信息系统通过规则协议实现互联互通，而是严格按照法治海关建设要求，依法定权、依权定责、依责定功能、依功能整合，实现与法律人相关的各类协同交互数据跨网络、跨系统、跨部门、跨层级的统一采集、集中处置、自动反写，促进关检各类信息系统深度整合共享，最终实现关检业务深度融合，流程有效整合。因此，从最初的“改头换面”到后续的“脱胎换骨”，关检信息系统整合共享是一个长期渐进的过程，是在原金关工程、金质工程基础上的再优化、再启动、再出发，目的是通过对信息系统各功能的优化协同，将信息工程建设从“由无到有、由有到繁”向“由繁向简、由简向优”转型，实现信息系统登录主体即自然人、法人、非法人组织、机器人之间的高效便捷交流协作，为关检整合后的海关业务健康发展提供有效保障和支撑。鉴于关检现有的信息系统数量已足够庞大、种类繁多，且由传统的业务提出需求、引领技术的开发模式已根深蒂固，所以，实现技术引领和倒逼业务整合仍有一个转变过程。通过建立统一的协同交互平台，采取先将已开发信息系统的法定功能接入，实现各功能并行运行和数据统一处置，再通过智能评价逐步实现功能优化的两步走策略，有利于在充分继承和集成各信息系统优点的基础上，逐步拓展信息系统与协同交互平台对接的数量和范围，稳步实现信息系统整合共享的目标。

同时，对接入协同交互平台的各项功能模块建立智能评价机制，一方面对不同岗位、人员、部门、单位完成协同交互的工作量、成效等进行评价和考察，提出人力资源合理化配置的建议，确保有限的人力资源向任务量重、标准要求高的岗位集中；另一方面对是否存在“僵尸”系统或重叠功能进行评估，对可由机器完成的交互事项提出人力退出建议，逐步实现敏捷迭代开发和“机器替代人工”。该机制有利于关检信息系统边整合、边评估、边优化、边建设，在不影响整体进出口通关业务的前提下，逐步将关检烟囱林立、数量庞杂的信息系统整合为一个深度应用、上下联动、纵横协调的大系统，切实提升整体用户体验和进出口企业的获得感。

7.3.2 事件驱动机制与业务指标体系创建

1. 面向数据的事件驱动机制完善

实现数据跨系统自由交互的目的是更好地解决现实事务，将各项事务办理得更流畅，最大限度上降低协调沟通、跨系统登录等内部损耗，用流批数据驱动事件快速办理。为实现上述目标，需要满足以下条件：

一是以“岗位”为协同交互的行为主体。鉴于受人力资源限制、各政府部门“一人多岗”“一岗多责”情况的存在，出于对严格整合共享后的信息系统协同交互发起、处理的标准及风险防控要求的考虑，行为主体需要与具体岗位职责相对应。因此，以上游岗位（谁让干）、当前登录人员（谁在干）、下游岗位（让谁干）为基础单元，作为协同交互的行为主体和流批数据办理的上下游节点。同时，考虑到岗位划分是以法律法规为依据的，所以组织内部对权利与义务需要进行精细化分工。因此，除作为自然人的海关关警存在“一人多岗”的情况外，法人、非法人组织、人工智能（机器人）均是“一人一岗”。对信息系统而言，作为服务对象的法人、非法人组织、机器人与作为自然人的行为主体是完全一致的。

二是以“行为”作为协同交互的客体，并作为流批数据的跨系统流动载体。按照“权责一致”的法治海关、法治政府建设要求，将法律概念上的“行为”作为主体岗位之间协同交互的表现形式，并按照法律属性，将所有主体之间的协同交互行为划分为两类，并对应不同的数据流内容。首先是规则交互，即有明确的协同交互内容、目标、要求，严格限定流程及层级，具有明确的法律作为与不作为责任行为，强调协同交互的法律权利与义务。如：行政审批、内部核批等；其次是自由交互，即可实时发起的、满足不同岗位之间即时沟通协调的行为，强调协调交互的便捷与效率，包括两个岗位之间的对点交互和多人共同进行的多点交互，如视频会议等。

将信息系统按照规则交互、自由交互的对应事项进行切割，建立功能清单，对应不同的数据流，确保不同的功能模块可以有序接入顶层的协同交互平台，实现数据跨系统自由流动，是种类繁多、数量庞大的信息系统有效整合共享的关键，也是破解信息系统烟囱林立的突破口。因此，可以把跨系统数据交互分为规则交互和自由交互两类，分别对应规则交互功能切割和自由交互功能切割。规则交互功能切割按照国务院“实施目录管理，做到目录之外无行政审批”的规定，严格按照“有法可依、有法必依、执法必严、违法必究”的要求，建立健全“海关执法领域内部核批事项目录表”“经办关员直接办理的内部核批事项表”“海关总署权责事项表”，并将与上述表单对应的事项切割为规则交互功能模块。通过目录管理切实做到“法无授权不可为，法定授权必须为”，以及不属于海关内部核批目录的，又需要层级审核的事项，则走协调单的流程，按照协调事项办理。自由交互功能切割是指不需要层级审核，不同岗位人员之间即时发起的协调、沟通事项，主要用于统一意见、交流认识、弥合分歧、查明情况等，不存在法律作为与不作为义务，由顶层协同交互平台完成。

2. 业务指标体系建设

海关总署高度重视指标体系建设，2017 年智慧海关建设之初就将建设全国海关统一的指标体系作为智慧海关建设的六个公共需求之一（智能分析、协同交互、运行监控、个性桌面、报关单结构修改和指标体系），举全国海关之力加快推进。之后，《海关全面深化业务改革 2020 框架方案》将“建立全国海关统一的业务指标体系，实施目录管理”作为业务改革的重要内容。

海关总署之所以如此重视指标体系建设，也是基于问题导向：一是指标林立，数出多门。随着关检融合的深入推进，除原海关、原检验检疫部门存在大量如查获率、检出率等异名同类指标外，原海关业务司局对查验率、查获率等同一指标的加工方法、计算口径也不尽一致，将关检指标合二为一，统一新海关业务指标口径，不仅意义重大，而且难度较大。二是数量繁多，工作量大。仅 2017 年原海关梳理完成的 H2010 系统《数据资产目录》涉及的字段就高达十余万个，关检机构整合之后，字段数量更是大幅增长，部分参数、逻辑规则需要 3 个系统同时抽取数据，完成 H2010 系统、ECIQ 系统、H2018 系统并行运行时期的指标梳理的工作量较大。三是系统较多，关系复杂。业务应用面广、业务线多，经前期梳理，仅原海关信息化系统引用报关单号字段的表单就高达上千张，有效建立数据项族谱，清晰梳理基础数据项在不同作业系统的引用情况，难度倍增。四是牵涉面广，协调困难。实际工作中，很多指标涉及非海关部门，且最终确认也不在海关。例如牛肉制品参数，最终口径确定在农业部门，这存在一定的协调难度。鉴于以上情况，相关方面经过反复研究讨论，为了统一思想认识，明确指标体系建设的标准和方向，2019 年，海关总署出台《海关业务指标管理办法》，以实现全国海关业务指标的统一定义、统一来源、统一加工、统一发布。

海关业务指标管理办法及加工标准，相比传统的指标加工和管理更为深入和细致，不仅通过逻辑规则和数学运算结果在大数据顶层应用层面实现了标准统一，而且通过数据项、参数，在字段、数据表层面实现了数据资产的重新整理、盘活，并通过字段和数据表将顶层的信息化系统串成了线，连成了面。如果党中央、国务院将《海关业务指标管理办法》推广到所有的国家部委及相关部门，并作为落实《国务院政务信息系统整合共享实施方案》成效的技术标准之一，有可能摸清当前我国政府的大数据存量和信息化系统开发应用运行整体情况，建立科学的有指标体系支撑的信息化系统清单，并通过统筹应用和优化整合，进一步激活信息化系统潜力，推动政府信息化系统建设由数量扩张向质量提升转型。

7.3.3 全流程实时全息监管

将原来属于两个国家部委且均是超大规模信息化系统中的所有人工作业全部纳入监控范围并形成同一口径的数据流批监控图，除了培养业务骨干和专家人才外，还需要坚持以下原则：

一是建立数据实时抽取机制。例如：海关总署信息中心实时从ECIQ生产数据库中每5分钟采集一次业务表，并与海关数据表进行拼表汇总计算，以准确计算新海关各项业务开展情况。这也为党中央、国务院从各部委、地方政府数据库实时抽取数据进行全国经济社会运行情况实时监控积累了经验，并进行了可行性验证。

二是切实熟悉不同系统的底层架构。例如：原海关ENTRY_WORKFLOW表和原检验检疫PROCESS_NODE表均是工作流记录表，但ENTRY_WORKFLOW表只有在操作完成后才反写状态；但PROCESS_NODE表每进入一个新的环节均记录进入时间和操作完成时间，这样就造成计算原海关各岗位、部门作业时间时需要从上一个环节算起，而原检验检疫作业则从作业环节的起始时间截取，这是因为底层系统的架构和开发理念不同而导致的不同的处理技巧和方法。再比如：原海关系统均不允许调回操作，但原检验检疫系统允许部分报检单处理完成后再回流处理，为保持口径的一致性，上述回流操作纳入单独监控范围。

三是实时监控与历史数据查询存在显著不同。例如：待放行列表（PCD_ALC_WORK）是一张临时表，报关单一旦放行，相关的记录不再留存，因此只能查看当时处于待放行状态的报关单情况，一旦被放行，则历史数据无法查询，这也是为什么开发历史查询功能时不再加入待放行报关单统计的原因。

四是同一作业环节要采用相关的口径。例如：现场验估岗、原税管中心、原风控中心作业环节均在30环节，因此对已处置、未处置、超期未办结采用同一个标准，确保全部人工作业不漏统、不重复计算。

五是避免某项人工作业被重复统计或遗漏。例如：原检验检疫查验岗、综合业务岗严格以现场查验环节为分界线，确保数据没有重复统计；将原检验检疫人工审单、报检受理、施检分单纳入综合业务岗，避免人工操作有遗漏；再如：原海关查验岗以53环节查验指令下达为起点，避免机检查验有遗漏。

六是岗位作业时间严格从经手办理起算。虽然信息化系统自动处置时间较短，但考虑到部分黑箱遗漏等系统Bug有可能出现，严格限定各岗位超时作业的起算时间。

七是建立指标验核机制。考虑到系统指标较多且涉及两个系统数据库不断实时抽取数据，为确保平台运行可靠，笔者用海关总署云擎平台建立了若干模型，每日随机核验数据的准确性。

第 8 章　联动服务：智慧城市群的跨界治理

8.1　智慧城市群跨界治理的缘起及发展

8.1.1 智慧城市群跨界治理的必要性

自 20 世纪中叶以来，全球范围内的城市化进程不断加快，区域一体化程度也日益加深，因此涌现出一些地理位置临近、职能功能互相增益的“城市群”或“大都市区”。资料显示，世界排名前 40 的城市群为全球贡献了约 66% 的经济总量和 85% 的科技创新成果，而城市群同样是各国经济发展格局中最具活力和潜力的地区。这些城市群在世界范围内，突破了各个地方政府之间固有的行政区划，横跨多个地方政府并跨界发展，成为各地城市化发展进程中的一种新型的空间状态，甚至在 21 世纪的今天已经形成了一种独特的城市治理方式。为顺应全球城镇化发展的趋势，我国城镇化的进程自党的十八大以来就一直高度强调发展城市群的主体形态，同时也要兼顾区域一体化发展的协同治理和整体联动。城市群通过多方面的共同协作，协同提供公共服务，是激发全国经济活力、推动区域合作发展以及争取国际合作话语权的重要依托。

“十三五”时期，全国城镇化水平更上一层楼，信息技术得到更为广泛的应用，因此国家逐渐提出了建设智慧化城市群的发展理念，通过分工合作提升整体效能。“十四五”规划提出要深入实施区域重大战略、区域协调发展战略、数字治理战略，健全智慧城市群协调发展体制机制，高度体现了智慧城市群治理的重要地位。“数据”和“大数据”仍是“十四五”规划纲要的高频词，“数据”一词在“十四五”规划纲要中出现了 53 次，高于在“十三五”规划纲要中出现的频次。智慧城市群兴起与壮大的缘由在于新兴信息技术（例如，移动互联网、物联网、大数据以及 AI 等）与主要城市的职能、空间形态以及管理方式等的深层次融合。智慧城市群的主要特点是以现代信息通信技术为工具基础，以纵横交织的综合化交通系统为网络基础，以全区域覆盖的互联网信号为信息传递通道。它是城市转型升级、政府跨界公共服务质量提升以及在治理工具创新的背景环境下城市群进一步建设的高级阶段。从宏观层面上来看，智慧城市群的创建促进了智慧城市发展战略的实施，也为区域协调发展战略中的智慧建设部分创造了更为光明的未来。通过城市与城市以及由城市连点成片的区域之间的动态化协同交流，智慧城市群正逐渐成为全球经济的新动能和增长极。公共服务作为智慧城市群治理的核心内容，2014 年国务院印发《国家新型城镇化规划（2014—2020 年）》，提出建立完善的跨区域城市发展协调机制，健全公共服务设施，坚持共享发展理念。随着数据挖掘技术等各项信息技术的推广及普及，城市群公共服务由传统的提供形式向以提供计算科学为依托的转变得到了更多关注。

近年来，我国为推动区域的一体化发展，在经济政治等各个领域推出了多项改革举措，赋予各级地方政府区域治理的机会，并且促使府际关系朝着合作共赢的方向发展，逐渐形成了紧密联系的城市群。但是，随着城市群的不断发展，城市群内部的府际合作开始出现许多负面问题。具体来说，首先，部门主义，各自为政。当前城市群内所涉及的主体较多，部分职能存在交叉从而带来权利与责任的认定模糊等问题，这就引发城市群内部各个政府主体的非良序博弈，优先保护辖区的利益。其次，治理成本负担重。城市群内的信息传递链还不够高效、透明与完善，容易出现信息不对等的情况，这就不利于区域资源的有效配置，降低府际合作的信任度。种种府际的“竞合无序”造成了城市群整体性治理的低效，在极大程度上抑制了城市群健康协同发展的势头，阻碍了整体效用的发挥。因此，如何实现城市群内部府际的整体治理，促进各主体间的良性竞争，追求区域效益的最大化成为当前亟须解决的重要问题。

8.1.2 我国智慧城市群的现状及问题

1. 我国智慧城市群发展的现状

城市群作为政治、经济以及文化活动的集中区域，是促进国家经济发展的重要抓手，城市群建设占据愈发重要的地位，这在我国国家治理和经济发展的整体规划中得到了充分的体现。国家“十一五”规划明确提出“要把城市群作为推进城镇化的主体形态”，首次将城市群的发展列入国家整体规划的一部分。在“十二五”和“十三五”期间，城市群的经济总量整体呈上升趋势，成为中国经济发展的战略要点。作为城市化进化发展的高级形态，城市群空前地受到国家的重视。规划中反复强调城市群在区域布局方面有无法替代的重要作用，以期其能够成为区域一体化发展的增长极。2019 年《中共中央关于坚持和完善中国特色社会主义制度，推进国家治理体系和治理能力现代化若干重大问题的决定》提出优化行政区划设置，提高中心城市和城市群综合承载和资源优化配置能力，实行扁平化管理，形成高效率组织体系。表明城市群协调发展关系到中国特色社会主义行政体制和政府治理体系建设。

2. 我国智慧城市群发展中存在的问题

放眼全国，城市群发展的问题存在共性，这些共性阻碍了城市群自身的发展，而这也恰恰是我国城市群迈向智慧化和整体性发展的重要前提。

（1）城市群的单中心化特征明显

我国各大城市群内部的中心城市与其余周边城市在政治、经济、文化以及基础设施领域的能力差距较大，甚至到了两极分化的程度。比如京津冀城市群，该地区的城市群单中心化明显。单中心化的城市群结构严重阻碍了区域协调发展的步伐，并且为民众共享城市群的发展成果带来限制。发达国家的城市群历时一百多年的建设和发展，在城市郊区化阶段便已经形成了，因此，发达国家中心城市的压力可以向周边城市分散。但是在中国，城市群培育于城市中心聚集时期，在此阶段，大城市自身发展的压力日益增大，由此形成的城市群与周边城镇的差距较大，更加容易出现中心城市"一家独大"的情况。因此，平衡城市群结构中的各规模层次城市的利益分配，解决城市群内部的协调一体化问题，由单中心的结构体系向多中心结构体系转变是当下跨界治理需要考虑以及解决的关键问题。

（2）城乡的不平衡发展

我国城市群的内部结构由中心大城市、规模一般城市以及处于城市间的广大城镇乡村构成。目前，我国城市群发展方面的关注点更多的放在了解决城市间的协同治理问题上，而由于我国城乡发展较为不平衡，城市与乡村之间的协同治理问题也将会成为更加关键的关注点。目前农村的大量劳动力正大范围地向大城市转移，而由此造成了周边城镇严重的空心化问题，城市与乡村之间的发展水平在极大程度上失调。因此，当前城市群发展必须重视其内部结构发展的一体化、均衡化，以整体治理的视角，解决区域发展的不均衡问题，缩小区域发展的差异。

（3）城市群内部各自为政

城市群内部的府际关系一度呈现出各自为战、奉行地方保护主义的情形，与单一中心城市格局相对应的"以邻为壑"的市场分割现象不仅在省际存在，在城市与城市之间也尤为普遍。基于各级地方政府之间存在行政区划的壁垒，再加之信息流通的不及时、不平衡等因素，府际关系往往趋向于无序的竞争，而非彼此敞开、互利共赢的合作。想要解决这种局面，亟须加强以城市群的发展来平衡整体区域发展水平的系统性思维。所以说，打破城市群内部各主体之间合作的藩篱，促进单体城市各自逐利向城市群整体发展效益最大化转变是当下城市群在发展新阶段中需要直面的挑战。区域的协调发展，通过整体性治理，不仅是打破政府间纵向各层级以及横向各政府部门沟通合作的硬性限制，更要使不同层级的城市间能够实现功能上的互补，在城市群的内部要实行能够确保不同层级城市之间基础公共服务均等化的举措，实际提高整体的综合实力和竞争力。

8.1.3 我国城市群跨界治理的成功经验

近年来，我国城市群的治理进行了多方面的探索和尝试，从而使过去区域的跨界治理已经由仅加强经济方面的联系渐渐扩展到了公共服务、文化、民生等多个领域，城市间的网络关系越“治”越密，取得了宝贵的成功经验。

1. 中央统筹治理

为了把控全局，促进整体性治理，党中央、国务院不断加强有关跨界治理的顶层设计。多年以来，在全国范围内形成了城市群跨界治理的规划方案体系、发展政策体系和对应的区域发展组织机制和管理机制。中国的城市群内部有着错综复杂的行政结构，在其内部存在着兼具地方政府的上下级层级属性以及跨省属性双重属性的城市。由此一来，区域间的合作可能包括同级城市以及跨省城市之间的协调。面临如此复杂的协调环境，由于缺乏一个强有力的中央引导者，充分意义上的由自发合作而进行的跨域治理，会陷入一种无序状态，反而使区域发展落进低效的漩涡之中。因此城市群跨界治理的职责不仅仅是要落到各地方政府的头上，而需要中央政府作为有效激励者、监督者，制定统一的整体规划。近年来，中央不仅出台了《中共中央国务院关于建立更加有效的区域协调发展新机制的意见》等综合政策，还陆续针对地方城市群的发展出台《长江三角洲区域一体化发展规划纲要》等城市群的专项政策，其中对城市群有关跨界治理的目标、宗旨、区域界限、重点考核点等内容都做出了较为明确的说明与规定。除了制定总体规划，中央层面在组织设置上构建起央地协同模式，设立了重大城市群的发展战略领导小组以及各项专项领导小组，从而激发地方政府参与跨界治理的热情，降低了整体治理面临的潜在风险。

2. 建立健全跨界协同治理组织机制

跨界协同治理的机构以及机制建设是城市群实现跨界治理的重要保障因素。在实践历程中，各区域地方政府为促进城市群的跨界治理，广泛采取了区域的联席会商、府际协议、联合行动办公室等多种机制。以长三角的治理组织机构为例，早在 2018 年，其成立了长三角区域合作办公室，长三角区域合作办公室作为首个官方的常设机构，由三省一市的党政机关中分别选调干部组成联合治理队伍而共同组建完成；该合作办公室主要以长三角重大战略规划为指导，履行区域内体制机制的协调、商讨政策建议、区域项目合作的促成等职能。

除此之外，城市群内部城市的联席会也在跨界治理的协同机制中发挥了重要作用，如京津冀发改委区域工作联席会、成都经济区合作联席会等。

3. 以点带面促进区域发展

作为一个丰富的城市复合体，城市群在跨界治理上不能过于关注细枝末节，而是需要抓重点，以点带面。利用行政级别相对较高的重点城市，以它们雄劲的经济实力和资源链接以及强大的调动能力来带动其他非重点城市的发展，同时，要选择各区域发展中的重点领域逐一突破，以确保城市跨界治理的有序、高效。目前，我国主要采取规划中心城市的方式来提高重点城市对周边区域的带动力，比如，国家逐步明确了九个国家级的中心城市和多个区域中心城市，通过对这些城市给予政策以及资源等方面的倾斜，在跨界治理中提升其引力和推力，进一步打破跨界治理的僵局。比如，成渝双城经济圈基于城市群内各方的基础条件，以"一城多园"的协同模式，合作打造西部科学城，以建立成渝双城经济圈的创新共同体。

8.2 长三角智慧城市群中的跨界治理

8.2.1 长三角城市群的基本情况

目前，我国的主要城市群包括京津冀城市群、长三角城市群、珠三角城市群、长江中游城市群、成渝城市群等。其中，作为我国经济最发达的区域之一，长三角城市群是我国最重要的现代服务和先进制造业中心集聚区域。在城市群发展战略布局中，长三角城市群正在建成具有高附加值的现代化产业和区域协同发展体制机制，长三角城市群的建设与当前数字经济发展高度融合，正逐步走向智慧化建设时代。建设智慧长三角，把握数字技术链式发展带来的宝贵机会，不仅体现了长三角一体化的国家战略，也是在新一轮科技革命的历史背景下，推动长三角经济"内循环"的重要着力点。2019 年，长三角区域内的三省一市逐步落实《长江三角洲区域一体化发展规划纲要》，以共同区域规划为指导，以全方位的数字经济平台为依托，对标国际发展水平领先的城市群，以城市管理的数字化与智慧公共服务应用为建设的关键点，全方位、高标准地建设数字长三角。长三角城市群内的各主体共同致力于打造全国数字经济发展的新高地，为解决城市化面临的问题和强化长三角区域跨界合作提供了新模式。

长三角城市群包括上海、浙江、江苏、安徽等三省一市 41 个城市，是我国城镇化集中水平最高的城市群，城市群内的各城市均已启动了智慧化的城市建设。早在 2012 年，上海、南京、无锡、杭州等 14 座城市就已首批入选住建部第一批智慧城市名单；在2013年，南通和合肥入选第二批智慧城市；在2014年，滁州入选成为第三批试点城市；随后其他城市也相继展开智慧城市建设的相关工作。因为各地区不同的经济基础和入选时间，城市群建设的完成水平和程度必然呈现出差异，所以，不同地区的整体建设水平及联动发展性亟待提高。在2019年12月，中共中央、国务院发布了《长江三角洲区域一体化发展规划纲要》，促进了长三角城市群区域的各级政府合作，进一步打破了行政壁垒和贸易保护，更好地推动了城市群的一体化发展。

2019年，长三角城市群的经济总量已达20.4万亿元，占全国的20.6%。在经济方面，在注重调整产业结构的同时，也大力发展科技产业和智慧产业，为基础设施、技术转化和教育投入等带来了联动作用，也为智慧城市的建设打下了坚实的基础。在交通网络构建上，充分发挥了宁—苏—徐等城市群的带动作用，展现了长三角的地理优势。长三角城市群内各城市通过铁路、公路、河流和机场得以紧密联系起来，形成"一核五圈四带"的格局，为促进城市群内物流、资金等要素的有序流动和扩大区域影响力提供了良好基础。同时，由于智能技术的使用和相关设备的普及以及基础设施的不断改进，大大便利了人们的生活。数字产业化作为数字长三角的核心，也是产业与城市数字化的前提，长三角在巩固提升电子信息制造业、软件与信息技术服务业等基础产业的同时，也在着力创新发展基于5G、物联网、人工智能、大数据等技术的新型业态，积极布局发展量子信息、柔性电子、虚拟与现实等新兴产业，形成以数字经济为主导的产业体系，培育世界级数字产业集群。长三角地区智慧城市的建设正逐步推进，城市功能也在逐渐优化和改善。

8.2.2 长三角智慧城市群中跨界公共服务的实践探索

1. 公共政务协同治理

响应数字治理的发展战略，长三角城市群积极推进了数字政府的政务服务模式创新，上海市推出政务外网、电子政务云以及网上政务大厅等电子化政务体系；以国家政务服务平台为保障支点，三省一市推出长三角政务云平台，通过与城市"大脑"跨脑对接，健全长三角城市群"大脑"的政务服务功能。除上述举措之外，长三角城市群还构建起新兴政务系统，该政务系统具有跨区域、跨部门、跨层级的特点，在多方面实现了系统的集成、业务的协同。长三角城市群逐渐扩展跨区域网上办理业务，如不动产登记证明、社保办理、企业注册等。长三角城市群对其政务服务管理机制进行了数字化的更新升级，提高了整体效能。

除此之外，长三角城市群健全其跨区域服务对接功能，全面整合各主体在民生服务方面的信息资源。借助数字化，建立个人、企业电子识别数字公共服务体系，广大市民只需通过线上的移动终端就可以高效便利地获得贴心的公共服务，如网上问政、网上评议以及政府门户网站的市长答疑专栏等。

2. 公共智能交通协同规划

对公共交通进行统筹规划是近期长三角城市群一体化发展的重大举措，也是推动全局协同治理的重要动能。由长三角城市群共同组织实施的《上海大都市圈空间协同规划》，覆盖范围主要包括上海、苏州、无锡等城市。这一规划对长三角城市群的经济、民生服务的跨界治理给予了方向指导，同时也对该地区跨界公共服务供给以及社会的协同治理有所裨益。

另外，在公共交通服务方面，长三角城市群也实现了高度的一体化。首先，长三角城市群打通省际区域内的"断头路"，促进铁路以及各项能源设施的互联互通，乘客也可以搭乘跨省的公交。其次，2019 年 5 月，上海、杭州、宁波等 7 个城市之间实现了地铁搭乘的一码通行，居民可以凭借 App 上的二维码，在这 7 个城市自由通行，真正实现了地铁出行上的互联互通。

2019 年 2 月，长三角颁布了《长三角交通运输信息资源共享管理办法》，其中联合发布了智能网联汽车的测试认证标准，还提出要推进卫星导航定位基准服务系统的协同联动。长三角计划以物联网、云计算等数字信息技术为依托，尽快建成长三角地理信息统一化的公共服务平台。长三角加快建成智慧交通，包括了促进长三角城市群范围内的交通信息跨界共享，加快智慧高速公路建设并协同办理交通一卡通等便捷出行服务。长三角还深化重要交通运输领域协同监管，探索建立车联网、车路协同应用示范区。

3. 公共教育与人才服务一体化发展

在高水平教育方面。长三角大力支持高校在城市群内设立分校区和研究机构，支持优质教育的集聚化发展，打造教育的协同发展试验区。近年来，三省一市共同签订了包括《长三角地区教育更高质量一体化发展战略协作框架协议》《长三角教育人才服务联盟》等在内的一系列的政策文件和协议，为促进各城市之间的教育协同开辟了新路。同时，在人才服务一体化方面，上海、苏州、嘉兴市嘉善县的部分区域已经实现了专业技术人才职业资格等的跨省域互认、互通，在极大程度上便利了学子的求学之路。沪、苏、浙多地成立了"长三角人才一体化发展城市联盟"，在人才流动的资质互认、相关政务服务方面率先实现互联互通，这无疑为区域内人才的保护与互相嵌入探索出一条新路。

4. 公共信息服务协同治理

首先，《长三角区域信息化合作“十三五”规划（2016—2020年）》的颁布，为长三角打造世界级顶尖智慧城市群绘制出了一张前景光明的蓝图。长三角的“云网端”逐渐浮出水面，物联网、云计算等信息基础设施正在有序建成。2020年，长三角城乡各区域要实现光纤网络和4G网络的全覆盖，并向5G试验网迈进，这在极大程度上提高了长三角各城市传统化公共设施的科技化水平和集成化水平。在信息安全方面，实现网络信息及大数据的相互联动、回应沟通，基本形成可信赖、可全局控制的联防联控区域网络安全防护体系，培育长三角区域内各城市协同应对“信息灾害”以及网络安全的综合监管治理的能力。

其次，合力打造区域数据港。大数据就好比是数字治理中的“珍宝”，长三角城市群以“上海国际数据中心”这一实力平台作为支点，实现数据接口、形式、口径的标准化处理。协调打造城市群的基础数据库和信息枢纽港，加快各地按统一标准办理业务数据、政务服务数据、社会数据入库的步伐，并整合民生领域各行各业的数据资源，实现城市群内跨省市、跨行业、跨部门的资源协同与共享应用，支撑智慧城市以及数字经济的蓬勃发展。

5. 公共文旅服务一体化发展

（1）协同旅游

2020年7月《关于支持长三角生态绿色一体化发展示范区高质量发展的若干政策措施》出台。其中提出了支持长三角文旅事业发展的具体举措：第一，联合打造长三角协同旅游智慧平台，共建江南水乡古镇生态文化旅游圈；第二，打响全域体育赛事知名度，打造国家运动休闲特色小镇；第三，合作展开考古研究和文物古建筑保护，重点落实江南古镇联合申遗工作；第四，打造长三角城市群全民阅读、文化联展、培训以及旅游一卡通等文化协同服务。

（2）公共图书馆智库联盟

长三角区域站在区域发展的前沿，秉持着先行先试的原则，在公共图书馆领域同样硕果累累。长三角区域内，上海、南京、浙江、安徽的四家省级公共图书馆共同建立了阅读联盟，奠定了深厚的合作基础。2019年，其余三省图书馆响应南京图书馆建立智库服务联盟的号召，共同发布了《2020年长三角文化和旅游联盟重点工作计划》，其中明确提出“成立长三角公共图书馆智库服务联盟，建立长三角公共图书馆智库服务体系”。长三角公共图书馆通过建立智库联盟，深化智库服务内涵和外延，充分发挥文献资源、信息技术和人才优势。

2020年5月26日，以上四家省级图书馆签署了《长三角公共图书馆智库服务联盟合作协议》，这意味着智库服务联盟的正式成立。长三角公共图书馆智库服务联盟的建立是在自愿的原则下，由公共图书馆界跨区域组成的合作组织。该合作性组织的成立不但有利于促进四地公共图书馆内馆藏资源的升级及向外提供咨询服务的能力水平，而且能够加强区域图书馆之间的联动沟通，推动其迈向更高质量的一体化发展。

6. 公共卫生服务跨界互联

在医疗卫生领域，长三角城市群也做出了区域协同治理的努力。

首先，是长三角的“点对点”异地联网结算模式：2017 年 10 月，浙江省平湖市与上海市金山区签订了“点对点”医保结算协议，复旦大学附属金山医院成为上海市第一家与平湖市实现门急诊、住院费用“点对点”结算的综合医院; 2018 年 12 月，浙江省海盐县与复旦大学附属金山医院签订了“点对点”医保结算协议。上海与安徽在医疗领域展开协同合作，联动推出了两地通用的线上病历，除此之外，他们为促进医疗资源的有效配置，充分地整合医疗卫生资源、实施传染病联防联控机制，为推进两地医保服务一体化，采取了信息互通、完善医保异地结算机制等实际措施。

其次，在长三角区域内启动上海与南通卫生信息一体化国家创新试点项目，这是长三角区域内首个全民范围内的健康信息跨界互联互通业务协同试点落地项目。在一体化建设中，南通相继与多家技术承建商进行了沟通磨合，打通了各地卫生资源的堵点，初步构建起能够覆盖所有网络链路的健康信息平台，逐步形成了纵向上贯穿中央到地方政府各层级，横向上贯通上海、南通两地的跨界健康信息网络。接下来，南通将加速对接上海，构建跨级跨区域信息共享、业务协同的健康大数据整合应用体系，为推进长三角健康一体化试水探路。

7. 生态跨界共治

在环境保护与生态文明建设领域，长三角智慧城市群的治理工作主要围绕生态规划、绿色产业的准入、统一化的环保标准体系以及数字农业等展开。第一，长三角需要共同关注涉及美丽乡村、水务以及景区在内等多个方面十六项生态保护类项目。比如，嘉善县水系连通及农村水系综合整治试点县项目。第二，在全国范围内，第一次实行了跨省执行共同的产业发展指导目录和项目准入标准。第三，统一了环保治理标准，编写并颁布统一生态环境的标准规范。规范中对环境保护问题绘制了治理蓝图，共同制定了短期、中长期等治理计划。第四，强化联合执法。即通过互查互纠、联合检查、跨界执法的方式，根据属地负责的原则进行追责和整改。

第 9 章　多重主体：公共环境的跨界治理

9.1　京津冀雾霾治理：区域一体化的跨界治理策略

9.1.1 威权主导下的跨界协同治理

随着公共领域环境问题的日益增多，跨界公共治理的问题也不断出现，跨区域的空气污染治理、跨流域的河流保护等，都需要各方跨界共同治理。

京津冀地区的雾霾大气污染防治一直是华北区域大气污染治理的重点关注问题，2014 年生态环境部曾公开全国空气质量较差的前十个城市，其中八个城市位于京津冀地区，个别城市空气污染指数达到重度以上的天数约占整年天数的一半。如此严重的空气质量问题亟待解决，不过不同地区的产业结构调整与当地政府财政水平、就业岗位等现实利益密切相关，关乎不同利益主体的选择与平衡。虽然如此，环境问题仍然可以实现有效的防治，在国际上曾有许多成功实现大气污染跨界合作共治的例子。例如，伦敦通过与不同地方政府共同合作，解除了“雾都”的称号；美国为了解决洛杉矶光污染严重的问题，在加利福尼亚州南海岸成立空气质量合作管理区域，利用跨界共治的网络合作方式进行治理；欧盟为了解决不同国家的污染气体排放问题，在内部推动进行“清洁大气与行政设计”的市场项目，成功实现减少空气污染的目的。

我国的环境问题防治方面，在中央权威主导下跨界合作治理的成效显著。首先，达成跨界合作共同治理的理念，颁布一系列共治协议。2013 年生态环境部等六部委联合颁布《京津冀及周边地区落实大气污染防治行动计划实施细则》；2014 年，北京、天津和河北省共同签订了《中国开发区协会与京津冀开发区协会共同推进京津冀开发区协同发展战略合作框架协议》。其次，构建跨界合作共同治理的组织框架。2013 年设置京津冀防治空气污染的协同合作小组，利用设置强污染应急、监控测量预警、信息收集分享等机制，提升区域内部的防治空气污染联合行动水平。最后，建设并细化跨界合作共同治理的相关制度。2013 年财政部设置专项的防治空气污染资金，并提出优化区域共同防治和控制大气污染水平的操作制度，细化和落实了跨界合作共同治理的理念。2014 年，北京、天津和河北省共同协商，深化了空气环境联合执法的紧急事件处置制度、空气污染协作和共商制度、机动车污染物及气体排放控制制度和区域空气污染预防警报制度等，不断落实跨界合作共同治理的制度安排。

在2014年北京APEC会议召开前夕，为了使京津冀区域整体的空气质量达到标准，天津市与河北省必须要对两大对大气造成严重污染的行业进行大范围的关闭、限制生产与勒令停产。在APEC会议召开期间，津冀两地实现停止生产的企业9000余家，限制生产的企业3900余家，停止生产的工地超过40000处，而对这些企业所采取的限制甚至是停产措施对它们经济增长带来了较大的抑制影响。从这个角度看来，京津冀地区的防治空气污染合作共同治理是在抑制河北的经济增长的基础上实现的。在上述系列措施实施以后，区域内部的大气质量有了明显的提高，主体污染物的平均浓度数值也降低了。虽然如此，京津冀地区的雾霾污染没能实现对核心问题的解决，在2014年的上半年，排放的大气污染六种物质中，PM2.5和PM10的比例依旧是最高的，主要指标的绝对值仍然较大。而且，因为京津冀区域在防治空气污染的问题上没能达成相当程度的完整协作，大气质量的清洁程度与主要污染物的指标降低程度也并不相同，没有实现对空气污染问题雾霾扩散的实际控制。

9.1.2 跨界主体利益矛盾难以形成长效治理机制

京津冀雾霾跨界治理为何未取得预期的成效，可以概括为跨界合作利益协调机制不畅、跨界合作动力机制不均衡以及缺乏统一的监管标准。

1. 跨界合作利益协调机制不畅

在合作跨界的共治实践中，北京和天津在经济发展上明显处于领先地位，相关部门要考虑合作共治实际在经济增长上产生的抑制作用，同时要考虑对政府政绩考核产生的不利影响。地区内的相关生产企业则是普遍缺少环境保护的意识，无法担负起企业应承担的社会责任。2013年，环保部在对京津冀区域近300家钢铁生产厂进行污染物排放调查时发现，河北省未装置脱硫设施的钢铁生产厂家数量达到三分之二以上，脱硫费用的日均价格高昂，使得配备脱硫设施的企业通常选择早八点到晚八点之间运行，夜间偷排污染物的现象十分严重。同时，社会大众与非营利组织在环保过程中的参与度较低，在北京、天津和河北三处的环保网站上，虽然设有互动栏目，但是政民互动栏内内容较少，作用不大。

2. 跨界合作动力机制不均衡

京津两地存在自身独特的区位优势、较为强大的政策支持以及以第三产业为发展主体的产业构成，在大气污染防治雾霾上没有较大困难，但实际上河北省雾霾问题较为严重。在缺少有力的财政支持的情况下，河北省经济发展的主要动力仍然是煤炭钢铁等传统能源企业，因为其规模较大甚至达到不能关停的程度，所以在这一部分存在较严重的治理问题。

3. 缺乏统一的监管标准

京津冀三地大气污染物的排放价格标准并不一致，即使是在污染物排放价格标准改变后，三处的排污价格仍不相同。北京、天津两地与河北间存在着较大的价格差异，收费的比例标准大约是 9：7：1，这样不统一的价格制度会造成污染物排放量较大的企业为了逃避高额的排污费用，而更加倾向于落户环保监管较弱的河北省，从而进一步加剧三地间环境监管的不平衡问题和共治难题。

9.1.3 对跨界公共治理去中心化的反思

京津冀雾霾问题的区域一体化治理同时跨越了地域、层级、部门以及职能的边界，这种跨界服务模式取得了显著的成效，但是从治理模式上看，京津冀雾霾治理实质上是中央行政权威主导下的北京及周边省市联防联治的结果。中央政府的行政权威保证了地方政府的积极合作，这种强制型府际空气污染跨域治理模式强调集权下的“统一”“命令”“服从”，促进了府际合作中各方严格按照规则和指标行事，强化了惩罚机制。

京津冀雾霾跨界治理的特殊性便体现在是由中央权威主导的。在缺乏权威主导下，地方政府之间就空气污染治理、水体污染治理等跨界公共议题能否达成共识以及能取得怎样的成效有待进一步观察。跨行政边界协调困难始终是该模式无法逾越的问题，其中“珠三角地区大气治理”采用的是提高联席会规格的方式，而“泛珠三角地区水体治理”则采用地方政府自主合作同盟制定规则以及建立工作小组交流制度的方式来促进区域协调治理，从短期成效来看，以“京津冀雾霾治理”为代表的科层主导型合作治理模式成效优于其他两种模式成效，但从可持续治理效果而言，以“珠三角地区大气治理”为代表的契约主导型合作治理模式的成效优于以“泛珠三角地区水体治理”为代表的网络主导型合作治理模式的成效。

9.2 池州污水治理：城市环境的跨界治理方案

近年来，温室效应加剧，洪涝、干旱等自然灾害频发，环境问题已经成为公共安全领域的主要议题之一。在城市污水治理方面，我国城市生活污水的排放体积在以年均 5% 的速率增加，而与此形成对比的是，污水处置装备的设置和排布呈现严重缺少状态，远远落后于污水排放量的增长速度。甚至在水资源相对丰富的南方城市，由于排污问题处理不当，导致城市水域污染严重，水质性的缺水问题呈现较为严重。

面对长久困扰城市发展的基础设施问题，池州市政府决定寻求专业的公司进行合作，以市场化的形式解决内涝问题，建设污水处置与排水管网设施购买服务项目（以下简称“池州市 PPP 项目”）。2014 年 4 月，池州市政府成立池州市主城区污水处置与排水管网设施购买服务 PPP 项目领导小组。2014 年 7 月，池州市政府利用正式的对外公开招标方法来选择合作的社会资本，最终，池州市水务公司成为最后中标的社会资本。随后，池州市政府和池州市水务公司共同成立项目公司，即池州市排水有限公司。在这家新成立的项目公司中，池州市水务公司股份占比 80%，池州市政府股份占比 20%。项目建成后，总投资规模为 20.54 亿元，其中包括已建的基础设施资产 7.12 亿元和新建设的预估基础设施 13.42 亿元。已完成建设的市政实施涵盖两座污水处置厂、7 座污水水泵站和总距离为 750 千米的排水管网；估计的新建市政设施包含 3 座污水处置厂、554 千米的排水管网以及其他的相配套设施。在排水管网地理信息系统的帮助下，池州市排水管网的信息化监管能力显著提升，通过网格化的排查方式，全面检查了 758 千米的排水管网，清通梳理雨水、排污管道工 120.93 千米，清理疏通下水井 4075 座，城市排水口 25283 个，共清理淤泥 1522.8 立方米，污水处理过后的排水质量达到国家标准。本项目的运作过程与效果对于池州市未来建设海绵城市起着基础性的作用。

池州市 PPP 项目采取的政府和企业按比例持有股份的混合所有制公司管理模式，使政府和社会资本方的积极性得到较大的提高，池州市政府是项目公司的股东，不仅拥有相关的权利，而且也有义务需要履行，同时担负一定的风险责任，权责划分的内容明确地写在股东协议中。而池州市水务公司在项目中是占据绝对主动的一方，使项目在经营中充分地参与市场竞争，凸显市场化改革的意义。而对于拥有政府部门作为保证的池州市 PPP 项目，可以在市场竞争中实现最大程度的风险规避和长时间稳定的项目收益。

近年来，类似的资本“跨界”在社会公益类项目上的表现尤为突出，在接受社会资本的同时，其能动性以及随时而来的各类风险，也对社会公益类项目管理从模式和机制上提出了全新的挑战。

9.2.1 社会公益项目的效益困境

公共服务市场化改革代表着政府要转变职能角色，提升其治理水平。水务管理作为典型的公共事业管理领域之一，其在市场化过程中是否能有效兼顾环境保护和发展，也成了水务市场化改革研究中的重要议题。以池州 PPP 项目为例，城市污水处理项目不仅关系到人民生活质量，更是关系到城市发展的重要基础设施建设，污水处理的市场化成功与否，关系着人民的根本利益。

然而，类似的社会公益项目的投资期限通常都意味着要数十年，而前期通常是巨额投资数目，这使资金渠道与运营收益、后期偿债都成为政府难以解决的问题。过去政府通常会选择财政资金或者用土地财政的方式来解决，但是随着地方政府债务规模不断扩大，我国许多地方政府的财政赤字已经达到了可怕的程度，背负着巨额的财政债务，地方政府通常是有心无力，既无法偿还巨额欠款，也无法为地方经济发展作出更多贡献，陷入两难的局面。

同时，由于项目的长期性与复杂性，在项目深入开展的阶段，社会公益项目同样会出现一些亟待解决的问题与危机。一方面，完成了市场化的项目能否长期稳定地运行下去，依赖于项目中政府与企业的合作与规范，需要双方合理协商制定发展计划并严格执行。另一方面，公益类项目往往存在牵一发而动全身的情况，更易导致大范围的公共安全事件。

9.2.2 引入企业治理理念的污水跨界治理

1. 将现代企业治理理念引入公共事业管理

如何平衡企业的经济利益并兼顾公共事业领域项目特点，防范公共安全事件，实现效益与社会福利的平衡，对社会公益项目的成功与否至关重要。例如，池州市水务 PPP 项目的城市污水处置的规模扩大意味着财政压力的增加，PPP 项目的建设综合使用了银行贷款、债券融资与社会资本共同注入的复合方式，政府以财政补贴的方式保障项目的长远稳定效益，不仅分担了基础设施建设的风险，也为政府减少了财政压力，缓和了地方政府的债务危机。以此为代表的市场化改革，将公共管理职责部分内化至企业管理中，将杜绝和防范相关公共风险的重担交给企业管理层，通过多元化公司治理正确处理和平衡企业内外部矛盾。

由此可见，由公司化制度的建立及其百年来演变形成的现代企业治理理念，成为了当前社会公益项目的主要突破口。PPP 作为一种制度化的政企合作模式，建立在打破公共项目建设由政府通过行政指令和资金支持实施全过程统筹管理的常规模式，通过一定的资源共享、风险分摊，形成国家与社会资本长期合作的媒介，有助于解决现有公共项目建设中的各类复杂问题。

当前形势下，发展混合所有制经济是优化国资布局和结构、健全现代企业制度最直接、最有效的途径，也是国有企业改革的重要一环。除了整体或核心业务上市、实施员工持股股权激励政策以及政府设立引导基金等资产证券化手段外，PPP 模式作为产权改革的一种新的尝试，也成为实现混合所有制经济改革的主要手段之一。

2. 打破计划经济的樊笼：从无限资本到有限资本

在 PPP 项目中，标的企业的公司治理是项目成功的关键，也是项目未来得以延续经营，公共管理职能得以实现和各类股东利益得以可持续、均衡发展的根本。公司治理的核心概念是有限资本和有限责任，从这一角度来看，股东之间在公司层面必然存在且将不断出现利益冲突。公司治理就像项目公司隐形的翅膀，或者说是看不见的手，引导项目公司应及时、有效响应股东的不同诉求，在冲突和博弈中形成真正的管理层执行力。

我国现行的对公司治理结构法律法规构建有关的规则体系，构建于西方现代企业制度基础之上，兼顾了现存的多种经济形式和所有制的制度考量。常见的公司治理模式一般基于人性假设的制度设立思路，致力于实现权力分配、程序主义和相互制衡的治理目标。从治理手段来看，公司治理往往基于管理而高于管理，在治理环节，通过股东协商构建的内外部治理和激励约束机制，由管理层贯彻传导，最终由企业自身的战略决策系统、组织结构系统和文化价值系统通过内部控制体系构建成公司管理系统，实现价值创造和股东利益。

在 PPP 的模式基础上，项目融资中公开招募的房地产信托投资基金在污水处置费用、垃圾处置费用、高速公路过路费用等方面根据排放者或使用人付费的原则，向企业或个人收缴一定的费用，而所收取的费用需要全部上缴到地方财政部门，实行专款专用的方式，根据前述的约定内容再返回给公共产品及公共服务的提供者。这类付费方式由企业或是社会资本为公众提供公共产品和服务，再向用户进行收费，实现收入和支出的双线并行管理，并协定确定的收费标准，处理好相关的费用权益资产，是 PPP 之外另一种为基础设施的固定资产进行证券化操作的新型跨界债权类融资方式。

以资本融合的方式探寻城市生态共建过程的微利空间。无论是强调以市场竞争的方式提供公共领域的公共产品或服务的 PPP 模式，抑或是建立在收费权上公益类项目公募，在混合所有制经济的推动下，中央国资、地方国资、民营资本、外资等各种所有制资本在 PPP 项目中实现深度融合和有机统一，通过公司治理“取长补短”，进一步激发起 PPP 模式下企业的活力。

池州市 PPP 项目在政府与企业合作开发基础设施建设上有着重要的示范和引领作用。池州市政府采用灵活契合实际的方式，选择与社会资本合作注册项目公司的方式实施项目的商业管理，在保证政府监管责任严格按照合同履行的同时，把企业放在项目主体的位置，刺激企业的市场创造力和项目的经济活力，保证了项目的公共利益导向。污水处理和排水管网的整合管理方法，确保从市政设施到污水处置的进程顺畅无阻，完整地实现项目的根本目标，改善城市的水环境，完善应对在多雨多水的气候与城市地理条件下形成的水问题，提高市民公共福利水平，解决城市内涝严重等重大环境问题。在选择企业合作的过程中，池州市政府采取公开透明的招标方式，通过严格规范的筛选程序，确定合作的社会资本。对于大型基础设施项目融资难的问题，运用存量资产与后期投资相结合的方式，以政府利益鼓励在项目企业内部形成实质性“环境红利”，既有效利用现有的基础设施，减轻项目的资金压力，做好政府的担保工作，帮助企业获得项目贷款，使项目顺利开展；又有利于推进企业及时制定与公共管理目标相匹配的发展战略，激活企业多元化资本活力，实现公共领域内的政企共治。

对池州市 PPP 项目而言，从立项到落地花费时间不超过一年。项目利用 PPP 方式开展城市污水处置与市政排水设施的建设实施，并全面推动政府问题响应机制的确立，成为多元化资本跨界融合的成功范例。

3. 社会资本的逐利性制衡

从企业的角度，作为理性人，追逐利益是最终目标，特别是 PPP 项目多元化股权下的公司治理，企业管理将围绕项目经济性开展。但是，从公共安全和社会福利角度，公益因素往往意味着底线突破。如何更好地平衡公益性和经济性的矛盾，作为污水处理项目的评价和监管者，政府必须对企业过于追求经济性的行为进行限制。

与此相对的，基于基础设施项目的外部性研究，公益性和经济性矛盾可以通过溢出效应以实现“协同并进”。基础设施类项目其经济发展的促进作用主要分为两个方面：基础设施建设作为社会固定资产的投资，可以直接拉动经济增长；同时，经济性的基础设施会带来规模效应与网络效应，此种效应可以提升产出的效率，刺激经济增长，而且对落后地区具有一定程度的溢出效应，带动其经济发展。如池州市 PPP 项目中，水务市场的供给是能源基础设施重要的一环，城市污水处理与排水管网的完整不仅与城市居民的生活息息相关，而且对于城市中工厂的日常生产与都市商圈的运营都至关重要。稳定的供水服务是环境公共安全的保证，会降低生产性企业的日常损耗，完善的污水处置不仅可以为城市创造干净整洁的形象，而且间接降低了企业除污成本，带来经济与环境的双赢。

值得关注的是，在当前社会经济环境下，进行生态保护以及树立可持续发展目标已不仅仅是政府赋予公共事业企业的职责，而成为全社会企业的通行准则。从国际经验上看，有越来越多的公共部门、社会组织已经将生态环境指标纳入考核企业社会职责履行情况的范畴，MSCI（明晟）和SASB[①]可持续发展准则已经成为欧美主流二级市场指数类被动基金的主要参考标准。在我国，香港联合交易所2020年《ESG[②]指引》要求合规披露的以及上海证券交易所《公司履行社会责任的报告》要求企业披露的重要性议题中，包括对生产运营时产生的气态、液态和固态排放物管理、温室气体排放与管理、能源使用及管理、水资源使用及管理、识别及应对气候变化对业务产生的重大影响、对临近业务生产或运营项目的生态环境及自然资源保护等上述环境议题的披露。近年来，我国逐步提升并严格要求相关信息披露标准，目前均要求上市公司必须予以定性描述或定量数据披露或采取不披露即解释策略。2020年12月，中国对世界承诺实现碳达峰和碳中和的发展目标。可以预见的是，将生态治理和环境保护纳入公司治理将成为未来政府在公共事业领域实践的大势所趋。

考虑在现阶段广泛的实践案例中，环境正外部性向企业"反哺"的情况并不多见。未来如何更有效地利用和发挥其优势，将社会公益项目从单纯的收费式回报模式中解放出来，将依赖于未来的进一步的体制研究和技术进步。

9.2.3 公益项目绩效的管理和反思

1. 成功实施并长期运营的原因

（1）程序规范与内容公平的市场进入和退出机制

项目在选择合作的社会资本方时，通过公开招标的方式进行，根据公开招投标的程序进行筛选，最终确定合作企业，符合规范的市场进入要求。在项目企业退出机制上，池州市政府在与项目公司签订合同时，约定好了项目的经营期限以及突发事件的处理办法。协议明确在项目结束运营后，市政府全面取得项目的相关权益，如果发生违约或是其他事件，企业有权利申请终止合作中的项目，并可以按照既定方法实行退出办法。市场进入和退出的机制实现公平规范，保证企业在PPP项目上的投入与收益，有效激发企业加入PPP项目的需求，丰富公共服务和公共物品的供给结构，使市场主体的主体优势得到发挥，促进政府在公共服务领域实现市场化的改革。

（2）分配合理方式有效的激励机制

PPP项目在运营方面与政府单向投资建设的基础设施项目最大的不同就是将建设、经营和后期修护等内容整合成为一体，从先期的设计、建造、实施到

① SASB指可持续发展会计准则委员会（美国）提出的Sustainability Accounting Standards Board
② ESG指环境、社会与管治

后期的服务、监督与管理形成有质量的合力，激发企业的市场活力，减少PPP项目的经营成本。池州市水务PPP项目中设立了有效的绩效考核评价制度，通过系列考评方法和规章制度，按照每个季度为一个时间单位对污水处置厂和排水管网进行定期检查，根据结果付给项目公司相应的费用；同时设立中期考核制度，对政府和企业双方实施合同的情形进行系统评价，遵守契约精神，按时更新修护市政管网，确保排水设施可以正常运转，使污水处理的质量和数量达到预期标准。而且，在合同条款中规定了最后移交设备设施之时的质量标准，使企业在明确经营项目的同时关注使用与修护。在合理且有效的激励机制下，企业不仅更有活力与创造力，而且有效减少成本投入，提升公共服务质量。

（3）多样化的融资渠道

2014年，国务院鼓舞企业更多地参与到城市的基础设施建设中。借此时机，池州市政府从解决城市内涝、排水不畅的困难入手，成立项目小组。在项目中，池州市水务公司共需要投入7.12亿元的成本，在池州市政府的保证下，企业与金融机构签订协议，利用贷款的方式，筹借4.99亿元，还款期限为15年。大额贷款的成功筹款，使项目进行比较顺畅，在政府和企业的共同努力下，水务PPP项目最为困难的融资问题得到解决。在融资过程中，政府作为担保方和监管方，定位好自身位置，把企业放到投融资的主体地位，严格遵循国务院发布的相关政策，提升投融资的效率和质量，保证公共服务和公共产品的有效供给，进而促进需求的增长，推动建立健全的市场化投融资机制。

2. 项目的不足之处

（1）缺少专门的PPP管理部门

专门的PPP管理部门可以有效监管项目的落实和后续的推进，这一部门主要责任包括相关政策的制定、项目的辨别评估，以及制定合同内容和签署流程，把控项目运营风险等。作为一个兼具咨询功能与监督功能的部门，专门的PPP管理组织可以填补政府在执行过程中的职责空白，并且进行合适恰当的项目决策。通过专门机构专业管理，可以增强项目的素质，在把控大型综合项目时更加专业，减少政府与企业合作中各种不确定因素的影响，确保PPP项目的稳定运行。虽然财政部于2014年设立PPP中心，专门负责PPP相关的事项，但是池州市政府还未设置专门的PPP管理部门，项目的监督管理等事项是由政府职能单位和社会第三方组织共同负责，在项目开展的过程中，还存在很多各部门之间难协调、难统一的问题与矛盾，专业的技术困难以及政策的变化等问题，而上述种种问题，需要专门的PPP管理部门来处理，由此才能保证政策上的一致性与有效性，在面对各类突发事件时，从整体的角度给予合理有效的解决方案，保证项目的长效稳定运营。

（2）缺少统一而有力的监督主体

政府方面的监管部门过多，而权力却十分分散，缺少强有力的主体部门。首先，项目的预算费用是由池州市财政局和住建委承担监管责任的；其次，项目的考核小组负责确定标准，监督项目的经营与质量；最后，池州市审计局承担项目的成本监督与审计，管理项目价格。各政府部门负责项目中一个环节的管理，乍看起来职责划分清晰明确，但在实际执行的过程中很难形成监督项目整体的合力，在监管方面缺少系统与整合。由于项目在执行与运营过程中有着互相覆盖与衔接的部分，实际上并不能划分特别明确，所以需要监督主体强大的合力，保证项目顺利开展。分散的监管部门容易产生政府部门责任推脱的问题，增加交流协商的壁垒，以至于阻碍 PPP 项目的进行。同时，缺少响应公众诉求的专门投诉平台。PPP 项目的公共利益诉求决定了其需要社会公众的共同监督，监督体系缺少一个关键的环节，公众真实的利益诉求不能得到有效满足，城市居民缺少了解项目详细信息的渠道，可能会对政策落实与项目开展造成障碍。只有内部监管与外部监管并行不悖，构成完整的项目监督体系，才可以有效防范项目出现寻租腐败、违规违法等风险因素，保证项目的廉洁与规范。

（3）缺少目标一致、操作性强的绩效评价机制

其一，池州市政府和企业之间的绩效考核目标并不统一。政府选择社会资本经营污水处置与排水管网，希望获得公共利益的最大化与最小的财政成本支出；而企业作为市场主体，一定希望获得最大化的经济效益，这也是公共服务市场化改革中贯穿始终的矛盾。项目在签订合同时将项目公司的收益率规定在 8% 以下，远远小于全国的平均收益水平，同时是池州市水务公司承担的项目中收益率最低的一个，在项目稳定开展后，评价收益率的标准可能需要重新制定，合理平衡政府与企业双方的利益追求。其二，绩效考核方式仍需健全。目前项目的评价标准还在探索与尝试阶段，依照国家标准，以处理污水的质量和经营修护的质量作为关注点，通过第三方组织进行评价，这一考核方式较为单一，关注目标较少，缺少对项目整体长远考虑的评估，以及有针对性的后续调整改进方案，不利于项目的长久高效运行。其三，绩效评估过程中存在风险因素无法规避。长达 26 年的经营期限，使项目运营面对的复杂风险因素过多，虽然在合同中约定法律政策类的风险因素由政府负担，但是在具体的执行过程中，某些风险仍旧会给企业运营带来困难。例如，2015 年 7 月加收污水处置劳务的增值税，提高了企业的税收成本，给项目的绩效考核增加了难度。

第 10 章　线上预约：数字治理的跨界服务方向

数字治理是对数据管理的发展与升级超越，是数据集成与治理理论的融合发展，其主体为政府、市场和社会三者，通过一定的治理结构形成有一定规模的数据库平台，借助融合的数据全面细致地感知社会事项及公众所需，提高政府公共管理的横向协调及纵向整合的能力水平，精准化提高政府办事效率，为政府决策提供科学化的技术支撑和海量的数据资源。据《2021 中国大数据产业发展地图暨中国大数据产业发展白皮书》统计分析，2012—2020 年党和国家关于大数据重要论述中，“数字中国”“人工智能”和“创新”成为高频词汇。2020 年以来，与激活数据要素潜能相关的词汇增多，“数据安全”“数字治理”“数据交易”等正逐渐成为指导中国推进经济社会高质量发展的重要力量。①

党的十九届四中全会《中共中央关于坚持和完善中国特色社会主义制度、推进国家治理体系和治理能力现代化若干重大问题的决定》提出，要不断加强和创新社会治理，加快形成党委领导、政府负责、民主协商、社会协同、公众参与、法治保障、科技支撑的社会治理体系。在国家顶层设计方面，科技支撑成为社会治理体系的重要组成部分，这是对当前互联网、大数据、物联网、区块链等蓬勃发展的信息技术的高度认可。新兴信息技术与治理理论的高度融合与创新发展，标志着社会治理进入数字治理的新阶段，开创了未来城市治理精细化发展的新路径。新冠肺炎疫情爆发以来，受隔离影响，居家工作学习等线上服务需求不断高涨，有利于线上服务的数字治理等借此得到迅速的应用普及。单就新冠肺炎疫情影响而言，在数字化、大数据等数字治理率先起步探索、发展卓有成效的地区，往往也是应对疫情相对得力、群众生活恢复较快的城市。

10.1　“口罩预约”

数字治理利于有的放矢，科学施策，提升靶向精准的能力。新冠肺炎疫情爆发以来，口罩一度成为供求紧张的商品，但限于防疫要求，不允许聚集排队购买，这成为摆在政府社会面前的两难问题。数字治理通过线上服务的形式，连接供给和需求双方，把复杂的市场供给问题、相关部门的供应协调问题、百姓急盼抢购的需求问题、社会公平公正的分配问题等，以扁平化的线上预约方

① 中国大数据产业生态联盟：《2021 中国大数据产业发展地图暨中国大数据产业发展白皮书》，2021-07。

式有效化解，大大提高了城市应急物资生产供应水平、公共服务保障能力和政府社会治理效能。

口罩预约在鼎盛时期有 22 个省（直辖市）包括 119 个城市先后采用，有效解决了群众的燃眉之急，化解了公共治理的危机，显示了数字治理的巨大效能。据了解，厦门是最先通过微信平台开放口罩预约程序的城市，时间是 2020 年 1 月 31 日，之后广州、上海、合肥等众多城市纷纷展开口罩预约服务。紧张有序的口罩预约体现了城市数字治理的发展水平，彰显了城市精细化管理、科学化施政的发展趋势。

10.1.1 “口罩预约”与数字治理

2020 年新冠肺炎疫情期间，口罩预约服务及时应对社会热点难点问题，迅速爆红，成为大众议论和社会关注的热门话题，真实体现了一个城市为民服务的治理水平。诚如有研究者指出，在大部分公众视野中生疏的“网上办”“移动办”“就近办”等数字化治理用语，一夜之间成为家喻户晓的热词，数字治理等在线服务通过口罩预约迎来发展的风口，新冠肺炎疫情成为间接的营销中介。

1. 厦门：微信预约 + 摇号公证

厦门是国内率先开启“口罩预约系统”的城市。通过厦门市工业和信息化局、厦门市信息中心组织指导，厦门市民数据服务股份有限公司联合南威软件旗下互联网集团，共同开发了以“线上预约 + 公证抽号”方式为主化解口罩预约问题的线上数据化平台系统。2020 年 1 月 29 日，口罩预约系统在《i 厦门》APP 的疫情防疫专区首发，但由于群众需求量过大，平台承载能力有限，系统一度拥堵崩溃。运行方案经过重新优化调整后，2020 年 1 月 31 日，厦门市“口罩预约系统”正式在微信平台 i 厦门官方系统上线，允许具有厦门户籍人口或在厦门缴纳社保人员在线申领口罩。厦门市口罩预约 24 小时开放，上午 9 点摇号抽签确定名单，次日 8：00—22：00 购买，规定 22：00—24：00 系统维护。在预约信息登记方面，厦门以药店为支撑和最小单位，系统归集厦门各区的线下药店数据，注册用户进入预约系统后必须同时选择确定领取口罩的药店，之后才开始填写个人预约信息。值得一提的是，厦门市专门安排了公证机构进行现场监督，对口罩预约过程中的摇号抽签进行监督，确保公平公正。上述方案设计具有极大的创新性，一方面充分运用“互联网 +”的思维，系统创新技术方案，从各个方面有效地保障了口罩购买过程中的公平、有序、安全；以药店为支撑，消除了百姓对口罩供应紧张的恐慌心理，规避人群聚集的现象。另一方面，系统引入社会化运营的模式，全程以企业参与为主体，政府引导民众有序参与，借助大数据分析、社会协作，有效化解了口罩资源危机。随着新冠肺炎疫情得到有效控制，复工复产复学又产生了大量口罩需求，南威互联网集团审时度势，适应形势发展需要，开发了“团体单位线上口罩购买系统”和“学校口罩及消毒液等防疫物资预约购买系统”，以无接触全流程线上的模式，专门满足复工复学等社会需求。口罩预约系统从一开始的个人与社会共同博弈和受益，发展为城市与企业、学校同为参与主体的稳定器和推进器。

厦门市“个人口罩预约登记服务系统”自上线至2020年3月26日零时起停止预约。存续期间，超过230万市民先后参与，超过938万人次陆续中签，超过5600万片口罩通过系统预约先后发放至民众手中。“团体单位线上口罩购买系统”于2020年3月10日上线，超过14 000家企业借此下单购买1000多万片的口罩。“学校口罩及消毒液等防疫物资预约购买系统”于2020年3月28日上线，超过168家学校上线购买了68 000件防疫商品。斐然的成绩是厦门市积极发展数字治理的回报和证明，“厦门市口罩预约登记服务系统”成功入选工业和信息化部公布的《支撑疫情防控和复工复产复课大数据产品和解决方案名单》。在全国主要直辖市、省会城市、计划单列市中，厦门市位列全国重点城市新冠肺炎疫情防控利用大数据能力榜首。2020年在由中国国际智能化产业博览会组委会主办、欧盟委员会指导的中欧绿色智慧城市峰会上，厦门市口罩预约登记服务系统从150余个国内外案例中脱颖而出，入选数字化抗疫优秀案例。据了解，该峰会是目前内容最丰富、国际化水平最高、形式最务实的绿色智慧城市国际合作交流平台之一。

2. 广州：小程序预约 + 免费快递

广州“口罩预约”小程序“穗康”紧随厦门“个人口罩预约登记服务系统”2天后上线运行。“穗康”系统由广州市政务服务局牵头建设，成为全国首个上线口罩预约系统的一线城市，在全国引发关注。广州“口罩预约”小程序的功能更加强大，结合新冠肺炎疫情防控需要，把用户个人健康信息申报通道前置在预约申请权限之前，借此了解预约口罩市民的个人健康信息，包括有无湖北旅行史、返回广州的时间以及是否有症状等细节。可见，广州的数字治理进一步升级，凸显新冠肺炎疫情管理的精细化和信息化。以“穗康”小程序平台为依托，收集内容更加细致精准，如用户对口罩类型、型号以及到店时段的要求等，可谓事无巨细，这不仅化解口罩购买危机，而且自动设定用户健康自查上报系统，实时收集、分析用户新冠肺炎疫情期间健康数据，提高精准科学防疫水平。

为了降低人员聚集风险，“穗康”小程序不仅以线上预约为载体，而且实行线上配送、线下快递免费送货上门，尽可能避开药店排队收取口罩带来的聚集风险。广州采取的是针对用户最简单的预约方式，但留给后台的却是复杂无比的预约流程细节，要在广州这个超级城市，精准有效且快速地面对每一名预约用户，要尽可能扁平化地处理口罩问题，这是对线上预约和线下配送的双重考验。广药集团负责预约口罩的售卖和配送工作，加班加点处理预约信息，核对姓名、地址与电话，有些地址不清晰的用户还要主动电话核实确认，承担了大量的细节性工作。在用户预约与确认收货之间，大量扁平化的工作通过协调治理的方式，有效化解了市场供给、部门协调、民众期待、社会公平等一系列互为影响的复杂关系，快速有效的决策体现了中国城市管理中数字治理的威力和未来。在突如其来的新冠肺炎疫情面前，广州市发挥数字治理的作用，大胆启用口罩预约系统，是务实和担当的表现，体现了一个城市运用数字治理开展动员、协调的应急管理能力。在打造数字中国的过程中，数字政府是重要的一环，让数据多跑路，让治理主体多参与，才能更好地满足百姓需求，打造高效政府。

3. 杭州：微信预约 + 免费口罩

杭州市“口罩预约”系统同样是由政府主导，市场和社会参与其中，具体就是由杭州市医疗保障局主办，市场方面则是杭州市金融投资集团提供技术支持，饿了么、菜鸟旗下丹鸟物流提供配送服务，每日定额免费在线派送。根据形势发展和需求优化，系统通过支付宝界面预约。

杭州市有较强的数字治理技术和实践经验，这反映在较为简洁清晰的预约界面上，预约用户线下实名收取快递，因此所填信息仅为姓名、身份证号、手机号、配送区域及详细地址即可。便捷的操作背后，数字治理彰显了汇聚不同主体协同参与的巨大威力，因为市民需求和热情高涨，前期每天在 3 分钟内就能完成全天的配额任务。《人民日报》高度评价了杭州模式，认为“杭州这种公共服务，接地气，洋溢其中的温暖，暖人心，制度设计也呼应需求，可推广。防控疫情既要有政策之‘硬’，也要有措施之‘柔’”。

4. 上海：网络 + 社区的精致治理

上海作为超大城市，面对高涨的民众需求，紧跟其他城市，很快发挥了数字治理的张力，启动口罩预约系统。上海口罩预约最初也是以药店为基本配送单位，用户在指定的地点现场预约成功后根据通知到指定的药店购买。有必要指出，上海的口罩预约系统不是市级层面的，而是一些街道和居（村）采用微信或小程序 + 居委会 + 药店的预约模式，这反映了其一贯重视社区建设，基层治理基础根基扎实有力。上海的特点就是突出社区的作用，把口罩预约限制在更小的单位内，一方面简单有效，便捷可靠，便于居民就近收取口罩，另一方面则大幅度减少聚集风险，降低了交叉感染风险，市民们在心理上也更加稳定。因此，上海既发挥了科技创新的优势，迅速开放口罩预约登记系统，又通过线上系统采集、居委会审核、系统自动派发通知短信的方式，充分发挥了居委会工作的作用和效率，赢得了居民称赞。另外，其预约系统自动结合了防疫相关的居民日常信息登记、返沪信息登记功能，有利于政府从各层面收集了解居民出行和疫情扩散情况。

2020 年新冠肺炎疫情防控，上海平时强大的基层建设在关键时期发挥了巨大作用，各区市采取不同的预约方式，都不同程度地完成了特殊时期的社会任务。浦东新区采取的是"微信申领 + 居委会编码"的方式，徐汇区则采取"小程序 + 居委会 + 药店"的方案。虽然两区的模式不同，但都侧重于发挥居委会的作用，在关键时刻显示出居委会在居民间强大的凝聚力和号召力。比如，浦东新区按照"居委代码、居委名称、姓名、证件名称、有效证件号码"数据规则编辑短信发送到指定号码来申请口罩，而徐汇区则根据用户输入的居委会信息自动匹配药店。上海市"口罩预约"的操作模式以基层居委会为单位，细分和限定了人群流向，因而避免了单一系统用户过多引起的过载瘫痪问题，把有需求的人员有效分流到不同的基层单位，增强了群众的获得感，也赢得了群众的支持与信赖。

10.1.2 "口罩预约"与数字治理的不同模式

同样是口罩预约，不同的城市有不同的模式，毕竟新型的数字治理是建立在传统治理结构和习惯之上的，体现了不同城市治理模式的差异。由于优势不同，有的城市利用 APP 小程序预约，有的则是利用微信平台预约。在购买方式上，有的城市购买后免费邮寄，有的全程免费服务，有的城市谨慎地要求公证机构参与。数字治理还充分吸取了传统治理方式的优点，如杭州、广州等城市设置了预约的前置条件，即进行个人详细的健康信息申报，以利于充分掌握人员社会流动情况。无论各个城市在预约的细节方面差异多大，都彰显了城市管理者在危机来临时系统科学应对困难的综合治理能力，创新性运用智慧化平台，以绣花针的精细化管理，使有限的资源在供给与分配中达到最优配比。其中，不单单是口罩预约问题，新冠肺炎疫情防控过程中，数字治理在精准化发现并隔离问题人员方面，及时锁定跟踪感染源头和密切接触者，准确发现潜在的危险人群，同样发挥了不可替代的巨大作用。这些治理举措，依托各类应用型 APP，比如"疫情数据实时更新系统""发热门诊分布地图""确诊患者交通工具同乘查询系统"等等，为相关部门和社会大众提供了很好的信息参考作用。

进一步分析口罩预约，我们发现众多市场和社会主体纷纷参与其中，充分论证了治理理论的可实践性。各个城市口罩预约大多由政府相关部门指导发起，各类企业包括国企积极参与并发挥作用，基层政府居委会和基层市场主体药店等成为不可或缺的支撑点，社会民众则参与热情高涨。众多主体围绕预约平台有效协调统筹，有条不紊，从系统开发、登记程序、口罩发放、物流配送、收货要求等各个方面展开合作，井然有序。

从率先开启口罩预约服务到以不同方式跟进参与其中，这个过程充分体现了国内城市社会治理与智慧城市建设发展水平，是一个城市以人为本服务群众的品质所在。国内城市在过去的运行过程中，对系统思维、全局思维等观念重视程度不够，导致城市运转系统性不足，城市规划建设与管理等环节有脱节的地方。现在，国家强调城市运行过程中在不同层级不同系统之间的有效协调与联动，也就是城市的全周期管理，这就离不开数字治理的支持。受此洗礼，国内城市数字化发展愿望高度旺盛，数字治理必将迅速进入各个领域，迈入新的发展阶段。

10.2　“一网通办”

“一网通办”就是改变过去政出多门的弊端，建立沟通不同部门的信息平台系统，群众只需借助一个信息化平台，就能按图索骥找到所需办理事项，成功解决问题，达到“群众少跑腿，数据多跑路”的效果，实现所有事项一次性办好。各行各业不同部门信息系统不仅要有效连接在一起，还要将线上线下政务服务平台打通，提高政务服务工作实效，提升群众办事体验，有效解决政务服务由来已久的顽疾。根据国务院办公厅发布《2018 年政务公开工作要点》，作为互联网＋政务服务的硬性要求，“一网通办”首次被写入工作要点。

10.2.1 上海探索“一网通办”

“一网通办”创新改革起于城市数字治理现代化探索阶段，是新时代“互联网＋政务服务改革”的新平台，也创造了营商环境优化的“加速度”。“一网通办”，就是要求政府部门整合开放内部数据，实行业务流程再造，最终目的就是让办事群众像“网购”一样方便。经过探索，实现了线上线下流程优化，达到了“一网通办”的目的，为群众和企业开创了网上办理新路径、新平台。线上快速响应，以数据整合求效率，线下优化流程，做到有温度的服务。不同部门间相互协调，线上和线下相互配合，通过数字化治理把部门数据打通，后台工作做足，真正体现“让数据多跑路、百姓少跑腿”，为群众提供高效整合的温馨服务，大大提升了群众的满意度。“一网通办”的创新举措，离不开大数据提供的坚实基础，是不同主体间密切协调的结果，能有效改善营商环境，做到人民城市为人民，不断提升群众和企业获得感。“一网通办”要求所有部门流程再造，开放数据，减少不必要的证明事项。群众提交办事事项的同时，系统自动归集相关数据，协调不同部门，集成服务，从过去的“群众多跑腿”转为“数据多跑路”。要真正实现“一网通办”是非常困难的，我们知道，信息化初期几乎每个政务部门不同程度规划建设了各自的信息系统。如果不能打通信息鸿沟，就会陷入信息真空造成部门互相扯皮，比如，向某一部门提交的材料，到下一部门需要再提交一次。公民的教育、就业、医疗、婚姻、户籍等基本信息，也处在互为分割的状态，群众办事无从下手，麻烦不断。“一网通办”建立了一个信息平台，一张网办所有事，不同部门的信息系统打通了，群众只需注册一个办事系统，就能办成不同领域的事项，解决了手续复杂烦琐、部门盖章困难、证明手续连续不断等问题。“一网通办”致力于打破部门“数据孤岛”，推动政务服务从“群众跑腿”向“数据跑路”转变。“一网通办”重点在于方便办事，把政务数据归集到一个功能性平台，企业和群众只要进入一个系统，就能办成不同领域的事项，解决“办不完的手续、盖不完的章、跑不完的路”等顽疾。

2018年7月1日，上海“一网通办”总门户在“中国上海”网站上线试运行，200余项上海市政府各委办局的服务接入“一网通办”受理平台。在“一网通办”移动端，在醒目位置有序排列着结婚预约、出入境查询、车管业务等多种市民关注度高、办事频率高的服务事项。针对这些事项，移动端创新性开发多项便民举措，实行预约、预审、进度查询、快递寄送等多个层面的服务。以较受市民关注的交通罚款缴纳为例：用户实名认证后，可以在移动端查询到自己车辆的所有交通违法信息，支付渠道缴纳罚款可以自由选择支付宝、微信等。除此之外，移动端还围绕市民用车相关环节，开发了验车提醒、六年免检、实时路况等与车辆相关的服务。为解决市民看病难问题，“一网通办”移动端专门开发提供上海市主要三甲医院的在线挂号预约服务，通过该服务，有需要的用户借助后台打通数据，就不用像之前那样把所有大医院的服务号都一一进行下载查看，有效提高了用户体验。可见，上海市大数据中心主动整合各种便民服务，力求最大程度方便市民和企业办事。以用户体验为出发点，是“一网通办”政务服务设计开放的初心。据了解，“一网通办”信息系统整合了社保、医保、公积金、个人税单等23项个人数据，其排列组合不仅方便用户查询，还可以在必要时主动发送信息变化提醒。“一网通办”政务服务的一大创新是对电子证照的运用，电子身份证、社保卡、交通卡、读者证、驾驶证、营业执照等 9 类证照已纳入在移动端的证照卡包里，其中 7 类证照已关联部分用证服务。如电子读者证关联“市民阅读”服务，在上海市图书馆和各区图书馆借书并线上续借用户可凭电子证件高效办理。目前，上海“一网通办”实现了“一人一档、一企一档”，所有上海身份证的居民，或企业在上海注册的，通过“一网通办”系统注册后即生成自己的专属页面。为方便个人用户使用，“一网通办”还推出移动端 APP“随申办”，市民走到哪儿都可办个人或企业事务。当下个人找政府办事的所有事项这个程序几乎都包含了，涉及养老金、交通违法记录、医保、公积金、纳税查询、信用报告、健康档案、公用事业费用缴纳等。用户一经注册，身份确认无误后，个人所有的信息，如办了多少证件、交了多少养老金、纳了多少税、是否有信用违约等，所有相关信息都将归集到注册人名下，一目了然。

“一网通办”的有效运转离不开法律制度建设的护航，在最初的顶层设计中，公共数据和“一网通办”管理办法明确要求公共管理和服务机构依法依规推进跨部门的信息归集，在履职过程中按照获取的公共数据依法进行。上海市大数据中心严格按照法律制度规定，列出数据清单集中统一管理，实行业务流程再造。2018 年 11 月 1 日，上海市正式施行《上海市公共数据和一网通办管理办法》，目的就是加快整合应用公共数据，全面推进“一网通办”政务服务。上海市制定了清晰的路线图，要求在一网通办、数据跑路、部门协同的基础上，只跑一次、一次办成的事项在市区两级应有 90% 以上涉企审批事项。群众在上海任何一个街镇社区事务受理服务中心均能申请办理事项，市级层面通办率达到 99%。比如，在企业开办方面，企业注册“一窗通”服务平台系统，包括营业执照、公安公章备案、税务涉税事项将在“一窗通”一次受理，后台自动分送和办理。同时，复杂的银行预约开户、社保用工自助办理等服务功能也陆续进入“一网通办”系统。截至 2019 年 3 月 22 日，上海市在“一网通办”实名建立档案的有 771 万个人用户，占时有人口 30% 以上；建立企业档案有 189 万企业法人，约占设立企业的 90%；参与“随申办”业务的已超过 1000 万“随申办市民”云用户。至此，“一网通办”的要求和标准正在探索初步形成，并逐步成为各部门各区的工作模式，一网受理，一窗办成，只跑一次，一次办成。国内各大城市纷纷跟进学习实践，如北京市《北京市推进政务服务“一网通办”工作实施方案》印发于 2018 年 7 月，要求到 2020 年底前要建成覆盖全市的整体联动、部门协同的“互联网 + 政务服务”体系。

为解决老年人在信息化社会面前的“数字鸿沟问题”，更好地让老年人体验到“一网通办”带来的城市各项服务便利，2021 年 2 月，上海市主推“随申码”、医疗付费“一件事”、公交码、地铁码四项服务“一网通办”大字体大图标的长者专版上线运行。长者专版设计思路力求“简洁、易用”，实际考虑老年人信息化操作的熟练度、方便性和感受度，不仅采用了大字体、大图标、高对比度的页面设计及布局方式，而且考虑更加贴合老年人的操作使用需求特性，优化功能设计与开发，提升老年用户的可感知性、可操作性、可理解性。新版本在版面布局上更加优化便捷，服务功能得到全面升级，用户可根据自己的使用要求随意添加关注的选项。特别是把老年人最经常用到的服务专门设计成最常应用场景，在页面醒目位置予以标注，如出行、就医、天气等，主推随申码、医疗付费“一件事”、公交码、地铁码四项服务，便于老年人直达常用服务。此外，“便民服务”版块增加了自定义服务，如在天气预报、公交到站查询两个常用功能基础上，用户可根据自己所需灵活调整。系统根据老年人用户特点，特意开放了“每周科普”版块，不定期为老年人提供健康知识科普。为加大社会宣传力度，更好地帮助老人学会使用“一网通办”，上海市大数据中心支持鼓励基层社区、公益组织开展“一网通办”为老助老宣讲辅导活动，广泛开展较为集中的辅导授课活动，提供各类咨询、帮办、代办服务，帮助老年人尽快适应和掌握信息化技术的运用。

10.2.2 上海“一网通办”的成效与溢出效应

近年来，上海加快智慧型政府建设，以“一网通办”政务服务品牌为突破点，全力推动上海城市治理现代化能力提升。随着“一网通办”建设的推进，上海的城市服务在“店小二”精神引领下，将各项发展数据从碎片化转向集成化，政府的施政决策将更加有的放矢，坚持问题导向，做到百姓有所呼，政府有所为，在营商环境方面会更加精准有效，为城市装上智慧的大脑，为上海迈向“卓越的全球城市”提供坚强支撑。

“一网通办”具有明显的改革倒逼效应。上海市政府坚持改革创新，通过数字治理革命，打响“一网通办”品牌，势必迫使全市各级政府线上线下政务服务以此为标杆，自动进行流程再造、数据共享、业务协同，推动各级政府部门自动减环节、减证明、减时间、减跑动次数，真正做到从“群众跑路”到“数据跑路”。针对多年政务顽疾，上海加快推进“一网通办”，首先在平台系统上统一入口，彻底打破部门隔阂，破除各自为战的局面，线上网上政务大厅和线下的一窗受理机制，给企业群众带来了看得见的实惠和便利。要达到“一”的效果，一定要有“通”的能力和前提，这就对政府部门协同特别是核心数据的整合和共享提出了更高要求。为此，上海市政府从信息的基础配套入手，抓住问题的核心，以市场化的方式成立上海市大数据中心，其功能就是汇集互联、共享应用包括政务信息在内的各类信息数据，把过去以政府部门为中心的管理模式，转向人民城市为人民的发展模式，变成以用户为中心的管理模式。上海的成功之处就是把单纯数据整合和共享的技术问题，转变为打破部门隔阂和数据框框的创新理念问题，思路一旦打通，将极大解放束缚生产关系的各项因素，释放社会生产力。把各部门的政务数据归集到一个全新的功能性平台，把各部门汇聚到一个信息系统，去除各部门多年来耕耘的“自留地”，使权力运行更加透明规范，加快形成从事前审批转向事中事后监管的发展模式，这在深层次上是一次重大的自我革命。上海的做法在全国引起了巨大反响，2017 年上海市徐汇区政府入选全国“互联网 + 政务服务”示范工程。徐汇区抓住打通“一网通办”的要害，率先开始自我革命，规定企业群众办事，凡电子证照库或业务系统可查询的证照，无须再次提供原件或复印件，凡办事提交过的材料，经认证后存入个人空间的，今后一律不需要重复提供，做到“一次输入、终生受用”。短期看，这是政府下大力气改善营商环境的努力，能为企业和群众带来实实在在的便利；从长期看，以“一网通办”为核心的智慧政府和数字城市的打造，将为上海高质量发展，高品质城市生活，继续引领中国改革开放，创造更多机会，提供更多关键支持。

政务服务“一网通办”建设愿景就是加大环节精简和流程优化再造，强化跨部门协同和前台综合、后台整合，筑牢数据基础，从“能办”向“好办”转变，更好地推动“高效办成一件事”，收获更佳体验和更好口碑。2020 年的政府工作报告中提到，推动更多服务事项“一网通办”，做到企业开办全程网上办理。目前，全国各地积极引入“一网通办”成功经验，加快落地实践，努力做到进一张网，办全部事，如“最多跑一次”“不见面审批”“秒办秒批”等，具有较强的推广复制效果。根据学者研究，《省级政府网上政务服务能力调查评估报告（2018）》显示，截至 2018 年 12 月底，省级网上政务服务平台有 31 个省级政府建成，其中建成省、市、县三级以上的网上政务服务体系 20 个，构建了电子证照库 21 个，27 个地区面向自然人和法人构建了省级统一身份认证体系，宣布实行“网上办”“移动办”及“不见面服务”。回顾历史，如果说 2003 年的“非典”成就了中国电子商务巨大辉煌，那么 2020 年的新冠肺炎疫情很可能成为“一网通办”等移动政务服务快速革新推进和普及的重要元年。

10.3 "一网统管"

"一网统管"就是以信息化、智能化为突破口，把数据整合在一个平台网络，打破部门乃至城市间的条块分割局限，达到协同治理、精细治理和数字治理的效果，探索符合超大城市特点和规律的社会治理新路径。当然，"一网统管"并不仅仅是把数据整合利用到网络空间上，其核心是对城市治理理念和治理模式的革命，数据充分共享、归集是基础，是流程再造创新和管理创新的体现。

上海在"一网通办"之外，试行将城市运行管理的所有数据归集糅合，充分利用大数据、云计算、物联网、人工智能等先进技术，建设城市大脑，整合、统筹、处理海量数据，以更高效敏捷智能地处理城市运行问题，取得了预期效果。目前，专门的上海城市运行管理和应急处置系统已经从探索设想进入全面建设阶段，进入从1.0版向2.0版提升的升级攻坚期，各区市进入探索特色发展的发力推进期，在疫情防控中发挥了重要作用。

10.3.1 上海"一网统管"缘起

城市管理中，有大量事件不是单向的，而是横向纵向交叉，经常性地跨层级、跨部门、跨区域的，但城市原有的运行规则限制了处理效率。以渣土车管理为例，几乎每个城市都经历过渣土车管理困境，一辆渣土车，常态下属于一个管理部门，动态下从一个地区装载货物，跨区经营，可能就产生了横向纵向交叉的管理问题，涉及多部门地区联动执法监管的问题。所以，在问题与问题的衔接处，如何使部门与部门无缝对接，加强部门联动，提升监控效率，往往成为衡量城市运行管理水平的重要难题。"一网统管"通过数据集成，数据跑路引领部门监管，就可以实现智能管理，精准控制，通过数字治理来解决城市顽疾。"一网统管"工作的核心是通过数据打通政府部门间壁垒隔阂，优化集成政府各项职能，实现系统再集成，达到政府职能优化调整的目标。

"一网统管"的"网"可大可小，是一个集合开放的系统，可以在市级层面建设，也可以在省级乃至更多层面发展。上海在探索设计发展"一网统管"过程中，允许有不同层面的数据集成，也就是区域大小不一的"网"，逐步形成一个开放性的信息化平台系统。这个系统由上海数据交易中心有限公司作为主要维护者，是经上海市人民政府批准成立的国有控股混合所有制企业，担负着提升商业数据信息流动、跨地区的机构协作、数据信息互相联通以及政府数据信息和商业数据信息整合的职责，不同类型的应用场景、政府公务以及公众关注的焦点问题都可以实现，后来的城市如广州和杭州等基本都是采用了市场化运作的思路。

据了解，基于“一网统管”上海城市网格化综合管理平台，每个地址的“地理信息”，如同自然人的身份证号码，叠加数亿数据形成上海城市运行的“活地图”。这张“中央地图”，打造了实时更新的“数字孪生上海”，为全局管理提供了强大的数据支持。这个感知泛在、智能研判的城市综合管理信息系统，已经通过政务外网实现了调用和共享。各个领域的智慧应用将共同汇聚成一张守护城市安全的网络，让大数据、云计算、物联网、人工智能等新一代信息技术与城市管理、社会治理深度融合，提升超大城市运行综合管理能力。各个领域尖端技术的互联互通，使这张无形网络更智能、更先进、更敏锐，也让城市生活更便捷、更有序、更安全。“一网统管”是对协同能力的最好检验，其中，渣土车治理又最能体现“一网统管”的协同效能。渣土车的管理可谓“政出多头”，涉及环保、市容、城建、交警等多个部门，有处罚权的绿化市容部门不能上街执法，能上街执法的交警又不可能一直在路上蹲守，因此，原先要想管好渣土车非常困难。浦东新区城运中心的“城市大脑”最早开发了渣土车治理的应用场景，实现了各部门数据共享，在渣土车出发时扫一下二维码，运输和倒渣土的全过程都可在“城市大脑”的屏幕上实时监控，使多部门协同作战成为可能。

10.3.2 上海“一网统管”成效

上海城市治理“一网统管”的良好实践，不仅在国内赢得关注学习，而且在国际上赢得认可。在西班牙巴塞罗那举行的 2019 全球智慧城市大会上，大会组织方表示，在全球智慧城市领域，上海正发挥着标杆和引领作用。据了解，世界智慧城市大会是智慧城市之间的重要沟通平台，已经成功举行八次，按照上海市相关部门的材料，静安项目在城市大会上得到中华区“城市精细化治理奖”，由于在智能化的感知、服务和决策上的出色展示，颁发奖项的大会 CEO 乌戈·瓦伦蒂在发言中提到，上海的智慧城市工作完成非常优秀，在世界范围内处于领先位置，静安区是建设的示范区，在国际上引导全球智慧城市的改造。目前，这一项目受到了国家发改委重点项目的支持，关注城市管理过程的各类热点、痛点、困难问题，努力建设成为“物联感知城市、数联驱动服务、智联引领决策”的新型城市管理模式。当前，从街头垃圾桶、玻璃幕墙、消防应急通道，到社区出入口、楼道电表箱、独居老人床脚等位置，静安区已经布置了十万多个物联网传感器，构成了兼具广度与深度的神经网络体系。这一信息系统聚集了多部门与不同维度的数据信息，不仅消除了信息孤岛，而且实现了对碎片化管理方式的补充，数据信息在经过智能化的分析处理过后，呈现给静安区城市运行管理中心，使中心部门可以对城市的日常情况有充分的把握和精确的判断。神经网络信息系统不仅作用于如交通运输、食品安全等直线管理领域，同时也面对基层社区。在临汾街道，对独居老年群体采取远程的监护措施，真正从源头上保护独居老人的人身安全，避免老人独自在家出现意外却无人察觉的情况发生，对老旧小区的用电管线实施全天候的监控，成功从根本上降低火灾危险。事实看来，静安区构造全区域的物理信息感知网络，并维护城市建设与运行的真实支持案例，在世界范围内仍然属于领先。根据今年全球智慧城市大会发布的一份白皮书，上海与美国纽约是极少数在全域范围内打造“全景式综合管控系统”的城市。而包括西班牙巴塞罗那、日本横滨、加拿大多伦多等领先城市，其智慧应用大多局限于某个具体业务领域，如停车、养老、消防等，这应该也是静安项目收获国际认可的关键因素之一。

10.3.3 “一网统管”未来可期

“一网统管”是贯彻落实党的十九届四中全会关于推进国家治理体系和治理能力现代化精神，提升城市治理现代化水平的重要探索，体现了新一代信息技术下智慧政府与服务型政府相互融通的特点，有利于增强城市管理运行的整体性、系统性、协同性，实现政府决策科学化、社会治理精准化、公共服务高效化的目标。“一网统管”的“管”，是在保持各部门原有业务系统、工作格局基本架构的同时，通过技术与管理上的深度融合，打破“孤岛”“烟囱”“蜂窝煤”困局，实现资源聚合、力量融合。通过数字孪生地图汇聚的方式，在市、区、街镇三级平台上实现了可视化、便捷化、标准化的共享和交互，在一个端口上实现城市治理要素、对象、过程、结果等各类信息的全息全景呈现。上海为了解决城市管理中的难点和堵点，围绕着“高效处置一件事”，推动城市运行“一网统管”，实现“一屏观天下、一网管全城”，体现“观、管、防”的功能，为实现和谐、有序和宜居的城市目标提供技术支撑。为进一步推动办好“一网统管”，树立全球标杆作用，2019 年上海市委、市政府明确把深入研究推动“一网统管”作为一号课题，协调全市之力，加大推进力度，出台《上海市城市运行“一网统管”建设三年行动计划》，为下一步行动方案明确了遵循标准。

“一网统管”融合数字化技术与治理理论，运用大数据、云计算、区块链、人工智能等前沿技术赋能城市治理结构性创新，既有技术手段的进步革新，也推行相应的管理模式创新、行政方式重塑、体制机制变革，是对城市治理服务的结构性重塑。该系统通过构建起统一的数据库平台，以政府、市场和社会为治理主体，借助数据全面感知社会事项及公众所需，减少政府公共管理的横向协调及纵向整合的成本，大大提高政府办事效率，为政府决策提供重要的技术支撑和丰富的数据资源，体现了当前城市治理创新发展的新方向。上海市以“一网统管”为平台，用系统思维、全局思维和战略思维统领全周期管理，从群众需求和城市治理突出问题出发，将分散式信息系统进行有机梳理整合，推动城市治理由人力密集型向人机交互型转变，由经验判断型向数据分析型转变，由被动处置型向主动发现型转变，实现了科学性、基础性、体系性的自我革命与治理创新。

智慧城市与以往相比有三点区别：一是从条块式转向区域式，从单个垂直行业逐步跨到区域从而实现了互联互通；二是从分离转为协同，从独立自主逐步转为多个行业多种业务协同在一起共同完成；三是从静态向动态转变，智慧城市是一个不断迭代的过程，行业生态和技术也是在不断迭代。智慧城市是一个大概念，需要通过政府、企业、市场等多方力量共同完成，才能更快见效。“一网统管”建设的方向是为实现“一屏观天下、一网管全城”的目标定位，力求城市治理要素、对象、过程、结果等在一个端口上的全息全景呈现，对城市治理各类事项在一个平台上进行集成化、协同化、闭环化处置。“一网统管”推进全域海量数据整合汇聚，优化派单、协调、处置、监督的管理流程，实现“观、管、防”有机统一，以数字化方式展现城市全新景象，智慧精准预警、预判、预防风险隐患，依靠技术手段进行智能管理、高效处置。在实现超大城市精细化管理的过程中，“一网统管”将推动城市治理从数字化、智能化到智慧化，让城市更“聪明”，人民群众有更多的获得感和幸福感，真正做到人民城市为人民。

10.4 数字治理任重道远

近年来，随着新一代信息技术快速发展，特别是大数据与经济社会广泛、深度融合，数字化转型已成为经济领域各行各业转型提升的重要路径，虽然，政府治理领域在发展数字化方面有了一定的探索，但仍处于任重道远的阶段。数字化转型已成为我国各级政府高度重视的发展方向，要努力顺应时代潮流、把握发展机遇，主动提出应对挑战的重要举措，推动数字治理逐渐走向成熟，发挥更大优势，释放更强能量，施展更多威力。

广泛运用数字化赋能提升政府治理水平，为经济发展保驾护航，为百姓生活提供更多获得感和幸福感，已成为各地各部门的一致共识。数字治理为国家治理体系和治理能力现代化提供了更好的依托和平台。互联网、物联网、人工智能等新一代信息技术的作用和价值正在向政务领域等传统领域不断拓展，迫使传统服务机制不断创新改革，带动各级机构更加高效地运转。2020 年 4 月 10 日，《中共中央国务院关于构建更加完善的要素市场化配置体制机制的意见》正式发布，“数据”第一次作为一种新型生产要素写入国家级文件，与土地、劳动力、资本、技术等并列为五大市场化配置要素。该文件提出要加快培育新型数据要素市场，进一步推动政府数据开放共享，提升社会数据资源价值作用，加强数据资源的整合和保护工作。这是对多年来信息化数字化潮流趋势的肯定和支持，数字治理将为城市治理和数字城市建设发挥更大的作用。

可见，在新一代信息技术创新发展、经济社会数字化转型的浪潮中，政府治理应直面挑战、把握机遇，积极拥抱潮流，加速数字治理转型进程，提升数字治理水平。各地要积极探索创新与数字化相适应的政务发展新模式，探索更加科学、便捷、高效的政府治理新理念新平台，使新兴数字技术成为政府必不可少的加速器，不忘初心，坚持以人民为中心的理念，紧密围绕政府治理的实际需求推进数字化转型，解决政府履职过程中的实际问题，实现信息化手段与各项政务工作深度融合，不断提升治理效能。

第11章 网格管理：社区治理的跨界服务重塑

11.1 北京市东城区网格化跨界管理的实践

11.1.1 背景与实施

2013年11月，党的十八届三中全会《中共中央关于全面深化改革若干重大问题的决定》中提到“理顺城管执法体制，提高执法和服务水平”。2015年12月，国务院出台了《中共中央国务院关于深入推进城市执法体制改革改进城市管理工作的指导意见》（以下简称“《意见》”），这是新中国成立以来中央层面首次对城市管理执法工作做出全面部署，《意见》内容涵盖城市管理执法的管理体制、队伍建设、执法水平、组织领导、创新治理方式、保障机制等。在《意见》中提到“深入推进城市管理执法体制改革，改进城市管理工作，是落实‘四个全面’战略布局的内在要求，是提高政府治理能力的重要举措，是增进民生福祉的现实需要，是促进城市发展转型的必然选择”。城市管理执法体制改革作为推进城市管理走向城市治理的重要手段，已刻不容缓。

在1997年以前，中国并没有城管执法的专门机构，城市管理执法的权限以各种方式存在于不同的组织或者部门。1997年，随着《关于在宣武区开展城市集中执法试点工作的通知》的下发，全国第一个城管执法部门——北京市宣武区（原北京市辖区，2010年与原北京市西城区合并，设立新的北京市西城区）城市管理监察大队成立。如今，城管执法部门已在全国各地的城镇中落户，在这些年里，城管执法有了很大的发展和进步，但是当前城管领域依然存在着诸多问题，如职责范围混乱、人员编制混乱、法律法规不健全、执法方式野蛮等。我国的城管执法机构并没有一个全国统一的管理体制，各个地方城管各自为政，不同地区的城管组织在结构、内部机制等各方面都有差异。城管执法机构作为一个直接面对老百姓的政府基层组织，是政府诸多公共政策的执行者和参与者，其组织绩效直接反映了政策执行的结果、印证了政策的目标和价值。但是长期以来，城管领域的诸多问题已经开始对政策执行的效果乃至政策执行过程本身造成了负面影响，损害了政府的公信力，因此城管领域的改革十分必要。

早在2004年，北京市东城区就以为2008年夏季奥运会提供良好城市环境为契机，创造了“万米单元网格城市管理模式”。2005年2月，东城区的“依托数字城市技术创建城市管理新模式”被列为国家信息化示范项目。同年7月建设部下发《关于推广北京市东城区数字化城市管理模式的意见》，将该创新性制度在全国27个城市试点推广。在未来的城管执法活动中，数字化城市管理和网格化管理将占据重要的地位。2017年5月1日起实施的《城市管理执法办法》第二十三条提出要建立数字化城市管理平台，并且“城市管理领域应当整合城市管理相关电话服务平台，建立统一的城市管理服务热线。”2003年，随着《关于推行全国建设系统“12319”服务热线的通知》下发，我国开始全面推广12319热线。在北京，12319城市管理服务热线从2006年开始运行，服务范围集中在市政、供水、燃气、热力故障等领域。而与城管执法工作有关的热线系统，主要就是96310热线系统及各区辅助的以96开头的热线电话，同时随着技术的更新升级，北京12345市民热线也与城管96310热线后的北京城管综合巡查系统整合完毕，直接将相关事件纳入此系统进行进一步处理。北京12319城市管理服务热线作为一个服务热线，与城市管理有着重要联系，与城管执法却无太大干系。从12319热线最初建立的目的来看，其涉及范围也更多集中在城市供水、公交、燃气、供热、市政、环境卫生、园林绿化、城建监察领域等，与城管执法并没有很多交集。因此，作为城管执法体制改革中的内容，12319热线与现行城管服务热线的整合还有待进行。

《城市管理执法办法》第三十六条提到“城市管理执法主管部门可以对城市管理执法事项实行网格化管理”，2004年北京市东城区首先开始采用网格化城市管理。北京市东城区的网格化城市管理模式从2003年5月启动研究，2003年11月提出城市管理新模式的内涵、外延、框架、流程、指导思想，到2004年10月开始依托东城区网格化城市管理信息平台实行，将全区41.84平方千米分为2314个万米单元网格，其涉及的事务涵盖公共设施、道路交通、市容环境、园林绿化和其他设施以及市容环境、宣传广告、施工管理、突发事件、街面秩序、扩展事件等，涉及内容广，涉及部门众多。北京市东城区的网格化城市管理模式从2004年运行至今，经过多次改进更新，已经非常成熟先进。网格化管理模式有具体的操作规范、工作流程、考核办法和任务要求，这给了政府管理者一个普遍的标准以在政府治理中达到要求，减少政府管理者在管理过程中人为的认定和不理性的评判，并且随着网格化管理模式的不断完善，也愈发减少了管理者“钻空子”的可能。随着这个办法的正式出台，全国许多地方陆续掀起一股网格化管理的热潮，而将城管执法事项纳入其中也势在必行。

北京市东城区网格化城市管理模式的基础就是高度发达的数字技术、定位技术等高新技术。这些新科技一方面丰富了城管的工作形式和管理形式，另一方面也对城管提出了新的要求：技术的应用方式和工作方式不断相互适应；城管人员拥有运用这些新技术的能力；城管的软件、硬件配备能够与技术的发展程度相匹配。同时，随着近年来网络化和电子政务等对传统政府组织的冲击，迫使传统政府组织模式发生改变来适应这些新科技的广泛应用。城管组织作为传统政府组织中的一部分，自然也受到了这种冲击，但是由于城管工作的特殊性，高新科技虽然给城管组织带来了压力，但也为其管理工作提供了高效率的新模式。

从 2015 年的数据来看，我国 600 多个县级以上城市中尚有近一半的城市未采用网格化管理，而将城市管理执法事项纳入网格化管理的基础条件即是其所在城市人民政府实行了网格化管理，划分了单元网格并建立了相应的网格化管理信息平台。也就是在将城管执法事项纳入网格化管理的系统之前，有近一半的城市要先开始进行网格化管理，建设部在 2005 年、2006 年、2007 年分三批次在一些城市进行网格化的试点，到 2015 年时尚未完全验收通过。而北京市东城区作为首个启用网格化城市管理的地区，从 2004 年运行开始，到 2011 年、2014 年多次技术、系统、运行机制更新换代，才有了现行的高效的运转。对于已有网格化管理的城市而言，如何让网格化管理与城市管理执法事项高效结合，有机运行，并不是一件简单的事情，而对于其他未进行网格化管理的城市，即使有了成功经验，若要进行网格化管理，也不是一蹴而就的事情。

此外，由于网格化管理是多层级管理的形式，从信息收集到信息传递到信息处理再到信息反馈经历多个层次，每个层次都需要一定的人员支持，由具体人员进行业务处理，而其考核标准却是完全量化、标准化的，对工作人员有一定的素质要求和管理质量的要求。除却网格化管理带来的基层组织科层制的强化、人文关怀缺乏、工作人员管理以及技术问题，网格化管理最大的问题是其管理价值与城管执法体系的不匹配，城管执法遵守的是全国统一的行政法体系，一般都涉及行政处罚及行政强制这类带有惩戒性的行政措施，追求的是依法行政，以法律后果作为其工作事项的结果。而网格化管理涉及的领域远多于城管执法涉及的，前者有许多事件不涉及法律行为，或者达不到违法的程度，无须执法人员浪费太多的时间和精力去专注于它。同时，网格化城市管理信息平台中的事件都是任务导向的，通过完成一个个网格信息管理平台中的事件达到解决城市中的大大小小问题的目的，追求的是管理职能最大程度的实现，这种最大程度既包括其管理的范围之广，也包括其管理的事项的精细程度。

北京市东城区实行网格化城市管理，借助多项数字城市技术和定位技术，成立网格化城市管理信息平台，将已划分为街道、社区的地区继续细化为一个个网格单元进行管理，以量化的方式进行考核，将网格化城市管理中的部分工作交由城管部门进行终端处理，而通常这种处理虽然涉及行政执法，但不至于严重到需要进行完整的行政处罚流程。经过多年发展，这种管理方式作为城管组织日常工作的一种，有效地体现了城管组织的管理职能。

城管组织对于互联网技术、信息技术、数字化技术等高新技术的运用非常重视，并且已经将这些技术与具体的工作事务相结合，取得了很好的实践效果。这一方面是国家政策大力推行的结果，近年来国家大力推行电子政务等，与时俱进，致力于将最新的技术实际应用在国家治理的各个领域。另一方面也是由城管工作的特殊性决定的，从城管的职责范围来看，其职责涉及的项目很多，而这些项目所涉及的领域也较多；从城管的管理区域来看，其涉及的面积过大，这些都为具体工作的进行带来大量的人力成本、时间成本和资源成本。而新技术的应用，为跨地区快速、便捷地沟通信息，及时处置事件提供了可能。此外，在法治政府的前提下，传统的人治观念已经被淘汰，城管作为一个政府部门，其工作方式和工作流程中更需要避免作为单独个体的影响，新技术带来的标准化和流程化使工作更加规范。因此高新技术的应用已成为城管必不可少的工作手段。

11.1.2 网格化跨界管理推动城管模式升级

网络化管理模式使东城区城市管理模式从集中模式向大城管模式转变。北京城管现行的模式可以从图 11-1 看出来，但是北京早年间由于区县众多，且城管没有统一的管理体制，城管在各个区县的模式也不是完全相同的。以北京市东城区为例，2010 年北京市原东城区和崇文区合并成现在的东城区，在从行政区域合并前到 2013 年进行小范围的变革后，东城区城管组织模式如图 11-1 所示。

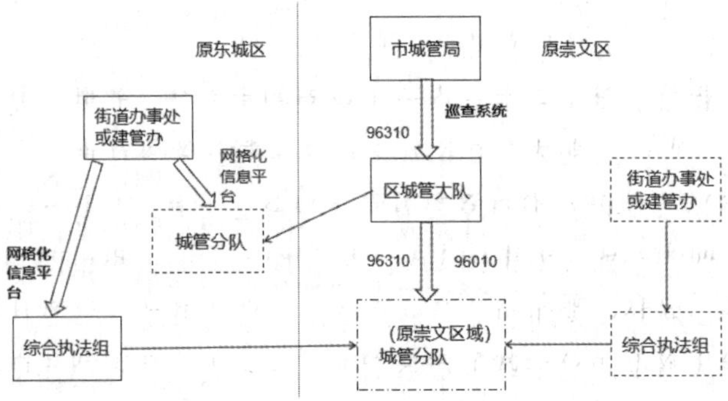

图 11-1　东城区城管合并前后组织结构图

东城区 2013 年的这次小范围的改变，其实是对当时的原东城区和原崇文区的城管组织模式进行了统一。而将原东城区的城管从各街道办事处或者建管办的一个科室变成区城管局的一个执法队，实质上是对其组织模式进行了根本性的改变。街道办事处或建管办作为人民政府的派出机构、属地政府部门，是一个集综合规划、治理、维稳、经济发展等多种职能于一体的单位，其职责内涵远比行政执法丰富，其内部仅城市管理一项就涉及城管分队、城建科、公共安全科、综合治理办公室等多个科室。虽然这种组织模式并不等同于"大城管"模式，但同样具有这种模式的特征，即城管行政执法只作为城市管理中的一种行政手段，管理主体除了这种手段，还拥有许多其他的行政手段，而这些则由办事处的其他部门或者同区的其他部门来行使。而这次小范围的变革，从目前来看，是对当地的城市管理起到了积极作用的。当时的变革，其实是多种因素作用的结果：一是原东城区的城管组织模式与其他地区城管模式的不匹配，当时北京市除朝阳区外的区县均实行的是原崇文区的那种模式，原东城区的城管组织在北京市城管的大环境中显得格格不入。二是政策压力，由于合并后的东城区城管组织有两种运行模式，使人员管理、工作调度等多方面存在不协调。因此，统一原东城区和原崇文区城管模式的政策目标一直都有，只是缺少合适的时机去完成。三是外部资源、舆论的压力和管理的需求。以建国门街道办事处为例，该区域面积 2.66 平方千米，地域呈"三横三纵"格局，辖 7 个社区，社区内以胡同和小平房为主，户籍人口 5 万余人，常住流动人口 2 万余人，人均资源量少，居民之间因公共空间侵占、公共环境等问题矛盾突出，因辖区南接北京站，西临北京协和医院、同仁医院，辖区内含东长安街，所以地理位置重要，但是人口流量大，人口来源复杂，胡同内违法建设众多，小旅馆和小饭馆更多，胡同内脏乱差现象极为严重，多年来一直为市级的环境脏乱点。由于原东城区很早就开始实行网格化管理，建国门城管在早期作为街道办事处的一个科室时，主要的工作内容是各种网格案件的处理，虽然建国门街道不仅城管一个部门处理网格案件，但是当时建国门街道一个月的网格案件的数量高达上千件，辖区内各种环境问题突出。在 2013 年之后，城管的工作重点转变到切实解决民众诉求上，对 96310 热线系统及巡查系统不断更新升级，并与行政处罚程序相结合，针对群众举报内容进行严格立案查处，做到逐年减少举报量。

从执法体制改革的政策背景来看，自 2015 年底提及执法体制改革至今，改革的相关政策文件，改革的具体内容，法律规范，从业人员的心理预期以及具体的实践操作，都已经有了较为明确的方向和具体的指导，因此现在的改革在政策上已经很成熟，而实践工作也已经开始进行。

从环境的改善程度来看，2015年，属地政府经过与大羊宜宾胡同平房的相关产权单位协调，结合违法建设拆除工作，对大羊宜宾胡同平房区域进行重点整治，之后，大羊宜宾胡同的环境秩序得到大大改善，胡同变得整洁，许多脏乱的小餐馆也不再出现。2015年底，建国门街道以苏州胡同改造为契机，引入平房区物业管理模式，对胡同内环卫保洁、绿化养护、交通疏导、秩序维护、安全防范、设施巡查等方面进行管理。同时，随着东城区“拆墙打洞”工作的开展，许多胡同内及主要道路两侧的小商铺都将会回归其原本的居住功能，结合首都开展的其他疏解工作，胡同内的人口将得到进一步的限制，环境卫生也会得到大大的改善。

从管理方式的改变来看，自2015年底引入平房区物业管理模式以来，建国门街道范围内已入驻北宇天诺、东旭佳业、金鹏顺发三家物业公司，对辖区内金宝街北社区，外交部街社区、苏州社区内的多条重点胡同进行平房区物业管理。同时，以建国门街道为牵头单位，联合社区、物业公司、为民服务分中心、城市综合管理科、环卫所等办事处部门和城管分队、工商所、派出所等职能部门，定期开展建国门街道平房区物业管理工作例会，对物业公司权限范围之外的服务事项，在工作例会上及时提出，由对应部门的人员及时解决，形成良好的联动机制，对胡同内的日常事务和一些违法违规事件迅速反应，力求逐步形成街居主导、商户自律、执法保障、物业管理一体化的管理服务模式。根据东城区的工作目标，截至2017年底，要实现平房区物业管理服务全覆盖。

11.1.3 网格化管理跨界服务模式的特点与实质

1. 跨界与重塑：跨界服务模式的特点

从北京市东城区的实践可以看出，网格化管理的跨界主要表现在政府职能、要素信息、流程再造、数字网络技术革新四个方面。

（1）政府职能的跨越

以北京市东城区政府为例，政府管理职能分散在40个专业管理部门和街道办事处，一个井盖出问题可能涉及水、电、气、热、交通、电信等十几个部门。在垃圾管理中，生活垃圾归环卫部门，建筑垃圾归建委管理，建筑垃圾上再覆盖上生活垃圾就成了没人管理的混合垃圾。为解决“九龙治水”的多头管理问题，北京市政市容管委会以公共服务功能为基础进行横向整合，将城市管理的对象划分为包括市政市容、突发事件等在内的大类城市事件和包括公共设施、道路交通等在内的小类城市事件，并通过普查录入城市部件三百余万个。同时，每个城市管理的对象都拥有独一无二的编码，不同管理环节的专业部门可以通过获取对象的信息，确立主责单位，实现问题的有效处置。

（2）要素信息的跨越

在信息的采集途径整合中，三千名手持终端的监督巡视员，以热线电话和数字网站为参与渠道的社会公众和媒体，以及固定区位的摄像头统一将问题反馈给市级信息平台。市级指挥中心根据问题归属，将信息分发给市级部门和公共服务企业，并协调专业部门进行及时处理。问题得到解决之后，专业部门将案卷批转回指挥中心，然后由指挥中心派遣监督员对问题处理情况进行验查，双方信息核实一致后结案。

（3）流程再造的革新

政府部门巡逻检查，或者媒体曝光、群众的反映是传统意义上的问题发现流程。北京市网格化管理的程序是，每个网格单元由一名监督员负责巡视，发现问题以后通过手持终端将图、文、声信息向监督中心报告，社会公众也可以通过热线电话和数字网站进行信息举报；监督中心获取信息以后，进行甄别、立案，并将案卷批转给指挥中心，指挥中心根据问题归属，将信息分发给市级部门和公共服务企业，并协调专业部门进行及时处理；问题得到解决之后，专业部门将案卷批转回指挥中心，然后由指挥中心派遣监督员对问题处理情况进行验查，双方信息核实一致后结案。

（4）数字网络技术的应用

网格化管理最突出的特征，就是以“3S”（GIS、RS、GPS）为特征的现代空间信息技术在城市管理中的“跨界”应用。这一跨界应用是以单元网格管理法为基础，在原有区—街道—社区三级管理层级下，以万米为基本单位划分网格单元并绘制电子网格地图，静态实行城市部件管理法，将城市部件通过地理编码技术定位于电子网格地图，并通过网格内定点安装的摄像头与移动通信工具“城管通”收集事件现场信息并实现实时传输。数字化技术作为近些年发展成熟的技术，被许多城市应用到政府管理中，不仅是政府部门内部信息传递，也有对外的管理，“智慧城市”“数字城市”的概念也逐渐发展成熟，这些依托于高新技术的管理方式正在被越来越多的地方认可，并与传统的管理方式相结合，提供了更新更快的管理方式。国外政府部门在管理政府事务上大量运用数字化技术，也为我国提供了参考。近年来，我国政府也大力推进电子政务改革，而在城管方面，多地城管也以数字化技术和其他高新技术为基础，推行各种类型的数字化信息平台建设。

2. 整合与回归：网格化管理跨界服务模式的本质

《中华人民共和国国民经济和社会发展第十四个五年规划和2035年远景目标纲要》中提到，要推进审批权限和公共服务事项向基层延伸，构建网格化管理、精细化服务、信息化支撑、开放共享的基层管理服务平台。网格化管理是典型的跨界公共服务政策的创新，上海市“城市网格化管理”、浙江省舟山市“网格化管理、组团式服务”以及重庆市某区“网格化社会防控体系”是三种典型而且成功的网格化管理扩散创新模式。

跨界公共服务的实质是重塑与回归。公众公共服务需求被部门化、专业化、利益化、制度化的模块职能所分割，彼此之间高成本、低效率的协作模式无法有效整合以应对日益复杂的碎片化问题。打破人为阻隔的壁垒，塑造高效有为的模式，回归公共服务内在的价值创造，是跨界公共服务的根本诉求。

11.1.4 北京东城区网格化管理跨界公共服务的启示

1. 城市网络化管理提高城市管理效率

在追求高效率的时代，城市网络化管理中采取集中处罚、集中执法的方式确实比旧有的分散部门执法方式更有优势，特别是这种针对某当事人多事项的管理，加强了对人员的控制，有助于政府进行安全、稳定的管理，减少风险。并且这种模式不仅适合与数字化城市管理、网格化管理这样技术性强、考核全量化的管理方式相结合，也适合用在城市化程度不够高的地区。而“大城管”模式，特别适用于经济基础雄厚，发达程度较高，法律法规成熟完善，民众识法、守法、自主管理意识较高的地区，因为这种模式的运行不需要管理者投入巨大的精力在一些惩罚性的行政手段上，管理规则的明确和管理对象的自觉主动性能够使很多事项在合法范围内良性运转。两种组织模式各有各自的优势和特点，因此，在城管组织模式的选择上，依据城市本身的现状和管理需要来选择是十分合理的。在执法体制改革的背景下，城管组织模式必然会受到影响，但是选择适合的、匹配的组织模式才是组织更好发展的长久之道。同时，组织模式也不是一成不变的，城管组织所处的城市环境、资源环境、舆论环境和政策环境都是发展变化的，当整个城市发展变化而城管组织的运转不能配合这种变化时，城管组织模式就需要发生新的变化。

城市网络化管理中执法体制改革给了城管组织进一步大幅创新的机会，新出台的一系列政策和更加专门化的法律法规既是创新的诱因，也是创新的限制。在各地区城管组织发展程度并不相同的情况下，先进的政策引导是较不发达地区更进一步的推动力，无论是数字化城市管理、网格化管理都对其现行的组织形式、运转机制和工作模式有较大影响，迫使其在改革的浪潮下迅速改变。对于已经有着成熟运行机制的地区，数字化城市管理、网格化管理已经都是其城市管理机制的一部分，是其城市管理系统正常运行的重要基础。从城管组织的发展上来说，数字化城市管理、网格化管理这些内容已不能促使组织进行更多的创新活动。而且这样的地区通常都有着城市发展速度快、城市规模大、人口众多、管理任务重等发达城市的典型特点，无论从城市本身的管理需要还是城市的先进性需要来说，这些地区城管的发展都不应该只限制于此。因此在政策制定时可以给予组织自主创新的空间和机会，而不是一味限制，或者即使作出了相关的政策规定，也要与时俱进，及时更新相关的政策法规，让政策跟得上城市管理的进程。

2. 城市网络化管理促进管理模式的升级

城市网络化管理使城市管理模式从集中执法模式到“大城管”模式转变。自城管成立以来，集中执法就开始存在，并且在其他行政执法部门，也有集中执法这种形式存在。城管成立时，所行使的各种行政执法权，都是从已存在的行政执法部门中剥离出来的，比如对无照商贩的执法权，原属于工商行政管理的范畴，对于店家占道经营的行为，既涉及交通部门，也涉及工商部门。这种需要日常工作中投入较多时间和人力的执法事项，或者是涉及多个部门而导致违法事实界定上不易明确的执法事项，最终都划分到城管的管辖范围内。同时，在城市发展过程中随之产生的涉及城市管理的事项，也被划分到城管管理。这样将不同类型的执法事项集合在同一独立的组织，将行政执法权集中，且工作的唯一手段是执法的模式可以称之为集中执法。享有集中的行政执法权的组织在进行执法活动中，针对某一当事人的某项或者多项违法行为进行执法时，其执法对象却是不变的，形成了一个执法组织对某个当事人的单线管理，而不是传统的多个执法组织各针对某项违法行为对当事人进行管理，可以更加方便地对执法对象进行管理。并且这种执法模式针对的是某个人、某个组织这种确定的个体，在此基础上，可以结合相关的社会信用体系，对违法的个人或者组织进行长久的警示和约束。但是从现行的状况看，这种模式依然存在问题。首先，作为城管组织，其所行使的行政执法权应该是与城市管理工作具有关联的，而这种关联的范围具体到哪里，只有大致的范围，没有统一的具体的标准，即便要制定标准，也会因为各地的实际情况差异而形成阻碍。其次，即使是与城市管理相关的行政执法权，其中有些执法权的具体实施也需要专业技术支持才能够实现。这种专业技术不仅包含拥有专业技术的设备，还包括拥有专业技术的执法人员，这样的人员要求跨专业的同时拥有专业技术知识和法律知识，如食品安全的检测，在执法过程中，需要将对食物的收集、保存、检验得到的结果作为执法工作的一部分，并且这些操作结果直接影响到最后的执法结果，所以需要有专业的操作人员和专业的检测仪器。最后，从长期来看，随着社会自治化程度和公民素质的提高，越来越多的行政执法事项存在的空间会越来越小，公民主动依法办事，社会依法有序运转，而行政执法只是作为后续的监督性措施存在。

随着信息技术的不断发展，网络化管理模型应运而生，网络化管理模型使“大城管”模式出现。大城管，集中与城市管理相关的各项内容，以管理为目标，将执法作为辅助手段，同时伴有其他行政手段。如深圳市城管，就是比较典型的“大城管”模式，其城管工作的重点在管理上，行政执法只是其工作中的一部分，也是其达到管理效果的手段之一。深圳的“大城管”模式是其2009年“大部制”改革的产物，但是也有其优越性。比如，由于信息不对称等原因，民众对于某些相关的法律事项不了解，造成在不知情的情况下就违了法或者是在进行相关事项的咨询过程中，耽误了大量时间和精力，错过了将其相关事项合法化的时机。同时，深圳“大城管”模式将相应的行政许可权与行政执法权放在同一个组织，这可以节省工作人员在管理与执法上的成本，免去了不同组织之间协调的时间成本，提高了效率。因此这种模式对于城管组织和民众来说，都是一个较为高效、便捷的方法。但是从深圳城管的实例来看，这种模式的弊端也很明显。比如，目前各地城管的职责范围都是由当地政府划定的，所以地方政府会将其需要城管去履行的职责交给城管去执行，而不是城管这个组织本身应该有何种职责而去履行，城管很多情况下成为政府的工具，而不是城市管理工作的工具。而且，这种模式不仅对管理方有较高的要求，同时要求政策制度、法律法规完善，法治化程度高，人员专业高效，而且对被管理方也有较高要求，要求被管理方熟悉各种法律法规并且有着依法办事的能力和意识。

城管的组织模式并非是一成不变的，城管的集中执法模式是在1997年响应国家关于相对集中行政处罚权的背景下，慢慢演化而成的，而随着城市的发展成熟，当单纯的行政处罚对城市管理工作并无太大效果时，就需要引入其他行政手段来完成城市的管理工作。随着其他行政手段的大量应用和管理的成熟，“大城管”模式就会逐步形成。以北京城管为例，随着执法体制改革的进行，城管执法队伍将会更加专业化、规范化，城市管理中的相关问题会慢慢得到有效控制，而北京市作为一个大型城市，其管理效果的价值远高于执法手段这样的单一问题，因此其他行政手段也会逐渐引入，逐步压缩行政执法在城管组织中的活动空间。而城管执法队伍的发展趋势则可以从两方面来考虑，一是城管执法队伍更加专门化，只注重执法，专注于某些法定领域的行政执法，单纯以执法手段来进行管理；二是与属地政府的综合管理相结合，引入其他行政手段，进行综合性、全方位的管理，与属地政府的其他管理手段相互配合，注重管理效果。从目前情况来看，运用多种手段，形成一种追求管理效果的模式是一种更加明显的趋势，并且在住建部的引导下，城管开始注重服务功能，也就是服务工作在城管工作中的比重将占有绝大部分，这样一来，城管将更有可能偏向“大城管”模式，并在此模式基础上进行更新的变革和创新。

11.2　舟山市“网格化管理、组团式服务”跨界模式

11.2.1 舟山跨界服务模式的缘起与发展

改革开放以来，随着中国经济的迅速发展，城市化进程的加快，中国的现代化城市越来越多，城市的建设已经形成了一定的规模，而城市的管理却渐渐成为各个城市政府的一块心病。在这种条件下，城管应运而生，并且由于城市管理各方面的职权分散于市容管理、环境卫生、园林绿化等各个方面，没有统一的规划和管理，城管组织在各个地方发展参差不齐，组织结构、职权范围、管理方式等也大不相同。在城管组织进行全国范围的统一之前，城管组织主要受到地方政府的政策影响较多，地方政府的工作方针、政策目标对城管组织的机构设置、职责范围、工作重点等都起到了决定性作用。2015 年 12 月，国务院出台了《中共中央国务院关于深入推进城市执法体制改革改进城市管理工作的指导意见》，对城市管理执法工作做出全面部署，在此背景下，城管组织将进行一系列的变革和创新，城管组织的工作机制、职权范围等都会受到影响。在这种趋势下，城管组织未来的发展方向如何，又将在政策引导下有哪些变化，是需要集中关注的。从目前已出台的相关文件看，数字化城市管理，网格化城市管理都是未来的趋势。

近年来，中共舟山市委、市政府依据打造“中国重要的国际性海上开放门户、国内一流的现代化海洋产业基地、全国独特的群岛型港口宜居城市”，建设“海洋经济强市、海洋文化名城、海上花园城市、海岛和谐社会”的思路，大力发展海洋经济，连续多年地区生产总值增幅位居浙江省前列。当前的舟山已经进入到经济发展的黄金期，多元的利益诉求需要得到表达与满足，各种的价值冲突需要得到协调与化解，加之分散性的地域特点与原有体制机制的缺陷，社会管理改革与创新成为了舟山亟须推进的一项重要工作。正是在此背景下，“网格化管理、组团式服务”应运而生。

所谓的“网格化管理”实际是根据属地管理、地理布局、现状管理等原则，将管辖地域划分成若干网格状的单元，并对每一网格实施动态、全方位管理。而“组团式服务”即根据网格的划分，对应每一网格内的群众设置服务团队，

通过整合公共资源，为网格群众提供多方位的动态管理和多元化、人性化、即时化、精细化服务，解决民生困苦，就地化解矛盾。2007年底，“网格化管理、组团式服务”在舟山市桃花镇先行试点，2008年8月起，中共舟山市委、市政府在全市范围内全面推行。2009年8月起，在浙江省委、省政府的号召下，这一做法于全省范围内“强力推进”，舟山市、县（区）、乡镇（街道）财政每年安排专项资金（其中市本级安排500万元）用以保障这项工作的开展。

11.2.2 舟山跨界服务模式的典型特征

1. 地理空间的跨越，管理单元的重塑

“网格化管理、组团式服务”以社会的“细胞”——家庭为基本单位，在现有的社区（村）区划不变的前提下，着眼于消除基层社会管理与服务的“空白地带”，以“尊重传统、便于管理、促进发展”为原则，根据社区（村）所辖范围、分布特点、人口数量、居住集散程度、群众生产生活习惯等情况，合理设置网格。同时，将组织关系在同一网格内的党员编入一个党小组，并通过双向选择的办法，确定每名党员联系10—20户普通群众。做到了“横向到边、纵向到底”，有效避免管理服务“真空”的出现。

2. 管理力量的整合，治理资源的优化配置

随着城市的成熟发展，城市应该逐步走向自治的道路。城市的成熟发展，包括城市硬件的建设，还包括城市管理制度的建设和城市公民自治意识的培养。在城市物质生活条件不断提升的同时，相应的公共政策、法律法规都应不断与时俱进，管理者和身为管理对象的公民都应依法办事，公民的主人翁意识也该随之提高，不仅有知法、守法、用法的自觉，也有参与城市管理的热情。现在我国多地实行的“大城管”模式，就需要公民与城管工作人员积极互动，需要公民更多地参与到城市管理工作当中去，建立与网格对应的管理服务团队。网格管理服务团队以乡镇（街道）机关干部、社区（村）干部、网格党小组组长、辖区民警为骨干，并吸收教师、医生、老干部、渔农科技人员、乡土实用人才等参与，一般由6—8人组成。网格管理服务团队成员充分考虑个人的岗位职责、专业特长、年龄结构和性格特点等因素，使每支网格团队都具备较好的管理和服务能力。

3. 运用信息管理技术，提升管理服务效能

舟山市网络管理以市信息中心的信息平台为依托，充分利用市属各部门的局域网和数据库，建立综合性、集成式、共享性的“网格化管理、组团式服务”信息管理系统，将信息网络连通到县（区）、乡镇（街道）和每一个社区（村）。

各乡镇（街道）、社区（村）均设立信息站，配备专职信息员，专门从事信息平台管理维护及信息输入、反馈工作。该信息平台具有数据查询及统计、短信互动、工作交流、网上办事等功能，群众诉求以短信、电话或走访收集后输入信息系统，系统立即自动受理，并按内容分类和流转程序传递给全市各级、各职能部门，限时办结，办理结果以短信方式或由网格服务人员反馈给当事人，确保群众反映的问题件件有回音、事事有落实。同时，鼓励和督促服务团队成员利用工作交流平台撰写电子民情日记，记录工作情况和所思所悟，并作为考核干部转变作风、联系服务群众、发挥职能作用等方面表现的重要依据。网格化管理信息系统，在基层管理服务上实现一口受理、一网协同，既能让群众及时反映问题、加强群众与网格管理服务团队的交流沟通，又能全面反映受理问题办理情况，使网格管理服务全过程得到有效监督。

11.2.3 舟山跨界服务模式的成效、经验与启示

“网格化管理、组团式服务”实施短短三年，到 2010 年，舟山市已有组团服务人员 2.1 万人，服务于 2000 多个网格，联系服务群众 37 万余户、97 万余人，记录民情日记 20 余万篇，发送服务短信 2100 多万条，累计解决各类问题 5.5 万件，办结率到达 99.78%。舟山市 2009 年的群众安全感指数高达 99%，位列浙江全省第一，2010 年第一到第三季度的群众信访总量同比下降 8.9%。

舟山市通过政策学习创新改造出“网格化管理、组团式服务”的新型服务模式，成功将网格化管理模式从“城市管理”领域移植到“社会管理”领域，从精细化、高效率的城市事务管理转化为密切联系群众、服务群众的“群众工作模式”，以解决基层人口多与社会管理服务力量不足的矛盾以及化解党群干群关系日益拉大的情感隔阂。

2019 年 12 月，一场突如其来的新冠肺炎疫情对我国基层治理体系和干部的治理能力进行了一次深刻考验。在全国抗击新冠肺炎疫情过程中，源于 2007 年浙江省舟山市的网格化管理这一基层治理模式发挥了重要作用，成为社区防控的主要手段。在这场新冠肺炎抗疫战中，“网格化管理、组团式服务”这一机制发挥了重要作用。

“网格化管理、组团式服务”案例获得了“2010 中国全面小康十大民生决策奖”“第一届全国基层党建创新最佳案例”，首届浙江省公共管理创新案例评选“特别贡献奖”等多项殊荣。作为中国社会管理创新实践的领域典型代表，该案例不但鲜明地体现了我国地方社会管理与公共服务的前沿趋势，而且反映

出社会转型期可能出现的诸多矛盾特征。

网络化城市管理要因地制宜，区分政策环境的差异。城管的执法权通常来自地方政府的授权，不同地方的城管所行使的职责均由其所在地方的政府所划定。城管在进行某些具体执法工作时所依据的法律法规也基本为地方性法规，较少有级别较高的法律和行政法规。同时由于地方政府的管理目标和价值追求等方面的差异，城管的组织架构及职能也不尽相同。现今的城管形成不同的组织结构、职能范围，与其受到的不同的政策指导有重要的关系。城管的成立是中国城市发展的产物，其实更是地方政府在治理中进行创新的结果。虽然国家下达的政策方针都是一样的，但是在地方区情、治理目标、治理领域等不同因素的影响下，其设置的城管组织的工作目标、工作方式也不尽相同。虽然国家最初出台的政策文件是相同的，但是地方政府对此的反映速度并不一致，政策指导的进程和指导方向也不相同。

第3部分 案例篇：价值重塑

第 12 章　出行无断链：交通体系的跨界再造

12.1　智慧交通推动城市实现跨界发展

12.1.1 智能交通系统蓬勃创新

当代交通与运输体系的发展大趋势是智能交通系统（ITS）。智能交通系统与不同国家的发展条件、重点发展的产业和具体的地理环境有着重要的关系，不断发展的互联网技术为交通运输的跨界提供了展示和发展的平台，随着技术手段的更新，智能交通系统的覆盖能力和发展建设水平都达到了一定的高度。20 世纪末以来，根据中国城镇化与新型城市化的发展规划，数字交通与智慧交通的创新发展得到重视，不断适应交通高质量、方便快捷、低碳环保的战略发展需要。

智能交通体系在我国的成长过程大致可以概括为以下几种不同的形态：

1. 孕育形态

在 20 世纪末的数年时间里，我国利用国际上的沟通渠道了解关于智能交通系统的概念和运作情况，和世界先进国家，如美、日等构建学习与合作的联系。21 世纪初，在科技部成立了相关的指导工作组，交通部、工信部等其他部委同时参与，对于智能交通系统的发展规划和技术标准进行深刻钻研，最后出台了《中国智能运输系统体系框架》，为未来的智能交通体系建设指引了发展趋势。

2. 起步形态

从 2000 年开始，国家在北上广深等 12 个规模不同的城市实施了智能交通系统的试点工程，对于系统建设所面临的技术难题进行重点攻关和研究应用，在全国城市范围内推动智能交通系统建设。直到 2010 年，伴随着中国承办国际重大项目活动的开展，智能交通系统的印迹随处可见。在 2008 年北京奥运会、2010 年上海世界博览会和 2010 年广州亚运会上，全国主要城市都进行了智能交通系统的保障建设，利用智慧交通的技术保障大型活动的顺利进行。快速公交、智能公交等技术应用为群众出行带来极大的方便体验，在京津冀和长三角等地区建成了 ETC 模式的电子收费程序。

3. 成熟形态

2011 年至今，智能交通系统的建设在国内全面开展，面对各城市的实践需要，交通部与公安部等部门推动了不同的智能交通项目，这些工程的实施推动了城市智能交通实践范围和交通运输业的发展。随着高新科技的广泛运用，智能交通系统的内容和技术应用产生了新的变革，与实际需要相匹配，在各方面都实现了新的提高。在互联网新技术的影响下，跨界的综合交通运输协作、大数据信息与人工智能的运用，变成了这一阶段智能交通体系的重要增长点，交通运输业实现全面革新与发展，无人自动驾驶技术、交通基础设施的智慧建设以及综合交通枢纽的协作能力，都成为智能交通系统聚焦发展的重要领域。

4. 创新形态

当前，智能交通系统进入新的发展阶段，跨界互联网技术的运用带领交通运输业整体实现转型升级，面对新的风险和挑战，创新成为解决问题的重要方式，对于高质量的实践需要，智能交通系统需要转向绿色、低碳、环保、智慧的大趋势，提供更加便利智能的公共交通服务。

12.1.2 智能交通创造城市跨界生活

在智能交通体系的建设中，我国交通运输业的发展取得了全新的面貌，智能交通体系的技术标准与示范应用基本确立，交通创新业态的迅速发展，为城市生活提供了便利、提升了质量。新科技手段的运用使我国的智能交通系统发展成果位居世界前列，快速公交、智能公交等技术应用为群众出行带来极大便利，在京津冀和长三角等地区建成的 ETC 模式的电子收费程序方便高速公路的通行，跨界的综合交通运输协作、大数据信息与人工智能的运用、无人自动驾驶技术、交通基础设施的智慧建设以及综合交通枢纽的协作的能力，构成了交通产业发展的良好态势。

1. 交通信息化能力与智能运行管控成果显著

交通状态综合检测、网络化电子收费（ETC）的重要技术突破带来信息化水平的显著提高，在全国范围内建设成功全国机动车和驾驶员管理信息系统、全国铁路联网售票系统等公路铁路运输的交通信息体系。交通综合监测技术与设备在城市与高速公路范围内落地，综合交通数据信息收集、处置和协作服务的技术在全国进行了广泛的匹配，电子收费（ETC）的方式已经在国内的高速公路实现大面积铺开与落地实施。国内有超过四百个城市建设了集接出警、信息收集与交通管制等于一体的多功能智能化交通指挥控制中心，成功设置了一系列的主要监控系统。在北上广深的特大城市成功建立了综合交通运行协调指挥中心（TOCC），对综合交通运行的情况实现智能的监督控制、运行协调和指挥调度，达成城市交通运输体系的综合协作管理与服务。

2. 公路运行和网络汽车的智能化能力显著提高

2019 年国内实现省界收费站的全部取缔，改为全部运用 ETC 系统进行，客户数量达到2.26亿车次，在电子收费基础上的全国高速路收费智能化信息系统已经全面建成，构建了全国一体化运行管理、整体性交通服务的初期格局。在国内超过400万千米的公路重要路口和关键路段，装备监控设施，对国内重要公路完成运营状况的智能监督，实施有效的预警和应急处理。对国内的重要运行车辆实施智能监控，建设“两客一危”的平台管理，对需要加强关注的车辆实现动态的监控。智慧高速路的概念与重要技术在京雄高速、延崇高速、杭绍甬第二高速等重点路段中落地实施，大数据云计算载体的智慧控制平台、人车路协作系统和自动驾驶技术等火热应用于智慧公路的蓬勃建设中。与此同时，智能驾驶汽车的产业发展同样如火如荼。工信部在全国范围内建设了六个智能驾驶汽车与智慧交通的示范场地，交通部设置了三个车辆自动驾驶和车路协同测试场地，为协作的自动驾驶技术提供了实际操作和试验的空间，推动智能驾驶技术在大型矿场、物流园区等重点技术场所落地实践，基于国情的智慧车路协作技术体系实现确立。当前，国内已经成功建设超过60个智能互联网、自动驾驶的测试场地，长安汽车公司的无人驾驶车辆实现了2000千米的实际公路测试实验，智慧汽车驾驶与智能交通体系融汇贯通，交通运输的新业态不断出现。

3. 铁路、船舶、航空等立体化智能运行建设管理呈现良好效果

目前，国内铁路网络超过12万千米，其中高铁网络长度超过两万千米，在建立全国铁路运营调度指挥系统的基础上，日均管理将近5000对旅客列车运营。全国联网发售铁路车票的线上系统（12306）为全国旅客的出行提供极大的快捷体验，铁路运输管理信息系统（TMIS）、铁路调度指挥管理信息系统（DMIS）、自动驾驶以及其他的智能驾驶信息技术，为铁路安全出行驾驶提供有力的保证，不断提升的智能化服务水平促进了智慧铁路的全面发展。2022年北京冬奥会的京张高铁，全面实施智慧高铁的概念，充分展现智慧铁路升级的蓝图。我国拥有内河航道超过12万千米，水上船只将近14万只，内陆河流湖泊的通航能力是我国智能交通体系发展的重要构成。随着内河船舶绿色智能技术的运用和发展，高级航道的通航运营与码头的自动化操作等成为智能交通运输领域重要的成果，智慧港口的建设与口岸监管协同的基础建设能力同样成为智能交通发展的关注热点。全新的空中交通管理手段构成了国内空中交通管理新系统的基础技术构架，在重点技术领域获得显著提高，如高精度航空导航、协同式航空综合监视、空管运行控制和民航空管信息服务平台，与世界同期领先水平保持一致。目前，在空中管理部门和航空公司都已经运用了空中交通服务管理平台，空地协同决策平台（A-CDM）在全国超过一百个机场投入实际应用。现代化、智能化的立体交通网络已经构建，在上海虹桥、北京大

兴等一线城市客流量巨大的机场，公路、轨道交通、高速铁路、城际铁路等交通运输方式，实现智能技术的全面覆盖，包括航站楼、飞行区，智慧立体交通体系促进机场管理与旅客出行质量和效率的提升。

4. 交通安全保障能力的提升和智慧交通产业的发展

智能交通系统支撑交通安全的保障能力和水平持续增强，安全执法的技术和监控能力都有所提升，构成了符合我国国情的道路交通安全系统，在国内公路设置了全覆盖的安全评估标准，形成了以交通事故快速救援为核心的一体化交通应急救援系统。在重要路段和地区建设涵盖交通、公安、气象应急通信和指挥的信息化平台，构成标准规范的一体化应急指挥平台。2008 年，科技部、公安部和交通部三部门联合实施了“国家道路交通安全科技行动计划”，在多部委、多单位的协作研究下攻克研究课题，针对一系列主要核心技术，实现理论攻关和落地突破，提升了交通安全保障的水平。智能交通产业的发展带给民众出行极大的便利，国内百余个城市的公交一卡通在跨地区之间通行，各省市的省级长途客票通用售票系统落地实践。随着移动终端的普及，手机与车辆的移动导航技术呈现规模化增长的趋势，不同的票务服务应用和交通信息迅速扩展，共享单车、共享汽车以及预约地铁的交通服务跨界模式快速发展。“出行即服务”的商业模式受到广泛的重视，即利用出行数据、一体化支付的方式，实现便利快捷的交通服务。当前我国智能交通市场价值超过千亿元，相关领域的企业从无到有，从有到强，成功进入资本市场。企业利用自主研发创新的产品，从产学研整体链条的角度出发，构成了当前智能交通行业高新技术企业重要的科技增长极。智能交通的创新发展和智慧城市、智慧车辆紧密结合，带领数据信息、通信、传感高科技行业运用技术手段，提升智慧生活的质量，便利智慧城市的建设。

12.2　西门子绿色交通带来城市跨界新体验

12.2.1 低碳交通联系城市无边界

西门子落地珠海的智慧交通项目，构建了珠海城市交通顺畅无压力的局面。这对游客来说更是好消息，观赏风景不用担心堵车和迷路，而且智慧交通项目使游客和行人都可以通行在珠海的大街小巷。2014 年夏天，西门子已经成功建设项目的一期工程，这是西门子建设珠海全球领先的绿色智能交通管理系统的起步。智慧交通项目包括但不限于所有与出行交通规划有关的数据信息，不论是自行车租赁、有轨电车线路、实时路况，或者是汽车修理、驾驶证件违章信息都可以在综合服务平台进行实时查询。不仅是线上平台，在移动终端高度发达的当下，客户可以在任意时间任意地点进行信息查询。到达目的地的规划路线，在移动终端可以轻易地显示，即使是想要去澳门，同样可以在信息平台上查询海关的实时通关状况，错开通关的拥挤时间。在智慧交通未来的发展方向中，信息平台可以实现网络支付，公交车票、高速费、飞机票、船票等，都可以通过平台完成，私人定制的功能可以为客户提供出行路线提醒和最佳时间规划，基于客户使用数据的需要，实现私人定制的智慧出行。

在便民利民的公共交通服务之外，西门子为珠海交通局设计了专门的绿色交通指标体系，目前这一体系已经在实践中运用，可以呈现整个珠海市的宏观交通数据信息，同时展示相关参考指标的指挥交通安排。依据西门子在全球的过往经验积累和先进的数据库、技术手段与交通指标，可以有效地展现珠海市的交通状况，并根据与先进城市的差距进行合适的完善。在 2013 年 10 月，西门子曾参加过珠海市政府规划绿色交通体系的蓝图设计，次年 1 月，西门子参加了珠海横琴区关于研究设立低碳经济区的相关会议，同时参与制定《中国珠海横琴低碳交通研究与实施方案规划》。2014 年 3 月份，西门子先后与珠海市政府签订绿色交通合作备忘录及项目合同，助力珠海市建立绿色环保交通体系，解决交通管理系统的整体性方案，从而珠海市开始进入全球智慧城市、绿色城市的发展道路。

12.2.2 城市交通的可持续发展方向

在跨界互联网技术高速发展的当下，智能交通不仅需要满足绿色低碳环保的需求，而且需要面对多重交通问题的挑战。以可持续发展为根本要求，未来智慧交通的发展方向可以概括为以下几个方面：

1. 智慧出行服务产业拥有巨大的市场潜力

未来出行服务业最重要的特点是共享、绿色和智慧。客户群体需要具有个性的、特别定制的、智慧的出行服务体验，预约出行路线、大数据计算等技术手段可以为智慧出行增加科技含量，提高准确度和精细度。网约车、公交定制路线等展示了交通未来一体化发展的重要趋势，暗示可能出现的颠覆行业认知的商业模式。智慧出行服务的提供者，可能承担交通运输企业与汽车制造企业的双重角色。

2. 智慧交通控制和管理技术持续创新

交通营运状态精准感知和智能化调配、人车路协同控制、综合交通智能化与协同服务、系统整体最优解和协作联动监控、智能运输与便捷高效物流系统等均是智慧交通控制的重点发展动态。车辆电子标志、高清远程视频、智能监控终端、移动手机支付、定制公交路线具备长远的发展潜力。能源管控和智慧交通紧密联系、协同式智能交通系统、生态驾驶、绿色环保交通系统，都成为智慧交通技术创新的重要内容，促进交通系统形成安全保障、便利快捷、智慧舒适、绿色低碳的长期发展趋势。

3. 智慧交通系统需要车路协同的整体升级

车路协同的新智能技术系统伴随运输工具和基础设施的智能发展，车路信息的实时互动促进车辆出行安全便捷，驾驶体验呈现前所未有的便利。车联网系统（V2X）将人、车、路之间的互动变成整体性的平台，环境与客户之间形成全新的出行方式。自动驾驶、车载智慧终端便利出行，整体达成智能驾驶、线路设计优化、低碳环保等目标，实现主动安全的零交通事故保障。

4. 多元化发展是智慧交通的未来导向

智慧交通的发展导向目标对标精准、完整、明确的公众出行服务要求，不断促进交通运输业的圈层实现跨界交互。汽车制造业、交通运行、互联网、数据信息服务等产业互相联系更加紧密，成为跨界发展的显著趋势。未来的智慧交通，不仅解决拥堵问题、提升安全指标，而且更加注重与生态、服务体验、主动安全、信息交互等多元目标的协同一致。

12.3　华为智慧地铁展现跨界出行魅力

12.3.1 地铁跨界实现 5G 紧急应对

在深圳这样的一线城市，地铁工作人员经常遇到的求助便是遗失物品的寻找，乘客来去匆匆，特别是在早晚高峰期间，地铁人流高度密集，丢失物品的找回存在较高难度。在传统条件下，车载数据只能存在列车的硬盘里，数据导出人工拷贝需要较长时间，同时还需要工作人员肉眼查看监控，无形之中增加了工作量与时间，遇到特别的紧急情况，甚至可能需要临时停车，清理乘客，严重阻碍地铁的快速运行和乘客出行。但现如今，在 5G 地铁上完成这件事，进一步保障乘客安全，深圳地铁拥有了科技赋能的新手段。华为在深圳地铁 11 号线建设了世界范围内首个地铁 5G 超宽带车地无线通信系统，在华为 5G 技术手段的支持下，整列地铁的数据仅用两分半钟就可以完成传送，利用 AI 识别进行自动辨别之后，可以迅速找到丢失的位置、关联人物，全程不再需要人工，不仅提高效率，而且可以显著提升乘客的安全保障水平。

事实上，这仅仅是 5G 车地无线通信技术用于实践的某个应用模拟，这一技术可以有效提升地铁智慧运行的能力，在较快的时间内完成大量数据信息的同步和分析，在应对紧急状况上技高一筹。这也表示着地铁在运行和维护过程中产生的所有与数据传送相关的内容，在 5G 通信技术下都可以实现质的飞跃，同样延展到其他智慧地铁应用的场地，打造真正的智慧地铁线路。比如刷脸秒过地铁闸机、通过拥挤度提示快速选择车厢等便民出行操作，持续增强深圳地铁的智慧出行体验。乘客在地铁上同样可以保证通信顺畅，实现网络快联、高清视频通话无阻碍的通畅体验。

2018年9月，台风“山竹”在深圳登陆，地铁部门在台风天的威胁下，有条不紊地进行抗风救灾的工作，连夜对运行线路、在建路段和重点设施实施了检修和测试。而这其中，“智慧工地”“智慧运维”的技术应用功不可没。当工地有违反安全的情况发生时，系统可以自动识别并进行反应和处理；智慧运维系统与AI分析技术紧密结合，可以完成轨道与设备状态的自动辨别，不仅提高生产效率，而且大大提升安全系数。日均500万人次的载客量，深圳地铁已经成为深圳人民出行的首位交通路线选择，在高峰期的人数达到600万人次。跨界技术的应用，推动深圳地铁的运行进入新时代，智慧地铁在面对各种风险时更加可靠、有保障。

12.3.2 城轨云畅通地铁可视化管理

2020年8月，深圳地铁6号线、10号线开通运行，全国首条全部运用华为城轨云方案的地铁线路，刷新了我国轨道交通使用云计算与大数据综合技术应用搭载地铁业务的纪录。6号线的开通及时地支持了光明区和龙华区的发展进程，对于提升深圳特区经济一体化发展的速度有着深远的影响；10号线作为深圳市第一条南北向运用8A编组的线路，开通后可以有效分流福田中心区到坂田段的地上交通拥堵问题，推进深圳市中部地区科技创新园区的升级，推动粤港澳大湾区的发展。

梅林关的拥堵问题，一直是深圳市交通要道难以解决的痛点，日均通勤高峰集聚了大量的客流和车流。从10号线地铁规划的初期，就计划要联通城市南北、担负分担现有地铁线路通勤压力、平衡深圳道路网络流量的责任，不仅需要解决重要的扩流问题，而且需要完善安全保障与提升运营能力。对于难度较高的设计要求，深圳地铁抓住顶层设计的需求，从信息化平台建设的角度切入，运用先进的华为城轨云技术，综合云计算、大数据、5G、人工智能各类跨界核心技术，构建一个协调、开放、智慧的城轨数字平台。

在统一的数字平台基础之上，华为为深圳地铁的可视化操作管理带来了可能性，创新联动为乘客的出行体验创造了较大的增值服务，从而带来了明显的商业价值，主要包括智慧运维、智慧建设、智慧服务等方面，最终所有的数据和分析结果输入进深圳地铁集团的城轨智慧中心IOC，达到大数据的共享、可视化、可操作性的层面，实现较大的实际应用价值。在城轨智慧中心，深圳的整座城市面貌十分清晰，实时反馈不同地铁站点的出入站方向、客流量，同时开展大数据分析，增强地铁旅客的容量和紧急事件的响应速度，信息可视化的技术展现地铁运行的智能化思维，达到了全要素、全流程、全场景数字可视化的程度。

时至今日，深圳地铁集团已经搭建了“四网合一”的交通运输发展体系，包括国家铁路、城际铁路、城市地铁以及有轨电车在内的四个道路交通组成部分，在未来的十几年时间内，将要担负 1335 千米地铁线路和 1000 余千米高铁及城际铁路的建设以及运行内容。同时还担负超过两千万平方米的物业开发与建设工作，提升深圳与周边城市之间的密切联系，而这将引领四网合一的轨道交通体系成为巨庞大的数字流量系统。深圳地铁的建设、发展过程代表着深圳城市的迅猛发展，延展城市的生活与体验空间，不仅缩减了城市边界的物理距离，而且弱化了时空的强烈影响，在粤港澳大湾区发展的背景下，给社会主义经济建设示范区注入强大的活力与生命力，在互联网跨界技术急速发展的今天，为深圳发展带来更多新的机遇。

第 13 章　沉浸式体验：科技赋能的文旅跨界服务

13.1　大数据信息为文旅发展构建新路径

13.1.1 智慧旅游全面提升游客体验

大数据、云计算以及物联网的高速发展，为文化与旅游业的未来发展指明了新方向。应用优质性能数据处理、智慧数据深入挖掘算法等技术手段，将旅游行业的物质资源与信息数据实现高密度系统结合与深度开发，构成全新的、为公众和企业同时提供服务的产业形态，在融合的现代通信技术基础之上，围绕游客的互动体验，不断刺激旅游全产业链升级更新、结构创新，利用移动终端的线上联网，主动搜寻旅游信息，迅速调整出游计划，保证游客的现场体验感。智慧旅游的发展主要表现在旅游服务、旅游管理和旅游营销三个方面。

从智慧服务来看，智慧旅游从游玩者的角度出发，利用数据信息的优势提高游客在游玩过程中的体验感和旅行质量，在获取景区信息、决定旅行路线、线上预订产品并支付以及享受游玩至最终形成评价的过程中，发现智慧旅游的魅力，感受到智慧服务带来的全新出行体验。利用 GPS 地理定位和监控功能，达到信息数据的实时传递和交换目的，帮助游客拥有更流畅的旅行体验，增强游客的满意度和舒心感受，也为游览者提供更安全的人身保护和出行品质保障，促使旅游中的消费模式发生新的改变，引领新型旅游消费增长。

13.1.2 智慧旅游持续推动经济持续发展

智慧旅游促进传统的旅游管理方式转变为现代的旅游管理模式，利用信息技术的跨界融合，可以实时掌控景区内游客的路线信息和数量以及时间峰值，政府相关部门可以把握企业的经营动态，将对于旅游行业的监管从事后的被动管理转化为事前预警和事中的实时管理。当智慧旅游与公安、交通、卫生以及质检等相关监管单位达成信息的分享和操作上的联动时，旅游信息与其他信息有机结合，构成出行风险预警信息系统，有效提升应急管理能力，保护游客出行安全，提高旅游出行的安全系数，维护旅游行业的市场秩序。

除此之外，旅游行业的跨界融合还带来了旅游营销方面的智能发展。运用旅游的深度数据挖掘与舆情监管，信息技术可以深入发现游客隐藏的购买偏好和营销过程中的痛点，利用游客信息积累，更好发现游客的真正需要，从而推动企业策划并推出真正有市场需求的旅游产品与服务，利用有利的营销方式和话题，打破旅游行业营销的困境，创造行业新的营销模式与盈利增长点。利用大数据信息的量化分析方法，可以准确识别顾客群体，判断营销渠道是否顺畅，从而构建长期稳定的营收方法，将季节性的“快钱”转变为持续性、稳定性的投资收入。而且，利用新媒体的跨界发展，以特殊品质和渠道快速为景区吸引游客，并引导游客作有效评价和自主传播营销，利用已有的游客和产品消费数据信息，最终构建自身的智慧旅游平台体系。

13.2　科技赋能打造智能化主题公园

13.2.1 智慧主题公园树立行业标杆

北京的环球主题公园与阿里巴巴形成战略合作协议，共同促进主题公园和度假村的科技化、数字化改革创新。这一合作的达成，为北京环球主题公园和度假区赋予新的科技发展动力，跨界融合带来智能主题公园的娱乐化创新运营与时尚的度假休闲体验。北京环球主题公园延续曾经的技术线路，实现硬件设备与软件程序的全新升级换代，为游客提升全方位的游园体验，提供多场景、结合线上线下统一的智能园区打造服务，同时为全球范围内的娱乐休闲主题公园提供全新的管理和运营范例。

北京环球主题公园的跨界融合，为全球主题公园的发展都注入了强心剂，在科技手段进步飞速的当下，跨界融合引领的智慧主题公园潮流，可能会产生颠覆性的效应，同时为行业创造一整套数字化改造和运营的立体方案，构造真正智能化的主题公园。北京环球主题公园的首席执行官强调，园区的建设与构造一直将游客体验放在核心位置，主题公园的建造是为了不断带给游客更好的观感和新奇的游园体验，全方位沉浸式游园方式更是主体公园未来发展的重要方向。阿里巴巴的商业操作机制为北京环球主题公园打造全区运营的数字化模式，为游客提供便利流畅、充满人性关怀的游园体验，同时为主题公园的商业发展带来全新的增长点。如通过简单的移动终端操作，游客可以利用手机 APP 进入北京环球景区，购买入园门票、预订酒店，制订个性化的游玩计划，利用支付宝的人脸识别技术，游客可以享受多场景的便利游玩体验，包括进入园区、放置物品存储、娱乐设施的快捷通道预约以及享受商品和餐饮服务。

13.2.2 智慧主题公园创新产业生态

阿里巴巴的信息技术手段与北京环球园区的有机结合，可以帮助企业更加了解消费者偏好，为游客提供个性化的产品与优质服务，同时对北京环球主题公园的运营有更强力的优化效果。运用对消费者的观察与规律挖掘，北京环球主题公园与阿里巴巴合作构造一个以消费者为中心的产业生态模式，达到景区内一体化的游玩、餐饮、购物综合性体验，提升园区整体的数字化建设水平。如阿里巴巴的本地应用可以按照游览者的偏好推荐餐饮，并实现线上点单、预约排号，减少游客在园区内的等待时间；天猫与北京环球主题公园合作进行推广，作为电子商务的赞助商提供商务与技术支持；与视频平台优酷合作，游客可以在专属的视频频道中观看与主体公园相关节目及视频，扩大北京环球主题公园的传播范围；同时探索推出支付宝小程序中的智慧游客应用，坚持在行程规划、旅游服务以及个性商品及服务购买方面优化游客的观感与体验，利用跨界手段，提升游园的趣味性与可玩性。北京环球主题公园的需求复杂多样且规模宏大，阿里巴巴提供的数字化方案全方位地解决了多场景应用的问题。北京环球主题公园在数字与信息的科技手段赋能下，即将成为引领北京市旅游产业发展，甚至是全球主题公园产业发展的范例与标准。

13.3 线上系统搭建跨界智能公路

13.3.1 跨界智能公路保护草原绿色生态

草原天路是位于河北省张家口市张北县的一条县级公路，全长共 132.7 千米。近年来，随着知名度和受欢迎程度的增加，草原天路的游客量爆发式增长，最高峰值时期一天游客车辆达到一万辆次，在草原天路的影响下，2015 年张北县接待游客超过五百万人次，为当地旅游产业创收 40 亿元。草原天路在业界拥有“中国 66 号公路”的美誉，沿途具备当地特色、发展别具一格的农村旅游项目，让当地十万群众靠旅游产业的服务业脱贫。草原天路不仅给当地群众通行带来便利，而且促进当地经济发展、带动农业生态绿色旅游业的兴起，成为一条具有坝上特色的民生之路、致富之路和旅游之路。

依赖受到完整保护的自然资源，草原天路发展态势良好，景区门票呈现火热的态势，旅游景区的基础设施建设已逐步完善，形成野营陆地、游客服务中心、停车场和自然观景区等系列功能区，具备完备的旅游设施与服务能力。随着旅游整体收入的提高，提升景区的品质与服务质量，满足游客多样化的需求与商业开发成为亟待解决的问题，智能数据与信息技术手段的跨界融合为草原天路带来智慧的发展方向。由于不同功能区和基础设施建设均需要智能化的配套服务，智慧旅游可以为草原天路带来完善的功能模块软件应用与开发、安装调试、人员培训及后期维护，可以全方位提供景区游客的不同层次需要，搭建线上预约系统，智能控制路线及景区游客人数，有效安排游人错峰出行，舒缓景区人员压力，保证智能线上系统顺利建造并投入使用，构建智慧天路，进一步增强景区知名度与游客满意度。

13.3.2 跨界智能公路塑造高质量旅游品牌

草原天路线上系统主要通过前期预约、实时监控、车辆来源地数据分析以及天气数据等公共信息实现对景区的信息进行监控，通过提前预约控制景区内车辆数量，将实时数据利用电子大屏展示与游客共享信息，更好地帮助游人了解景区内实时情况，合理规划出行路线。“草原天路”线上系统设立官方预约方式以及宣传栏目和窗口的展示，设置旅游出行规划、信息咨询和顶层设计等服务，从应用层面、基础设施层面、信息传输层面和物理感知层面进行线上系统的整体智能建设，同时建立综合运营维护管理系统以及安全保障机制，对草原天路的道路拥堵问题进行解决与改善。

草原天路线上系统通过对景区的大数据实时抓取、分析，与百度达成联合推广合作伙伴关系，推动县级旅游产业的发展。推广合作运用 O2O 的区域运作方式，在区域范围内开展智慧旅游，利用跨界互动与融合的技术手段，精确分析游客群体，研究群体偏好和消费习惯，从而获取商业数据，提升景区商业程度并发掘新的经济增长点，扩大营销传播范围。景区通过全方位解决其基础设施与智能服务不配套的问题，以期构建全域范围内的旅游生态产业链条，推动草原天路建设迈向智慧天路建设。智慧天路建设阶段，建设方在张北县内以草原天路为纵线与基础，建设区域智慧景区，重点打造“安全、生态、绿色、智能”的景区品牌形象，着力在提升游客体验度的基础上扩大影响力，由点成线、由线成面地打造区域旅游产业格局，推动当地经济绿色可持续发展。

第 14 章　校园全在线：教育服务的跨界创新

14.1　人工智能时代的教育创新

14.1.1 人工智能赋予传统教育科技内涵

在当前工业浪潮的冲击下，人工智能与数字信息革命为服务业提供了非常多的跨界融合机会，教育行业的目标是不断为国家和社会输送需要的人才，因此在人工智能时代教育行业的跨界融合创新显得更为重要。随着大数据与区块链技术的迅速发展，知识的获得与传播方式同样出现了新的变化。与过去的教育观念、教育风格和教育制度相比，当前教育更需要与用户充满个人风格的学习需求相匹配，利用跨界融合实现个性定制，尤其是在全球新冠疫情的影响下，线上教育的发展呈现巨大潜力，对人工智能时代的教育提出了创新需求。

14.1.2 人工智能导向教育服务的跨界融合

人工智能带来的重要一点教育创新在于，极大地提高了因材施教的可实现性。孔子在几千年前提出的教育观念至今仍有着重要的现实价值。人工智能的跨界运用可以全方位地知晓学生的行为特征和心理状态，达到“学习场景的可感知、学习者的可理解、学习服务的可定制”三位一体的全面学习评价。利用生物技术，不仅对学生的学习情况实现全过程评价，而且可实现全要素的学习效果评估，提升评价标准的水平和师生互动的质量，发现学生的特长与偏好，深入挖掘学生的潜力。在未来，可实现“千人千面”的定制化学习与个性学习，教师与学生之间实现双向选择，学生在学习过程中可拥有更大自主性与主动权，实现更高的学习效率。

跨界融合中教育创新的导向发展问题尤为重要，当人工智能实现高度发展时，教育者与被教育者的身份与角色可能出现转化，在教育过程中也可能会出现新的工作岗位与职业，人机结合实现教育的协同发展是教育行业跨界融合与创新的未来导向。从技术与教育的双向角度考虑未来的教育创新，打破空间与时间的限制，不仅是线上线下教育的融合，而目标在于建立无穷的知识边界，实现人工智能与作为根本的人的存在之间的连接，在保有人的社会属性的基础上实现学习的无限可能。人工智能时代带来的跨界与融合，不仅为教育行业未来的发展指明了方向，而且更是实现了长久以来教育所追求的终极目标，挑战突破人类学习的极限。

14.2　百度智能 AI 全面助力校园教育升级

14.2.1 百度智能辅助教学环节

运用智能 AI 丰富的技术手段，百度为不同教育供给端提供有针对性的目标产品，利用语音交互、文字识别、人脸识别以及 AI 等不同方法，达到人机互动充满智能的教育与教学过程目标，提升教育效率与教育效果，与此同时，还可以促进校园内部多处重点场景系统升级，提高校园活动的智能体验与安全管理，提升校园管理效能。百度主要关注教学活动过程与校园生活管理这两个校园教育中的重要部分，包括作业批改与分析、语音与智能手段辅助教学、课堂专注度分析以及校园通行、安全管理、课堂考勤等内容，在这些场景中运用智能 AI 手段可以有效升级原有的活动体验，促进校园教育的全方位升级。

数字教材应用云是百度针对作业批改环节提供的一个集教师、学生、家长与教学管理者于一体的、整合教育资源与教学应用的智能平台，这一平台可以使教授、学习、考试、评卷、管理五个环节融为一个整体，结束各环节割裂的评价系统，促进教育教学更智能、更准确、更加个性化。平台应用百度手写识别技术手段，对上传的数据信息迅速采集，通过先期对学生考号与姓名的识别认证学生的身份信息，并判断客观题目的答案准确性，有效解决教师手动批改作业产生的错误率与耗费时间的问题，与传统批改方式相比，时间减少了接近一半，极大节约了时间成本，提高了效率。

2017 年 10 月教育行业诞生了首个伴读机器人，产品推出后受到了众多消费者的喜爱、支持与肯定，这促使家教机中机器人的覆盖率不断提升，一年后达到了 90% 的水平。而在运用百度 UNIT 智能手段进行资源服务整合之后，家教机器人实现了 80% 的核心功能以及资源导入，整体利用效率提升 35%。不仅如此，用户的使用门槛降低，用户数量增长将近一倍，尤其是小学生群体，通过家教机器人的推广，将优秀的教育理念、方式和教学资源推向了更多的被教育者，进一步提高了教育质量，促进教育公平的实现。

14.2.2 百度智能守护校园安全

校园安全事故频发，校园管理制度亟待完善。传统的安全管理方式以校园保安人员为主、学生刷卡进校为辅，门禁制度残缺和缺少应急方案同样是校园安全的重点问题，校园保安人员的精力有限，学生卡经常出现丢失或者遗忘的问题，在校园管理中引入人脸识别系统成为解决上述问题的有效技术手段。针对校园安全管理中的重点问题，加强校园进出、宿舍学生出入管理等成为关注的焦点，运用百度人脸识别技术，打造校园陌生人和黑名单人员的识别及警报功能，实现在无感知条件下自助开门并考勤的目标，在保障校园安全的同时，提升校园出入口的便利性与通行效率，人脸识别准确率达到95%。

14.3 方正教育大平台实现信息深度交互

14.3.1 方正平台延展教学广度

方正智慧教育产品以云计算、物联网和大数据技术等为依托，为教育行业中新的学习风格与教学模式提供智能教育解决方案。方正IT作为综合方案的提供者，有针对性地与实践过程中的教育经验相结合，创造出综合性的智慧教育方法，对于教学质量、管理效率的提升和进一步显现教育公平有着重要作用。方正IT智慧教育体系由各类教育行业细分平台和教学应用系统构成，基础设施服务的集成是智慧教育体系的基础，依托于教育云平台，教育大数据平台成为体系的核心，由大数据平台延伸出的教育管理服务平台、智慧学习与教育资源服务平台以及家校互动平台随着技术手段和客户需要的变化而随时升级改变，各细分平台间数据信息实现充分的交流互动，形成方正智慧教育的综合能力。

教育大数据平台是集省、市、区（县）各级各类教育数据库和管理信息系统为一体的综合性、支持性系统平台，主要承担信息收集存储以及平台间信息交互的功能，利用标准一致的数据信息建模、信息控制、数据对外呈现以及规范服务的方式，为区域教育行政部门和所属各学校提供数据信息支持服务，促进全区域的教育信息化水平提升。在国家颁布的《教育管理信息化标准》的基础上设置地区教育数据的信息标准，执行统一的数据格式；对于教育数据的业务信息进行精加工与深度整合，增强信息的精确度与准确定位；建立统一的数据信息体系，可以及时为新加入者和外部系统提供服务支持，提升数据信息的快速构建水平。

14.3.2 方正平台挖掘教育深度

由智慧学习服务平台和教育资源服务平台共同构成的学习服务系统，包括题库识别系统、在线考试、线上评卷以及学习内容分析、智慧导学等不同模块，通过综合的学习服务体系构建，实现不同学生的学习模式定制，达到因材施教的目的。便利的在线学习方式，不仅方便了学生与教师，而且可以让家长共同参与到学习的过程中，实现全面学习目的；智慧导学帮助学生理顺知识发展脉络，有助于学生提升主动学习的积极性，针对不同个体薄弱环节进行练习，更好掌握学习状态，提高教学效率。教育资源服务平台与智慧学习服务平台的共同搭建，可以和家校互动、课堂成长档案等其他平台实现信息的链接与数据互换，运用积分、评价以及优秀增值等方法推动用户在平台提供更多质量较好的教学资源。平台统一为区域内所有学校放开资源权限，为偏远地区的师生提供更多高质量的教学资源，同时加入商业化的资源组成部分，为有条件的用户提供多样化的选择。资源目录在不同平台间实现同步上传，便利资源的学习与更新。在互联网技术手段的支持下，要确保资源及时更新和良好的循环，促进区域内教育公平的发展。

第 15 章　诊治零距离：医疗资源的跨界创新分配

15.1　医药问诊与人工智能的全行业跨界融合

15.1.1 轻型智慧医疗的繁荣

随着后疫情时代的到来，智慧医疗的市场被进一步开发，不论是买药 App 还是问诊小程序等都不断呈现出与人工智能融合发展的趋势。从互联网医疗行业诞生之初，医疗产业的跨界融合已经起步发展，数字化革命与智慧化进程共同推动智慧医疗的更新升级，互联网巨头引领的潮流为医疗行业带来风险与机遇并存的挑战。移动医疗端的发展为消费者市场带来足够的刺激，药品零售和移动问诊的服务模式不断丰富并发展。如今经过十多年的更新换代，小型轻量的医疗服务已经实现充分的线上发展，智慧医疗的第一阶段成果初步实现。但是对于广大的医疗机构来说，智慧医疗与其结合并不紧密，传统的医疗模式依然占据主导地位，而这正是智慧医疗未来的发展空间所在。

轻型互联网医疗的繁荣景象反映的是互联网巨头在医药零售领域与线上问诊两个最容易进入的市场中，率先发挥资本、流量和成熟的支付手段的强大引领作用，采取向消费者市场先行的方式，实现互联网与医疗行业的跨界融合。虽然互联网医疗在起步之初处于“赔本赚吆喝”状态，但是作为智慧医疗发展的初期形态，仍然是智慧医疗未来发展十分重要的基础。如线上医药购买市场，互联网企业与药物供应商或是实体药店联合，利用电子商务的方式开展买药活动，充分抓住消费者需要随时用药的消费需求，进一步细分市场，将药物及时送达。线上问诊则与地方的医院或是医生展开合作，通过网页或者 APP 等方式为消费者解决初步的诊疗问题，并向线下合作医疗机构进行引流，线上问诊同样为患者或者消费者提供随时解决患病疼痛寻医问药的需求，提升问诊的便利性。

15.1.2 智慧医疗的整体性跨界

与医疗行业末端跨界融合的火热开展形成鲜明对比的是，中端市场的医疗机构仍然处于被动接受改变的地位，与人工智能的跨界融合仍然存在很多需要解决的问题。在互联网企业关注医疗行业、推出产业医疗互联网的部分方案时，医疗机构对于接受数字与智能改革的态度并不积极，主要是由于医疗机构缺少足够的内在动力开启自身改革，除了部分大型三甲医院外，绝大部分医院流量不高、可用资金有限，实际上并不需要数字化的改革。除此之外，当前智慧医疗的升级方案缺少清晰度，医疗机构作为设备的使用者，也缺少对设备的完整认知，从而无从选择智慧医疗的升级方案。只有中端市场的医疗机构和上游的医用设备制造商全部加入跨界融合的队伍，智慧医疗才能形成真正的互联网跨界，构建行业体系的完整智慧产业链条。

15.2　微软数字医疗创造跨界医学知识体系

15.2.1 AI 助手提升科技医疗能力

由微软亚洲研究院召开的“知识图谱与智慧医疗论坛”的成功举办彰显着数字医疗时代下医疗行业与人工智能融合的前进步伐。随着医学的深入发展，研究发现对于遗传学和基因领域的深入研究可以更有效规划医疗未来的发展方向。为了保证为不同个体提供最佳治疗方案，针对不同患者自身特点运用不同药物和治疗方法获取不同疗效，这其中的原因很可能就藏在个体的基因之中，这意味着未来精准医学的发展规划，能使我们从大数据研究中得到疾病研究的理论体系，借助不同的组别设计和个体不同特征来达到对疾病的准确预防、诊断和治疗，完全有针对性地设计治疗方法和计算药品用量，进而提升医疗效率，降低治疗方案在个体治愈过程中的副作用。

微软提供的 Azure 云服务目前已经与国内数家医疗机构开展合作，此项服务可以为医生提供人工智能的助手支持，提升医生群体特别是基层医疗的问诊效率。此项服务根据医院的不同需求，由微软提供不同的算法技术和解决方案，医生或者研究人员在实际临床应用过程中可开展实验，人工智能助手以微信服务号或其他方式帮助医生开展工作，并实施全过程的辅助。在患者就医的整体体验中，人工智能助手医生会帮助基层医生开展特定需要的职业问询，帮助基层医生临床与问诊，对于就诊患者的常规型问题进行自动回复和形成包含人文关怀的自动回访记录。

15.2.2 AI 助手缓解基层医疗矛盾

在构建人工智能助手医生过程中，知识库的构建是十分重要的，即使在大数据样本成熟的基础上，构建知识库在技术手段上仍然存在很多难点，如将不同层级的知识，或者是不同范畴下的概念以及概念间关系进行整合等问题，需要技术方面的进一步克服，只有把广泛的大数据信息真正变成理论的知识体系，智慧医疗的跨界发展才会变得更加广阔。微软针对海量的医学研究文献和匿名的诊断记录实施大数据信息的挖掘学习，构建医疗知识库，同时根据互联网的搜索记录设置可以理解个体问诊目标的知识库，在用户提出问题的同时将问题与知识进行链接和对应，两者相互学习构成一个完整的闭环。

医学知识图谱的构建有效推动了数字医疗的发展，其发展的基础是深层神经网络技术，这一算法在图像和语音识别领域有显著贡献，带动知识图谱的数据挖掘和学习质量同步提升。海量的数据信息使医学知识图谱不断完善，而这些应用到临床实践中，通过人机互动的方式，与人工智能的发展紧密结合。智能助手的存在可以帮助基层医生解决更多重复性问题，只要是垂直领域的知识学习，都可以通过人工智能实现，从而减轻医生的工作压力，为病患带来更有人文关怀的就医体验，缓解当前紧张的医患关系。

15.3　视联动力：远程医疗网络促进跨界医疗资源分配

15.3.1 远程网络缩减医疗资源差距

医疗行业的跨界融合意味着区域距离的缩减，远程信息技术手段的更新弱化了物理距离的影响，利用数字信息技术搭建远程诊疗平台可以有效促进医疗公平，更加合理地分配稀缺的医疗资源，挺高社会公众福祉，促进公共卫生服务均等化发展。针对当前我国优良医疗资源集中分布在发达地区和一线城市、省会城市，中西部地区和广大农村区域相对缺少的现状，远程医疗体系的构建成为公共卫生服务发展的必然趋势。广东省强力推进医疗卫生创优计划，大力确保基层群众同样享受到优良的医疗资源，为此建设粤东西北地区县级医院与三甲医院的联通远程诊疗平台，促使医疗资源在全省范围内下沉到基层地区，提高公共卫生服务均等化水平。

15.3.2 实时数据传输便利医疗公共服务

根据广东省卫生健康委员会的计划，在全省范围内搭建涵盖“省—市—县—镇—村”五个级别、“省市—县—镇村”三个层次可应用的远程医疗服务体系。视联动力与运营商联通共同合作，完成省级管理平台的建设与网络服务体系搭建，计划包括广东省范围内两千多个乡镇，直到村级的基层医疗机构，涵盖所有村镇医院的远程医疗视频通信平台，有效推动广东省“卫生强省”计划的实施和落地。项目整体分两个步骤进行，首先是构建省一级的通信管理平台，根据整体医疗机构的调研需要，开展分析工作，并以此设计概念和构建数据库等，进行软件的开发与相关接口的安装工作，并进行硬件设备的测试和试运行；其次，实现全省基层医疗机构的设备安装与人员培训覆盖，包括所有乡镇医院远程试点和村卫生站的试点机构。在系统搭建完成后，形成覆盖全省范围的远程医疗体系，甚至直达社区门诊和住院病床，实现远程会诊、病例判断、影像识别以及重症监护等多重功能，未来可考虑与其他省份完成联通体系的搭建与对接，享受全国范围内的医疗资源。

远程医疗网络体系的形成，可以实现区域内医疗资源的高效合理利用，为远程医疗服务模式提供更新的选择，将优良的医疗资源扩散到基层医疗机构，实现跨越地区、不同层级的远程诊疗服务。通过远程医疗，医生和病人仅通过高清视频就可以实现实时沟通与联系，它不仅可传输医疗数据信息，而且可以传递高清影像视频和个体特征，在实质上大幅度提高远程诊疗的效果。与其他远程视频会议平台相比，视联动力具备高清的大容量特征，可扩大范围至个体旁边，弱化远程诊疗距离带来的不便。远程医疗平台还可实现医疗机构和各急救单位的综合协作机制，提升医疗服务水平和效率。

第 16 章 阅读空间：公共图书馆和城市书房的跨界服务探索

16.1 公共图书馆："互联网 +"视阈下的多维创新

16.1.1 "互联网 +"时代公共图书馆面临的挑战

公共服务领域研究最早、研究热度最高的莫过于公共图书馆的跨界服务了。在实际操作层面的摸索以及关联项目的探究层面，以 2006 年作为起始年，我国公共图书馆等公共文化服务开始大力开展跨界合作。2014 年，互联网的浪潮席卷全国，应用移动互联网技术的跨界合作模式渐渐在公共图书馆中得到了更加广泛的应用。同时，互联网平台大量的专业信息技术服务，为公共文化带来了严峻的考验，这就形成了推动公共图书馆的跨界服务发展的巨大驱动力。

16.1.2 公共图书馆跨界服务的有益探索

关于公共图书馆跨界服务的探究，关键之处就在于要明晰图书馆公共服务的边界问题。刘细文、熊瑞在 2006 年对公共图书馆的服务边界问题开展了探讨研究，研究的结论表示现有公共图书馆服务的"边界"涵盖了文学作品等文字资料的出版、学术知识的传递以及教育、各种科研活动等。他们指出"跨界服务"突破了传统公共图书馆的文字服务边界。公共图书馆的跨界服务要参与知识的获取、处理以及传递的全过程以充实服务的内涵、扩展服务的范围。张美莉于 2016 年指出公共图书馆跨界服务从密度、深度与广度三个维度上都拓宽了传统图书馆信息服务。

唐虹、戴日光（2018）在图书馆跨界服务相关研究的基础上，搭建起了城市图书馆多维联合跨界服务结构模型。在研究中对城市图书馆多维联合跨界服务的构成要素进行了界定，它由系统的外部、内部两大类要素构成（如图 16-1 所示）。内部要素包括了主体要素和服务与支持要素两部分，其中主体要素指的是城市内各种类型的图书馆；服务和支持要素则指的是如图 16-1 所示的包括其他商业或文化休闲机构、出版发行、馆配行业等要素。

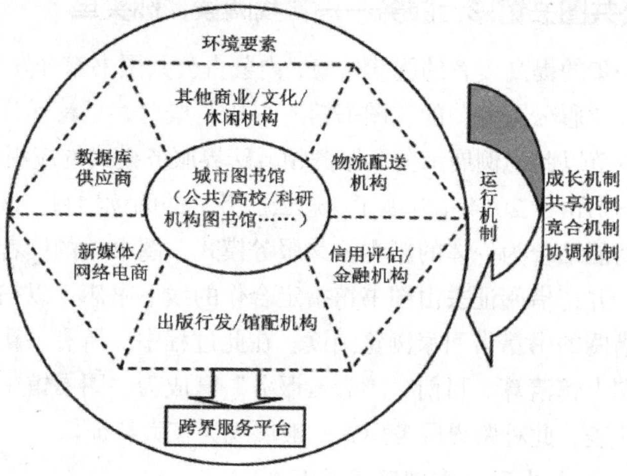

图 16-1　城市图书馆多维联合跨界服务系统模型

可以看到，现实中城市公共图书馆的跨界整合，围绕着唐虹、戴日光（2018）构建的城市图书馆多维联合跨界服务结构而展开，如表 16-1 所示。

表 16-1　公共图书馆跨界服务模式典型案例

场景整合		功能整合	典型案例
图书馆＋商业休闲	图书馆＋书店	借阅＋购书	佛山图书馆“知识超市”与内蒙古图书馆“彩云服务”
	图书馆＋酒店	阅读＋住宿	宁波图书馆与亚朵酒店“竹居”品牌共同打造的城市书房
	图书馆＋咖啡馆、茶楼	阅读＋娱乐	江阴市图书馆与咖啡馆、茶楼等娱乐休闲机构合作建立的“三味书咖”城市阅读联盟
	图书馆＋商业	阅读＋办公	上海静安区图书馆通过与区内的商务大厦、企事业单位合作，在多个商圈、写字楼内设立了“都市书坊”
图书馆＋社会服务	图书馆＋地铁	阅读＋出行	南京金陵图书馆与南京地铁合作打造的“地铁图书馆”
	图书馆＋公园	阅读＋休闲	铜陵市图书馆和铜陵市滨江生态公园共建的码头书屋
	图书馆＋医院	阅读＋医疗服务	北京市朝阳区图书馆和北京东区儿童医院合作，设立了全国首家 24 小时医院图书馆——朝阳城市书屋
	图书馆＋银行	阅读＋金融服务	辽宁省图书馆与工商银行河畔新城支行合作，建立了东北首家“银行里的图书馆”

16.1.3 公共图书馆彩云服务——“我阅读，你买单”

为了进一步的提高读者的阅读体验，内蒙古公共图书馆开发出“彩云服务”的创新项目。“彩云服务”的“图书馆 + 书店”概念，是跨界公共文化服务的新颖实践，本节以此为例展示公共服务领域跨界服务模式的应用和运作。

内蒙古图书馆于 2014 年开展了“彩云服务”的阅读项目，该项目是将借、采、藏三种功能结合为一体的新型公共服务模式。图书馆的读者们可以在本地办理借阅证，并持借阅证去由图书馆指定合作的线下书店，以扫描二维码的方法，将所需借阅的书籍借回家浏览阅读。在此过程中，所有书籍的选购花销都由图书店与图书馆清算。目前，“彩云服务”已成为“图书馆 + 图书店”跨界服务模式的代表，此种跨界服务模式一般展现为三大特征。

1. 以阅读需求为引领重塑服务流程

采、分、编、典、流五个环节是传统化图书馆的工作流程。流通环节处于全过程的最后一步，鉴于制作加工的流程非常复杂、所耗时间较长，因此读者使用阅读资源的及时性深受影响。“彩云服务”对传统型的工作流程更新改造，这种新型跨界服务模式将流通这一关键点前置，以读者的阅读之需为驱动，使这一环节变为全部流程的第一步。通过将流通环节前置，使阅读者的阅读之需在最短的时间内得到满足，该模式很大程度上达成了有所需才会有所选购的最佳状态，这就避免了新书经常面临的零使用率难题。

2. 优势互补、资源整合

内蒙古图书馆之所以开展“彩云服务”这一阅读项目，是为了满足公众在阅读方面的海量需求，该新型阅读模式能够更好地解决读者们“借不到新书、热门书”的公众阅读诉求。公共图书馆特别注重藏书的全面性以及完整性，这是众人皆知的事情，公共图书馆内大多是学术类的书籍，单一丛书的馆藏量少。实体书店与公共图书馆有着明显的区别，城市书店大多以市场及读者的需求为核心，书店的书籍尤其以新出版的书目以及各类畅享书籍为多，书店内同一书本的进货量大，科研类以及学术方面书籍较图书馆少。另外，从选址和客流量的角度来看书店拥有图书馆没有的巨大优势，线下书店的数目较多，选址大部分在人流量大的街区。由此可见，通过公共图书馆和线下书店实现跨界服务方面的合作，可以极大地实现双方优势的增益、劣势的互相弥补，从而能够为广大读者供给更加便利优质的阅读体验。

3.“互联网 +”背景下的科技赋能

内蒙古公共图书馆自主创新研发的一体化服务管理平台，集成了读者、书店、图书馆三方的资源与平台，同时结合“借、采、藏”三个环节为一体。为了提高公共文化服务的水平与质量，基于动态云数据，读者方、书店方及图书馆方三方携手，共同提供联合编目、各类资源共享、书籍文献外借等一系列服务。“彩云服务”不仅局限在实体的服务上，其线上的云端服务也同样精彩。2015 年 4 月，该项目正式推出手机客户端，该客户端包含了扫描二维码查询书目、运用地图寻找书籍位置、线上商城下单、云端彩云读书等丰富实用的功能。除此之外，“彩云服务”还根植在微信领域，2015 年 7 月份，该项目在微信平台正式上线，读者通过关注其公众号，了解图书馆的咨询热线、特色项目、阅读服务等与图书馆有关的信息。另外，在此之前读者想要借阅书籍一般采取到店借阅的形式，而在该项目实施后，读者借阅就扩展为了包含预订、直借、连借、直送四种方式。

内蒙古图书馆“彩云服务”项目的成功，是公共文化服务领域中的“中国式创新”。它作为“互联网 +”的服务项目，是图书馆在互联网领域的出色探索，也是当今信息科技在图书馆领域的一次大胆尝试性应用。截止到 2016 年末，凭借“彩云服务”项目内蒙古公共图书馆新增加的读者有 5.3 万余人，订阅报刊杂志图书等 21.5 万册，购买图书的总金额高达 663 万元。除此之外，图书的流通率也得到了大幅度的提高，资料显示我国公共图书馆的图书流通率在 2012 年仅为 40%，而“彩云服务”项目实施后内蒙古当地新书的流通率几乎高达 100%。长久以来，公共图书馆一直存在图书资源流通率低、馆藏图书无人问津、订阅的图书资源与读者阅读需求严重不匹配等问题，“彩云服务”在跨界合作方面的尝试也出色地解决了公共图书馆公共文化服务方面面临的难题。两者的跨界合作在各个方面收获颇丰：一方面，通过该项目，更多的读者去图书馆办理借阅证，给线下的书店带来了更多读者；另一方面，书店的消费者为了购买优惠书籍，需要前往图书馆办证，以此给图书馆带来了书店的读者。而且，该项目在全社会范围内创造出了书香社会、全民阅读的文明氛围，在公共文化方面，也为本地的民众供给了高品质、高效率的服务。2016 年，不负众望，“彩云服务”荣获“2016 年美国图书馆协会国际图书馆创新项目主席大奖”。

16.2　公共书店：“城市书房”与“四季书吧”的跨界探索

16.2.1 公共书店：跨界打造的特色阅读空间

“新华书店”无疑是中华人民共和国成立以来书刊发行销售的主渠道。随着“互联网 +”思维的流行，“跨界思维”“创新模式”便越来越成为寻求突破传统界限、开辟全新书刊阅读发行销售服务渠道与模式的新角度。

几十年来，“新华书店”开疆拓土，将分店发展到了全国各地，尤其是经济比较发达的城市，甚至许多乡镇都有分店。据公开资料显示，截至2006年，新华书店在全国范围的布点就有14 000多个；各省会及计划单列市大多以“购书中心”或“书城”等名义予以经营。为了对整个业务流程进行重构，更是为了创新发展，2017年12月20日，新华书店与阿里巴巴签署了战略合作协议，以期达到优势互补，打造适应“互联网+”时代特色的云上文化消费电子商务平台“新华书店网上商城”。该网上商城在2018年4月23日正式上线运营。

在“互联网+”“跨界服务”的平台思维下，近几年，公共书店突破传统思维，从选址的标准创新，到视觉观感求新，以及合作伙伴跨界、运营模式跨界等，积极探索在跨界中不断创新发展。它与城市综合开发服务商合作，与城市地标建筑、文化旅游项目等跨界渗透，在原有传统书店以外探索打造出适合时代潮流现代需求的特色阅读空间，使传统书店的触角进一步延伸到特殊人群聚居的地方，打造成了某些城市地标建筑、文化旅游项目的网红打卡地，有效地实现了多赢局面。

16.2.2 “城市书房”美学馆：传统书店的跨界模式探索

通过文化强国，强化文化自信，是特色社会主义中国近几年推出的一项重要举措，尤其是近几年明确发出的“全民阅读”号召，正在逐步得以实施落地，并取得了一定成效。

推动全民阅读，是培育社会广大人民群众核心价值观、提高思想政治素质、展现中华民族优秀文化永久魅力和时代风采的重要举措，也是满足人民不断增长的文化诉求的重要办法。

为了让广大市民就近享受高品质的公共图书服务，更为了创新书刊阅读跨界发行模式，山东省日照市将“城市书房”列为2020年度重点为民办实事项目，又作为一项重要的文化惠民工程，于2020年正式推出“城市书房”项目。

被誉为城市综合开发服务商的安泰实业集团，为响应日照市委市政府“旅游富市”号召，在日照市张家台活力片区全力打造了“日照海洋美学馆”这一具有鲜明跨界特点的文化旅游项目。该项目的改建思路很清晰，一是要保留特色，二是要提升改造，三是应因材施艺。把原来破旧不堪的水产育苗场，通过精心设计，改建成了区别于其他民宿项目的“网红目的地”。其中，把锅炉房改造成很具特色的接待大厅；将原来的蓄水池打造成潜水池；把育苗池改造成无边泳池；把原来的育苗大棚改建成排列整齐的特色民宿。这样，既对原有建筑做到最大程度地利用，还彰显了海洋美学不同于其他文旅项目的风貌，形成阳光海岸带特色鲜明过目难忘的民宿项目。[①]

这一项目的精心打造，既杜绝了原来育苗场对海洋及环境的污染，还升华成了市民休闲娱乐的好去处，并引起了很多网红的关注，进而发展成了在全国都有一定知名度的“网红打卡地”。据统计，到 2021 年 5 月，关于这一海边的民宿项目的抖音播放量就已有 500 多万人次。北京、浙江、河南、江苏等省市游客慕名而来，山东省内的济南、青岛、临沂、潍坊等地游客也纷至沓来，成了该板块经济中新的亮点。

跨界把书房建到海边，为“网红打卡地”赋予新的文化符号。借“日照海洋美学馆”项目的独特沿海黄金区位和面世后的热度流量，当地政府有关部门、新华书店和安泰实业集团一拍即合，在此“互联网 +”跨界打造了崭新的“城市书房”，也给该文旅度假项目增添了新的亮点，更给书店布局与经营创新开辟了新的天地。

2020 年 7 月 24 日，“日照海洋美学馆”正式挂牌日照市“城市书房”。该城市书房的功能分区，主要有借阅自修区、亲子阅读区、书香咖啡馆等，配有自然科学、社会科学、时事政治、文学传记、少儿图书等丰富多彩的书籍 3 0000 多册。在这里，游客与市民不仅能享受到“蓝天、碧海、金沙滩”的绝美景色，也能徜徉在“面朝大海，春暖花开”的精神海洋。智能化阅读服务是这里的一大特色，“城市书房”可与日照市图书馆、其他城市书房间互通图书借阅卡，自助式借还服务大大方便了读者，成为名副其实的主客体共享的文化空间。

由于城市地标建筑和“网红”文化旅游项目等助力发酵，“互联网 +”跨界打造的“城市书房”这一文化特色阅读空间，在日照海洋美学馆一经亮相，迅速蹿红，线上线下联动，每天接待读者 3000 余人次。入住日照海洋美学馆特色民宿的游客，更是因为“城市书房”的特色和便利，在海边玩累了，就到散发着文墨香味的书房里挑选出自己有兴趣的图书，懒散地依偎在书房的座台上，或者到与书房联通的“上水咖啡”屋里，有滋有味地阅读。

“城市书房”既增加了日照海洋美学馆的文化内涵，又成了该文化旅游项目提升公共文化服务水平、推进城市品质化网格化管理的一大亮点，进而做成了日照市书店“互联网 +”跨界服务、培育“全民阅读 · 书香日照”文化名片。

1. 跨界书香平台：城市书房荣获“特色阅读空间”称号

随着知名度影响力的不断攀升，“城市书房”日照海洋美学馆成了书店品

① 公众号“安泰文旅”：《省文化和旅游厅调研组到安泰海洋美学馆参观》2020-07-16。

牌的一大亮点，同时成了日照市的一张名片。

2021 年 4 月 26 日，中国图书馆学会联合各省级图书馆学（协）会在全国范围内遴选的“特色阅读空间”称号名单公布，在被推荐的若干“有特色且有知名度”样板中，“城市书房”日照海洋美学馆经过层层选拔，最终成为全国 53 家“特色阅读空间”之一，与济南市图书馆泉城书房九如山分馆、山东省图书馆夫子书院传统文化美育书房一起，作为山东省的代表成功入围。其中“城市书房”日照海洋美学馆成为山东省唯一一家作为城市书房及社区图书馆入选的特色阅读空间。①

2. 跨界明星项目：城市书房得到了知名作家的赞誉

“城市书房”日照海洋美学馆，由于“特别好玩儿”，慕名而至者络绎不绝。著名作家周晓枫，也是循迹而来的一位作家。在这里，她体验到了太多不同的趣味，进而创作出了尤其感人的散文《海边的美学馆》，并报名参加了由中国作家协会散文委员会联合山东省作家协会、日照市委宣传部以及山东省散文学会、日照市文学艺术界联合会举办的 2020 第二届中国（日照）散文季刘勰散文奖全国散文征文活动，最终荣获该届散文奖唯一大奖。

3. 城市书房跨界举办系列公益活动吸引了人流

该城市书房打破单一项目等客上门的惯性做法，与日照海洋美学馆其他功能项目及外部组织机构等跨界联动，发挥城市书房自身资源，策划组织了一系列有影响力的活动，又反哺了城市书房的人气。

例如，为传承祖国的优秀历史传统文化，弘扬爱国奉献精神，加强中国共产党的党史教育，给大力提倡的全民阅读活动助一把力，在举国上下大力开展纪念中国共产党建党一百周年系列活动不断推向新高潮之际，2021 年 4 月 3 日上午，“城市书房”日照海洋美学馆开展了“致敬先烈·清明读书会”主题活动。“以史为鉴，可以兴邦”，利用清明时节，致敬先烈，无疑是对伟大的先烈精神的纪念、追崇和仰望。诵读本身就是一种生动的交流沟通方式，也是很具感染力的文化形式，“致敬先烈·清明读书会”带来的不仅仅让每一位听众对中国近代、现代史和革命先烈的事迹有更加深刻的了解，更重要的是充分感悟到祖国解放、新中国成立后的各方面发展以及改革开放带来的翻天覆地变化。②

4. 跨界联动：城市书房进一步凸显了跨界平台优势

以跨界为特色的城市书房，正是依托跨界的优势，资源共享，共同打造起了边界不断外延的跨界大平台。

① 中国图书馆学会：《行走在阅读的时空里——全国图书馆特色阅读空间系列展示（三）》。

② 公众号“安泰实业集团”：缅怀先烈忆忠魂！城市书房·海洋美学馆举办“致敬先烈·清明读书会”活动 2021-04-03。

日照海洋美学馆本身就是跨界平台，除了特色鲜明的城市书房和上水咖啡屋之外，日照海洋美学馆还有可以看海的民宿，有知名航船样本等藏品丰富的航海展览馆，有潜水俱乐部和海边无边泳池，还有海洋雕塑和儿童游乐场，在这里，游客还可以乘坐帆船、潜水、打网球、打排球、踢足球等；住宿、吃饭、娱乐、游览、购物全方位满足来客的需求，让到访的市民和游客体验到了日照的海洋之美、人文之美、运动之美，被誉为日照精品民宿的“新风向标”。

建设运营单位安泰实业集团以日照海洋美学馆为平台，除了组织读书专题会之外，很好地沿着有效“跨界”的模式，按照“民宿 + 海洋文化”“旅游 + 体育项目”的经营思路，积极开展丰富多彩的群众文化体育活动，组织了很多可圈可点、能引起社会各界广泛关注的活动。作为日照海洋美学馆的重要板块，城市书房充分显现了互联网思维优势，与传统项目跨界联动，主动融入各项活动中，发挥了独特的作用。

16.2.3 “四季书吧”：城市文化实体的跨界服务实践

作为日照市 2020 年度重点为民办实事项目，传统书店跨界服务以“四季书吧”的名号于 2020 年 11 月 6 日在日照市未来第一高的“日照中心”大型城市综合体项目举行落地揭牌仪式。

“四季书吧”日照中心店，入驻日照市未来最具地标意义的“第一高”大型城市综合体“日照中心”一楼大堂内，无论定位，还是打造标准，都堪称地标级高端书吧，更是政府有关部门、新华书店和安泰实业集团跨界融合相依相成的典型案例。

“四季书吧”日照中心店，无论从外观设计上，还是书刊种类和时尚文化器材及艺术品抑或与周边环境的互补融合上，都可谓独具匠心。步入该书吧，大胆创意形制让人惊喜，“春”的生机，“夏”的热烈，“秋”的多彩，“冬”的静谧，用四个不同的时尚元素，表现着不同分区的不同表现主题，宛如不同艺术的体验之旅，给人留下很深的印象。“网红书吧”，就是对“四季书吧”的形象描述。这里，不但是读书的好去处，恰是一个袖珍的艺术品展览馆：有吉他，有萨克斯，还有竖琴，音乐和图书是一家，跳跃的乐器与静谧的图书一动一静相得益彰；以视觉取胜的摄影作品，昭示着将瞬间变成永恒艺术的妙处；还有让孩子流连忘返的超大型号的变形金刚等。

1. “四季书吧”跨界落户“日照中心”项目的特殊意义

“四季书吧”能落户日照市最具代表性的地标型建筑，无疑给这座城市独一无二的大型城市综合体项目增添了文化内涵，也彰显了城市领导、政府有关部门、新华书店和建造经营者立志将该综合体项目打造成最能代表城市高度项目的魄力，更是让“城市书房”登上了日照的城市封面。因此，“四季书吧”就不是简简单单的一个书房了。

日照市从1989年6月升格为地级市以来，从名不见经传的“滨海小城”，一步步嬗变为“黄海明珠”，城市地标建筑的逐级升腾，在一定意义上见证了这座城市的发展。曾经的22.5米就是日照城市“最高”的望海楼，后来150米“创新高”的国际金融中心、188.87米“又创新高”的国际财富中心，以及206米“第一高”的安泰国际广场，不断刷新着日照城市的视野半径。

2019年10月14日，“日照中心”立项破题，其中主体建筑“日照塔”规划超400米的摩天高度，再次触摸日照城市新的天际线。

2.“日照中心”综合功能：打造未来城市中心

“日照中心”大型城市综合体，本身就是跨界搭建城市综合功能的典型范例，“四季书吧”日照中心馆，也正体现该综合体的某一项功能。

建设一座超过400米高度的“日照塔”，代表着城市高度，加上两栋150米的写字楼，将形成鲁东南最大的总部经济示范区。此外，项目还配有一座博物馆，加上个性十足的其他文旅、休闲、商业配套设施，而且各个项目相对独立，又相互兼容，形成辐射带动城市经济、孕育城市活力生机的“城市共生体”。

“四季书吧”日照中心馆，正是看重跨界和“日照中心”重点培育的总部办公、文化展览、体育运动、星级酒店等产业互动而必然产生的“城市共生体”化学效应。

3.平台属性：让集聚一体的高端产业跨界融合发展

平台是各类资源要素互联、互通、互动的载体，是体现跨界赋能的支撑点。所谓商务楼宇是“立起来的开发区”，就说明大型高层建筑是产业得以发展的上佳平台。

该项目把握城市未来发展的新风口，依托“日照塔”地标，搭建起高端产业发展的空间载体，重点引入科技、动漫游戏和金融等重大项目，进一步实现城市新旧动能转换和高质量发展。

新时期动漫、影视、游戏产业发展方兴未艾，“日照中心”打造的舒适性、品质感和智能化的高端办公、生活空间，迅速形成影视播放、版权转让、创意、制作、销售代理、开发衍生产品以及商业销售产品的完整产业链条，加快形成“动漫港城”。还吸引银行、证券、保险等金融机构入驻其间，打造成为能够有效辐射鲁南、苏北等地区的重要金融中心。

这些都将给“四季书吧”日照中心馆带来持续不断的跨界融合支持。

4. 400吨巨石缔造“日照中心”极致景观

文化产品尤其追求个性化。正如“四季书吧”日照中心馆区别于日照的其他“城市书房”一样。在“日照中心”，景观设计就有一大亮点：400吨巨石缔造永恒的城市记忆。

在日照中心项目地基开挖过程中，部分花岗岩被开采出来。这些巨石历经亿万年自然造化，承载着岁月的洗礼，记录着沧海桑田的变迁，更见证着城市发展的日新月异。要将这些巨石利用起来，让这些巨石重生，既见证项目成长，更见证城市发展，设计者大胆提出了“就地取材、高山流水”的景观设计方案，一改土石方爆破的原设想，采取机器切割的方式，既减少了噪声和粉尘污染，又开采出难得的景观用石，配合喷泉流水，营造极具地标特色的厚重的极致景观。

据统计，日照中心上水咖啡梦工厂共搬运巨石200多块，共计约4000吨，其中最大的一块超过400吨。巨石景观，体积大，重量大，整体搬运难度可想而知。为确保巨石搬运安全顺利，组织方动用了两台500吨吊车联合起吊，一辆平板货车装载，大型装载机在前后拖拽、推动；巨石就位后，再经过刨面、打磨等工序，逐步实现最终设计效果。①

200多块巨石，分别放置在上水咖啡梦工厂的前场和后场；加之精心打造的涌泉、跳泉、跌瀑等，营造出见山、遇石、山瀑、石林等景致；周围配上绿植、树木，四季叠变，每个季节风味不同。巨石是一种支撑，是一种表达，也是一种象征，任时光流转，它都将缔造永恒的城市记忆。

“400吨巨石缔造永恒的城市记忆”的故事，也佐证了要跨界就必须跳脱出常规观念，尽可能创新性地发散思维。

5. 跨界楼宇文旅：“日照中心”让来者有更多美妙体验

楼宇观光旅游，是新世纪风靡全球的体验样本。无论国际发达城市，还是国内一线城市，都不乏成功案例。

据了解，“日照塔”项目定位文化旅游产业潮流最前沿，将全力打造多个独具特色的网红打卡体验项目，形成体验感很强且有较高知名度的楼宇旅游IP新模式。如摆脱装备、真正实现“空中飞行”的“风洞飞行”；将在塔冠部位建设空中可以鸟瞰整座城市的“空中观景栈道”；将建在距地面400米高度，采用全透明的特殊玻璃材料制作而成的“空中滑梯”；有把攀爬的对象变成人造高楼的“楼体攀岩”；还有用全透明特种玻璃打造，整个空间可以缓缓移动

① 公众号“安泰实业集团”：《日照中心咖啡梦工厂——400吨巨石缔造永恒的城市记忆！》2020-09-28。

至塔身外、悬于云端的瑜伽课堂；采用最新的攀登和防坠落技术，全面提升平台及爬梯的安全性，将城市全景尽收眼底的“极限攀登”。

这些能够有效吸引人流的独具特色的网红打卡楼宇旅游体验项目，恰巧又可以让玩累了的人群，到“四季书吧”和“上水咖啡梦工厂”里面边休息边阅读和品味美味咖啡，实属有滋有味的生活体验。

第 17 章　虚拟博物馆：文化体验空间的跨界服务创造

17.1　传统博物馆在“互联网 +”视阈下的多维创新

17.1.1 “互联网 +”驱动传统博物馆的数字化转型

随着“互联网 +”时代的到来，尤其是移动互联网的普及，为博物馆的核心价值赋予了更为丰富的内涵。博物馆的功能不仅仅是保护文物、文化遗产等各类珍贵的藏品，更要依托于互联网为社会提供跨界服务，发挥其蕴含的巨大文化价值。自 1946 年到 2007 年，国际博物馆协会对博物馆的定义进行了七次修改，这充分说明了由于信息化的冲击加之处于变化状态下的当代社会，博物馆的使命、内涵和功能正在发生激烈的变化。在“互联网 +”背景下，博物馆可以充分运用微博、微信、VR 技术等网络新媒体，创新博物馆展览模式，利用一切数字化设备尽可能灵活生动地向大众宣传、展示、弘扬我们悠久璀璨的文化历史。促使传统博物馆向互联网背景下的数字博物馆转型，跨界融合打破平台体系壁垒，从而更好地为观众提供公共文化服务，这是当下博物馆发展的基本任务，也是博物馆展示新形态、创新展陈的现实需要。

在新冠肺炎疫情期间，各地博物馆为配合防疫工作的顺利开展，纷纷闭馆，导致博物馆社教活动的开展受到限制。面对此种困境，各地博物馆都开展了不同方式的线上活动。在展览、学术讲座、公益课程、从业人员培训等各类线上资源开放的同时，越来越多的博物馆开始尝试利用抖音、微博、淘宝等平台进行直播，既可带领观众“云”游博物馆，又可以在线上实时互动，回应公众关切和疑问，解读博物馆背后的故事，也提升了博物馆文创产品的人气与销量。当然，这一切，都依赖于强大的数据支撑、技术支撑、人力和物力支撑，否则，博物馆很难在短时间内把自己的展览、活动、教育资源全部搬到线上进行展示。

17.1.2 跨界服务理念下的虚拟博物馆创新实践

1. 虚拟博物馆的跨界展教

近年来，博物馆在数字化建设上进行了多种尝试，数字化建设成为博物馆与时俱进、适应时代发展的必然需求。但是，在 2020 年之前，博物馆的数字化建设与应用还处于“数据采集多、集中展示少”的阶段，博物馆的数字化展示往往只是博物馆日常展教的一个补充内容，并没有成为主流体系。

2020年闭馆期间，各地博物馆积极探索、充分挖掘和利用数字化建设成果，采取线上直播、文创售卖、线上展教学活动形式，满足广大群众对博物馆文化学习的需要。这些在往昔看来是“跨界”的做法，促使博物馆的角色与功能悄然发生了变化，打破了时间与地域的限制，开启了博物馆公众服务创新征程。如“云展览”“云导赏”“云活动”成为越来越多的博物馆对传统开放服务方式进行创造性转化的具体实践，新冠肺炎疫情带来的危机被逐步转化为机遇，中国故事的讲法有了更多方式，博物馆的公共文化服务功能也实现了跨界发展，突破了传统固定的模式，得到了进一步的延伸。

目前，把线下展览的全景展示进行复制是博物馆线上展览的主要方式。运用VR技术，借助虚拟现实、三维全景虚拟现实、三维网页引擎等数字技术，给观众提供自主选择、操作图像、移动看景、视角切换、细节体验的便利。

青岛市博物馆主动探寻内容、形式与传播渠道的新突破，建立了VR全景博物馆，内容包括常设展览“青岛史话一、二、三、四部分”（分四个展厅）、“彩瓷聚珍、百工奇技、古钱今说、乡间画记、左臂丹青”等若干个展厅；此外，又建立了新型展厅，如“会讲故事的博物馆”“岁时佳兴：中国古典季节美学展”“迎祥纳瑞：龙凤文物珍品展”“刘墉和他的书法艺术展”“冀地汉风·河北博物院藏汉代文物展”“青岛博物馆城建设文创产品展”“青岛博物馆城建设藏品展”等。

如“岁时佳兴：中国古典季节美学展”，就建立了八个虚拟展厅，让观众动动手指或鼠标，就可以游遍各个展示厅，了解文物里的四季之美。展览借自然与人文题材文物所反映的季节之美，展示“天人合一”的中国传统哲学、美学思想，进而唤起公众对当代社会人与自然和谐相处、共存共融关系的思考。“岁时佳兴：中国古典季节美学展”利用VR全景技术，设计了展示厅和悦读厅两大部分、八个展示厅，让公众的观展体验和参与互动融为一体。展示厅以与节气主题相契合的一诗、一画、数件器物的组合构建二十四个审美单元，贴近普通观众的欣赏需求，以全新视角诠释传统文化和文物美学之间的关联，力求达到文艺性、小品化的展示效果。悦读厅采用版块化设计，由拓展知识看板、“童眼看四季”子展览、读书区、互动区、主题留言区等构成，增强了展览的延伸度，并用简约时尚的设计风格让观众从古人四时美学空间穿越至当代人的审美环境。为以轻松的形式阐释优秀传统文化，展览在策划上紧扣“让观众有兴致前来，有趣味可沉浸，有记忆可回味”的策展理念和思路。

又如，“会讲故事的博物馆”面向少年儿童设立了十一个虚拟展厅，于

2020 年 9 月开展。有穿越古今的“小书生阿博”送上扑面而来的热情；在超现代感的展厅中，为少年儿童推开时间之门，陪伴孩子们走进历史时空。在这个虚拟博物馆里，还可以边玩边观展，展厅里转角有惊喜，不经意之处，就可以发现彩蛋。拓展知识板“阿博的小问号”，等待孩子们打通“隐藏关卡”；奇幻的藏书阁前，“小书生阿博”在等待小朋友们互动拍照；阅读文字有些疲劳，动听的童声语音导览为小朋友们讲解；逛展走累了，可以到观影区坐坐，看看中华美德故事动画片；在留言板前，孩子们还能用彩色的画笔写下观展之后天马行空的遐想。

除数字化展示外，青岛市博物馆还开辟了“e 导览”“微展览”，图文搭配短视频、音频讲解，如“瓷上增辉——东莞市博物馆藏清代广彩瓷精品展”“技夺天工、艺韵流芳——黎族世界非遗走进青岛”“千古清风——馆藏明清松竹梅作品展”“‘瓶’安喜乐——馆藏明清瓷瓶展”等。喜马拉雅 FM 上线“国宝来了之百大博物馆文物精讲”，让镇馆之宝音频介绍也在该平台与广大听众见面。同时增设在线展览的互动交流与趣味游戏体验，以唤起观众共鸣，满足观众的求知求学的需求。

再如，青岛贝林自然博物馆，作为以青少年儿童为主要接待群体的自然科普场馆，新冠肺炎疫情无疑对日常参观和科普研学影响巨大，往日的进校园、科普研学、周末营等一系列活动要在短时间内找到新突破口，面临人员组建、技能提升、内容编辑、搭建流量入口等一系列问题。短短半个月时间，青岛贝林自然博物馆通过软件工具测试借助现在成熟的互联网工具，开始线上直播参观讲解、线上直播带货推广文创产品、线上发起预约报名自然科普课等形式进行试验，逐渐摸索出了一套适合自己博物馆的线上展览路线。

随着线上操作的熟练和窍门的掌握，青岛市博物馆、青岛贝林博物馆等系列博物馆，不仅接触了新的观众群体，也将原有观众的视线再次聚焦到博物馆的新内容上，推动了博物馆行业的数字化进程，促使传统博物馆行业理念加快转变。

2. 虚拟博物馆导赏项目的主要内容

2020 年 2 月，青岛总督楼旧址博物馆正式上线了“总督楼研学微课堂”线上导赏项目，把博物馆的展览导赏和各类社教活动转移至线上进行，在腾讯视频、微信公众平台、抖音、喜马拉雅平台同步播放，建立起虚拟博物馆。该项目视频一经上线，就受到观众的认可，在青岛本土观众中引发持续关注。针对新冠肺炎疫情而进行的具有跨界性质的尝试，转变成为总督楼旧址博物馆日常工作体系的一个重要组成部分。“总督楼研学微课堂”每周发布 1—3 期音、视频内容，每期 5—10 分钟，主题多样，内容丰富，目前已建立七项内容版块，基本上覆盖了总督楼的文化研究成果。

展览导赏部分包括总督楼的复原陈列展、基本陈列展、海上丝绸之路与青岛专题展、青岛城市排水系统专题展、建筑模型展、青岛多元文化交融专题展、“瑞鼠吐宝”生肖展等，同时，随着总督楼线下不断增加展览内容，将会不断充实虚拟博物馆的展览内容。

城市文化部分包括以总督楼历史沿革为对照的城市历史沿革溯源，青岛的人文故事、重大历史事件与人物介绍等。

建筑艺术部分，包括以总督楼欧洲建筑艺术赏析、总督楼的庭院景观与城市的自然景观、总督楼的经典馆藏文物等。

重大纪念日专题展赏，主要是结合国际博物馆日、中国文化和自然遗产日、青岛解放、胶州湾事件纪念日等特殊日期，推出相应的主题内容。

此外，该博物馆还面向中小学生开辟了“语言梦工厂”外语沙龙，在线上呈现，成为特殊时期的社教活动品牌。

“总督楼研学微课堂”以三大主题、七大版块充实了虚拟博物馆，覆盖了各年龄层、各行业群对博物馆的文化需求。

3. 以手机端为核心的用户体验模式

2019 年《中国新媒体发展报告》显示：截至 2018 年 12 月，我国短视频用户规模达 6.48 亿，已经有 80% 的网民渗透率。时至今日，这个比例会更高。手机用户平均每天在线时长超过 5 个小时，其中视频类消耗时长更多，虚拟博物馆“总督楼研学微课堂”上线针对的目标就是手机用户。因此，根据微课堂时间的设定、内容的安排，每期视频长度要保持在 5—8 分钟以内。

手机用户都很清楚，在现在的网络环境中，时长为 1 分钟的短视频传播速度最快、范围最广。但是博物馆作为一个知识科普类分享平台，如一味追求“短视频”的快速浏览效果，一方面无法保证知识点的完整性；另一方面大多数手机用户进行手机阅读利用的是碎片化时间，如果单期视频过长、知识量过大，就容易使观众产生畏难心理，以至于放弃观看。

虚拟博物馆“总督楼研学微课堂”项目工作人员经过社会调查，认为 5—8 分钟是一个比较合理的视频长度，既能满足观众的碎片化阅读需求，又能完成一个知识点的讲述。假如某一个专题内容过长，还可以分期制作、分期发布。

对于手机用户观众而言，虚拟博物馆的线上展教活动，虽然每期只有短短的几分钟，但是工作人员在准备这段线上内容时所消耗的工作量却是巨大的，正如“台上十分钟，台下十年功”，需要一个团队的密切配合，如前期的稿件设计、内容编撰、线路走位、拍前彩排；拍摄中的角度选择、时机选择、光源选择；后期制作中的视频剪辑、字幕制作、辅助展示资料的添加，视频渲染、转场、合成、导出与上传等。屏上一分钟视频内容，背后是一个团队几个小时的制作时间。所以，这些都是对博物馆工作人员学习能力、综合素质的挑战与考验，也促使工作人员以跨界思维，探索出文博线上传播的新思路、新途径，从而扩大博物馆展览的传播力和影响力。

17.2　跨界文博模式探索

2020 年以来，博物馆系统受到新冠疫情的严重冲击，博物馆做好防疫工作是之后很长一段时间的首要任务和一切工作的基础。史无前例的长时间闭馆遇上新技术时代，或将改变未来博物馆的开放模式，博物馆的线上展览也发展成为博物馆数字化服务的“标配”，甚至成为衡量博物馆的“标尺”。

在疫情防控下，一些省市博物馆利用已有馆藏数字资源酌情推出网上展览，向社会公众提供安全便捷的在线服务，如通过微博、微信、抖音等新媒体渠道，将展览场景、图文资料、媒体资源进行终端展示互动，让公众了解文物背后的文化精髓。

青岛市博物馆也积极整合、开放、共享馆藏文化资源，利用语音导览和微信导赏，建立了“热线在展”专版，增添了“追寻足迹，传承精神——青岛红色旅游线路图片展”“美丽青岛 40 年——青岛改革开放 40 周年景观展”“峥嵘岁月：中国共产党青岛党史图片展”等，同时还推出 VR 形式的虚拟博物馆线上参观功能，加入了国家文物局推送的线上博物馆名单。同时，青岛市博物馆首开网络直播、抖音直播讲解，带领观众网游青博各展厅，尝试“宝藏四方”“文物山东 • 岱海同天”“遗产点亮丝路”“云讲国宝”“博琴雅韵乐赏会”等在线直播推介，带给观众全新体验。

青岛市博物馆在保持“云下”课堂的同时，打造“云上”课堂，利用官网、官微等平台推出“馆藏精品文物”“文物里的四季”“文物里的金木水火土”“百年青岛、母亲工业，纺织女工手中的锦绣”“莱西大木偶”“受之父母——与身体器官有关的字”“传统跨界时尚，最炫民族风”“博物馆里的 CP 大赛”“传承古琴艺术，守护非遗文化”等一系列生动精彩的线上课堂，带领公众在可看、可听、可互动的青岛微课堂里，与传统文化进行无间交流。仅 2020 年一年，以线上线下联动的形式青岛博物馆开展线上礼教活动 54 场次，线下 171 场次。所有这些是青岛市博物馆公共文化跨界服务的进一步探索与延伸，更是一次公共文化和文博资源数字化工作跨界发展成果的集中展示与检验。

17.2.1 “五进”菜单实现跨界飞跃

青岛市博物馆志愿服务项目自2003年启动以来，建立了一支知识结构、年龄结构合理，常年保持在一百多名社会志愿者和大学生志愿者，可满足社会公众多样文化服务需求的志愿者队伍。创新管理和服务模式，把志愿者到馆服务项目安排与时间统计搬到线上，实现志愿服务工作智慧化管理。

青岛市博物馆持续打造“真情传博——青博志愿万里行”品牌活动，推出了“进校园、进军警营、进农村、进社区、进企事业”五进活动，定制菜单不断添新。其以丰富多彩的文化活动为服务载体，以流动展览、多媒体讲座、互动体验结合的多种形式，走基层、到一线，将“青岛史话”“馆藏集萃”“抗战记忆”“印章的故事”等文物知识讲座送进学校、社区、企事业单位、军警营、乡村等地，重点为老人、学生和社区居民送去博物馆的文化关爱，发挥了博物馆作为保障基层群众基本文化权益重要阵地的作用。

流动博物馆宣讲全新推出“弘扬好家风，树立家国情”“文物里的金木水火土”“新时代的先声——五四运动与青岛”“冀地汉风——汉代文物展”四大主题讲座，并结合“文物里的金木水火土”主题讲座，为贫困乡村的孩子送去《文物里的金木水火土》书籍与VR体验，推进博物馆公共文化服务的均等化、便利化发展。

17.2.2 “博物馆参观护照”促成跨界合作

青岛市博物馆首次与中国文物交流中心、重庆中国三峡博物馆、上海博物馆、南京博物院、敦煌研究院等全国70余家博物馆联名合作推出的史上第一件共有文创产品——“博物馆参观护照”，可带领观众开启全国博物馆奇妙之旅。它本着“让文物活起来，让博物馆连起来，让文物创意亮起来”的原则为促进全社会对文物内涵的探索及认知开拓了新的渠道。

所谓“博物馆参观护照”是指参观者打卡博物馆、签到盖章的参观证明，可以收集印章，留下记忆。博物馆护照以传统外交护照为参照物，加印各博物馆的标志，设计成纸质的“博物馆护照”。博物馆护照持有人可以持有此照，到全国七十多家参加护照项目的任一家博物馆预约参观，随后请博物馆工作人员签章背书，以达到记录旅程的目的。

“博物馆参观护照”已于2019年正式在青岛发布，一经上线就取得了良好反响，实现了口碑销量双丰收。

各博物馆走出馆门，跨越不同区域，搭建馆际交流合作平台，相互办展送展，有利于整合资源，发挥各自优势，实现资源共享、优势互补，共融共生，促进博物馆高质量发展。

近年来，青岛市博物馆走出去开展的馆际联展项目有：2019 年“金韵含香——青岛市博物馆藏铜香炉展”赴东莞市博物馆展出；2018 年 1 月，“乡间画记——青岛市博物馆藏山东地区民间木版年画展”在安庆博物馆展出；2017 年“齐鲁墨韵——青岛市博物馆藏明清书画精品展”在扬州博物馆展出等。请进来的馆际联展主要有：2021 年 3 月，由青岛市博物馆、海南省博物馆联合主办的“涨海推舟 千帆竞渡：南海水下文化遗产大展”在青岛市博物馆展出，展览共分为礁起礁没、帆起南溟、千年守候、舸楫齐扬四个部分，分别对南海海域地理地貌特征、海上丝绸之路的开拓形成、宋代“华光礁 1 号”沉船、南海历代出水文物进行介绍；2021 年春，“牛气冲天：辛丑生肖贺岁胶东五市联展”在青岛市博物馆举办，作为“胶东经济圈文化和旅游一体化”战略框架下，域内博物馆的首次合作，“牛气冲天：辛丑生肖贺岁胶东五市联展”集结了胶东五市 11 家博物馆的生肖题材文物精品，并有青岛市博物馆联盟鼎力相助，其中大多数展品为首次对外展出。

这些馆际联展，从丰富多彩的文创产品到趣味横生的现场体验，再到各个展览中当地观众间的深入交流，不仅展现出各区域文化融合的崭新局面，更呈现这一机制和平台不断拓宽自己“朋友圈”的趋势，对提升省内外兄弟博物馆的社会认知度、赞誉度、知晓度，创造良好的跨界跨地域社会效应，都有着很强的推动作用。

17.2.3 跨界特色的文创产品

博物馆，是一个城市精神的凝聚点，是城市文化的名片。看过一个博物馆，就等于和这个城市结了缘，你就对这个城市的灵魂有了初始的触摸，你也才有机会真正走近这座城市、聆听这个城市的心跳。随着城市文化地标作用的日益凸显，走进博物馆的观众数量与日俱增，文博创意产品已经成为连接博物馆与观众的最佳载体。时至今日，青岛市博物馆也已经成为这个城市独一无二的文化 IP。

青岛市博物馆文创工作以“把博物馆带回家”为理念，结合研究、展览、社教等方面优势，通过自主研发、合作开发和 IP 授权等多种渠道，开发出具有本馆独特韵味和地域特色的产品，尤其是在疫情严峻的形势下，积极拓展线上开发、销售渠道，推动文创产业多元发展，赢得了社会效益和经济效益双丰收。

近两年来，青岛市博物馆提出20多种文创自主研发方案，其中已有大佛卡通系列、铜镜系列、馆藏书画系列等15种、27款文创产品推向市场。文创设计人员挖掘蕴含在每个文物背后独一无二的文化历史故事，以此为创意灵感，结合时代的特征去设计具有鲜明特色的文创产品。2020年，青岛市博物馆与手创未来（山东）文旅科技有限公司合作开发了“青博手礼——文创智造云平台”，以馆藏品元素为基础，以移动互联网、人工智能、柔性智造等信息技术为支撑，实现文创产品的在线智能生成，公众通过手机便可定制产品，开拓了“全民定制”文创开发新模式。到2020年底，青岛市博物馆已通过“青博手礼”平台定制13个种类110款图案、型号的文创产品。

新冠肺炎疫情爆发后，青岛市博物馆积极拓展线上销售渠道，在腾讯微店APP青岛市文化惠民消费平台分别创建“青博来此购”和“青博文创店”，推动文创产品更便捷地“飞入寻常百姓家”。“5.18国际博物馆日”当天，青岛市博物馆首次参与“六大馆长直播带货”，以前所未有的力度推出文创产品，观看人数超过7000人，订单总额超出预期。在劳动节、母亲节、文化遗产日、父亲节、国庆节、中秋节等节日，线上线下同时推出“五一全场大放价”“致爱母亲节换枕6折”等节日主题文创促销活动。

在2020年“青岛国际啤酒节”期间，青岛市博物馆举办了四场“夜色青博悦古今”活动，整个夜场活动营造穿越古今的沉浸式体验氛围，设计推出“沉浸式话剧体验”“文物快闪”“仿古丝路市集”“古风打卡秀”等多个接地气、聚人气、充满趣味性和参与性的亮点活动，通过抖音和新浪微博直播了第一场开幕式和第四场收官阶段的精彩盛况，夜场活动期间有1.6万人在线穿越了历史时空。同时，在“夜色青博”上精彩呈现了由青岛市博物馆精心打造的“仿古丝路市集”，无偿提供的市集摊位集合了青岛地域众多的民间艺术家、非遗传承人和手作、手艺人，售卖商品涵盖了书画手工制品、手作饰品、茶具茶艺等，为夜色青博打造出一道靓丽风景线。

17.3　海尔世界家电博物馆的跨界新空间

海尔世界家电博物馆位于崂山区东海东路52号“冰山之角”。博物馆总共分为4层，地下两层，地上两层，总共建筑面积约为35 000平方米。一楼包括家电史序厅、世界家电发展史、海尔智慧生活、Casarte美食课堂以及CE西餐厅、博物馆文创店；二楼包括儿童互动体验区、临展区以及国际会议中心。

作为一家以家电体验为主题的博物馆，海尔世界家电博物馆充分挖掘和利用老家电，为游客讲述一个个百听不厌的老故事。作为一座有温度的沉浸式博物馆，海尔世界家电博物馆不单单是家电的展示平台，它就像一个盛满惊喜的宝箱，内里收藏着一个个待揭秘的宝藏。这里的家电会“说话”；这里有激发创造力的海尔小宇宙，开启互动游戏的欢乐闸门；这里有科技魔法加身，家电体验，趣味知识，打开孩子们的兴趣世界……科学科普游，是海尔世界家电博物馆的重要标签属性，是集未来科技、教育等诸多功能于一身的新型研学基地。

17.3.1 国际前沿焦点打造文化对话空间

去过青岛海尔世界家电博物馆的观众都感叹“这是一个真正意义上的黑匣子沉浸式亲子儿童剧场”。这是缘于海尔世界家电博物馆与新克童趣在 2019 年签约，引进了大量国外原版儿童剧、话剧、情景剧，在青岛共同打造了首个国际儿童剧展演季。

2019 年，双方联合运用写意的形式，推出以《城・视》为主题的城市文化客厅，以讲述老百姓与城市的故事为主要内容，把舞台访谈和情景剧展演作为表达的方式，使两者达到完美的结合。观众走进了博物馆，就好像是走进了一个有趣的文化对话空间。同年，来自英国、加拿大、西班牙、俄罗斯等 25 个不同国家的艺术家带来了 54 场演出，这些剧目曾在国际范围的权威艺术节获得过各种大奖，不用车马劳顿出远门，孩子们在自己的家门口就能欣赏到原汁原味的经典好剧目。2019 年，在“相约青岛共享机遇”上合组织地方经贸合作推介会上，来自上合组织国家的 7 名青年企业家分享了创业历程、国际合作经验和发展愿景；参加世界旅游小姐总决赛的选手到海尔世界家电博物馆打卡，为新中国 70 华诞点赞；匠心之美・中韩国际手作陶艺展举办，中韩两国 30 位艺术家的上百件作品参加了展出，将两国陶艺领域不同的风格流派、材料探索、烧制工艺以及艺术语言，汇聚一堂，让陶艺爱好者大饱眼福。

17.3.2 世界家电史展与多媒体互动创新主题展陈

在世界家电展区，采用创新主题展陈与多媒体互动相结合的方式，生动再现了 20 世纪 30 年代至今五个时代的生活场景。人类的家用电器史只有短短的一百多年，但是却经历了几千年社会变革和技术发展历程。海尔世界家电博物馆收集的家用电器来自不同的国家和地区，通过划分 1960 年代以前、1960 年代、1970 年代、1980 年代和 1990 年代 5 个时期，展示了不同时期的家电，透过这些场景、展品和时代小电影，可以了解每个时代的故事。

17.3.3 前展视野延伸展示空间

1. 交互用户需求，海尔智慧家电互联智能生活体验

物联网时代智慧家庭是什么样的？也许你没有听说过“需求宝系统”这个跨界意味浓厚的新词。如今，如果你来到海尔世界家电博物馆的智慧家庭展区，就可以看到首个沉浸式需求交互定制生态系统——需求宝系统，它可以根据用户个性化需求定制与之相匹配的“智家”方案，并且为适应用户不断提升的新需求，每天都在迭代升级，持续为用户提供完美的生活体验。海尔智慧家庭、智慧公寓体验中心将海尔“5+7+N”全场景定制化智慧成套解决方案完整呈现：“5”是指包含智慧客厅、智慧厨房、智慧卧室、智慧浴室、智慧阳台在内的5大生活空间；“7”是指全屋空气、全屋用水等7大全屋解决方案；“N”是用户个性化定制。

2. 拓展展示空间，从历史到未来

在智慧家庭展区中，所有家电似乎都带有了生命特征，都能“听懂”人类的语言，用户只需下达语音指令，各种电器便会应声而动，开启各自相应的功能。在海尔世界家电博物馆中，设计者通过场景还原、现场模拟，将观众从20世纪一直带到21世纪，使观众如临其境，切身感受每个时代最具特色的家电及当时的生活。同时还为用户提供软硬件齐备、服务成套的生态体系，从而为用户带来美妙的生活体验。

参考文献

[1] 姚孝遂．许慎与《说文解字》[M]. 北京：中华书局出版社，1983.

[2] 董希谦，张启焕．许慎与《说文解字》研究 [M]. 开封：河南大学出版社，1988.

[3] 杨文士，焦叔斌．管理学 [M]. 北京：中国人民大学出版社，2009.

[4] 王树文．我国公共服务市场化改革与政府管制创新 [M]. 北京：人民出版社，2013.

[5] 吴东，姚明明．新兴服务业跨界服务商业模式研究：体系构建与案例分析 [M]. 杭州：浙江大学出版社，2017.

[6] 白玉峰．美国波士顿公共图书馆儿童服务的跨界实践 [J]. 图书馆学研究，2016（18）：80–85.

[7] 曾维和．整合性公共服务：当代西方国家公共服务提供的新模式 [J]. 上海行政学院学报，2012，13（01）：42–49.

[8] 陈亮．城市群区域治理的“边界排斥”困境及跨界联动机制研究 [J]. 内蒙古社会科学（汉文版），2019，40（01）：55–62.

[9] 陈鹏，穆希琳．工会“市场化跨界”政策导向与实践：以吉林省工会重点企事业为例 [J]. 吉林大学社会科学学报，2020，60（05）：172–181.

[10] 陈万钦．数字经济理论和政策体系研究 [J]. 经济与管理，2020，34（06）：6–13.

[11] 陈文兴．跨界与融合：地方高校“三创合一”培养“三创”人才的理论逻辑与实践路径 [J]. 国家教育行政学院学报，2021（04）：34–40.

[12] 陈志红，李健．环境不确定性感知、跨界行为与团队创新研究 [J]. 南京社会科学，2020（06）：40–48.

[13] 程远．公共图书馆优化跨界合作的展览服务思考 [J]. 图书馆建设，2015（12）：79–82.

[14] 崔晶．大都市区跨界公共事务运行模式：府际协作与整合 [J]. 改革，2011（07）：82–87.

[15] 戴晓翔，刘敏榕．图书馆联盟开展跨界疫情应急服务的探索与思考：以福建省高校数字图书馆联盟（FULink）为例 [J]. 图书情报工作，2020，64（15）：12–16.

[16] 邓昕才，叶一娇，吴亮，等 . 跨界搜寻的创新驱动力：一个有调节的中介模型 [J]. 科技进步与对策，2020，37（24）：19-28.

[17] 董妍，王纪尧 . 政府信息公开到数据开放中图书馆角色变化 [J]. 图书馆建设，2021（01）：53-65.

[18] 杜庆昊 . 数字经济协同治理机制探究 [J]. 理论探索，2019（05）：114-120.

[19] 范永茂，殷玉敏 . 跨界环境问题的合作治理模式选择：理论讨论和三个案例 [J]. 公共管理学报，2016，13（02）：63-75.

[20] 付金存，王岭 . 跨界治理视域下中国城市公用事业公私合作制的主体性质探析 [J]. 经济与管理，2016，30（04）：61-67.

[21] 高翔 . 建立适应数字时代的政府治理新形态 [J]. 探索与争鸣，2021（04）：141-146.

[22] 高长元，张晓星，张树臣 . 多维邻近性对跨界联盟协同创新的影响研究：基于人工智能合作专利的数据分析 [J]. 科学学与科学技术管理，2021，42（05）：100-117.

[23] 顾立平，柴广成，杨阳 . 国际数字内容出版产业的垂直整合与跨界合作的战略 [J]. 中国科技期刊研究，2021，32（02）：239-246.

[24] 韩冰，杨晓菲 . 公共图书馆与实体书店跨界合作模式比较研究 [J]. 图书馆工作与研究，2017（04）：118-122.

[25] 韩万渠 . 跨界公共治理与平台型政府构建 [J]. 科学社会主义，2020（01）：104-110.

[26] 韩兆柱，任亮 . 京津冀跨界河流污染治理府际合作模式研究：以整体性治理为视角 [J]. 河北学刊，2020，40（04）：155-161.

[27] 何炜 . 论跨界治理的理论模式、现实意义及其实现路径 [J]. 学术论坛，2016，39（11）：37-42.

[28] 衡容，贾开 . 数字经济推动政府治理变革：外在挑战、内在原因与制度创新 [J]. 电子政务，2020（06）：55-62.

[29] 胡峰 . 重大疫情网络舆情演变机理及跨界治理研究：基于“四点四阶段”演化模型 [J]. 情报理论与实践，2020，43（06）：23-29.

[30] 霍瑞娟 .“图书馆 +”：专业服务跨界融合发展的探索 [J]. 图书馆杂志，2016，35（08）：10-14.

[31] 江积海 . 国外商业模式创新中价值创造研究的文献述评及展望 [J]. 经济管理，2014，36（08）：187-199.

[32] 蒋俊杰 . 跨界治理视角下社会冲突的形成机理与对策研究 [J]. 政治学研究，2015（03）：80–90.

[33] 蒋丽芹，李思卉 . 沉淀冗余、跨界搜寻与高科技企业创新绩效：战略柔性的调节作用 [J]. 科技进步与对策，2020，37（22）：73–80.

[34] 金武刚 . 跨界 VS 越界：新时代公共图书馆社会化发展定位、边界与突破 [J]. 图书馆杂志，2019（05）：4–12.

[35] 荆浩 . 大数据时代商业模式创新研究 [J]. 科技进步与对策，2014，31（07）：15–19.

[36] 李海舰，田跃新，李文杰 . 互联网思维与传统企业再造 [J]. 中国工业经济，2014（10）：135–146.

[37] 李健，任竞，张怡宁，等 . 我国公共图书馆跨界合作的现状与问题 [J]. 国家图书馆学刊，2021，30（03）：3–12.

[38] 李倩 . 跨界环境治理目标责任制的运行逻辑与治理绩效：以京津冀大气治理为例 [J]. 北京行政学院学报，2020（04）：17–27.

[39] 李文莲，夏健明 . 基于"大数据"的商业模式创新 [J]. 中国工业经济，2013（05）：83–95.

[40] 李艳艳，朱雪丽，孙利君 . 基于美国经验启示的我国数字经济高质量发展研究 [J]. 商业经济研究，2020（15）：189–192.

[41] 刘芳 ."互联网 + 公共图书馆"：服务创新与转型发展 [J]. 图书馆杂志，2016，35（08）：42–48.

[42] 刘嘉慧，高山行 . 数字经济环境下企业跨界内涵：价值主张视角 [J]. 科技进步与对策，2021，38（01）：63–70.

[43] 刘建平 . 数字经济与政府规制 [J]. 中国行政管理，2002（09）：9–12.

[44] 刘祺 . 跨界治理理论与数字政府建设 [J]. 理论与改革，2020（04）：116–125.

[45] 刘祺 . 理解跨界治理：概念缘起、内容解析及理论谱系 [J]. 科学社会主义，2017（04）：95–100.

[46] 刘中华，焦基鹏 . 区块链视阈下图书馆出版跨界融合博弈均衡机理研究 [J]. 图书馆工作与研究，2020（07）：37–43.

[47] 卢函，杜德斌，桂钦昌，等 . 跨界水冲突、合作与全球水政治关系时空演化 [J]. 资源科学，2020，42（06）：1162–1174.

[48] 明星，胡立君，王亦民 . 跨界高端颠覆性创新模式研究：理论与案例验证 [J]. 科技进步与对策，2020，37（15）：11–17.

[49] 默秀红 . “互联网 +” 背景下的图书馆跨界合作实践与思考 [J]. 情报理论与实践，2018，41（11）：79–82.

[50] 逄健，朱欣民 . 国外数字经济发展趋势与数字经济国家发展战略 [J]. 科技进步与对策，2013，30（08）：124–128.

[51] 曲小瑜，张健东 . 组织遗忘、双元学习与跨界创新关系研究：基于冗余资源的调节作用 [J]. 技术经济，2021，40（03）：20–27.

[52] 司姣姣 . “互联网 +” 环境下图书馆跨界融合的实践与模式 [J]. 图书情报工作，2017，61（20）：87–96.

[53] 司莉，罗泉 . 行动者网络理论视角下的公共图书馆社会教育跨界合作 [J]. 图书馆论坛，2020，40（08）：70–77.

[54] 孙芳泽，郭燕 . 跨界联姻：5G 时代数字文化产业的创新思路 [J]. 传媒，2020（10）：73–75.

[55] 谭海波，蔡立辉 . “碎片化” 政府管理模式及其改革：基于 “整体型政府” 的理论视角 [J]. 学术论坛，2010，33（06）：29–34.

[56] 唐虹 . “互联网 +” 时代城市图书馆跨界服务发展模式研究 [J]. 现代情报，2018，38（10）：142–145.

[57] 唐任伍，赵国钦 . 公共服务跨界合作：碎片化服务的整合 [J]. 中国行政管理，2012（08）：17–21.

[58] 唐要家 . 数字经济赋能高质量增长的机理与政府政策重点 [J]. 社会科学战线，2020（10）：61–67.

[59] 唐烨伟，陆淑婉，赵一婷，等 . 跨界融合视域下劳动教育课程体系研究：内涵、路径与模型构建 [J]. 中国电化教育，2021（05）：49–56.

[60] 唐源，邵云飞，陈一君 . 跨界行为、知识整合能力对企业创新绩效的影响研究：基于知识获取和资源损耗的作用 [J]. 预测，2020，39（04）：31–37.

[61] 陶希东 .20 世纪美国跨州大都市区跨界治理策略与启示 [J]. 城市规划，2016，40（08）：100–104.

[62] 陶希东 . 跨界治理：中国社会公共治理的战略选择 [J]. 学术月刊，2011，43（08）：22–29.

[63] 陶希东 . 美国旧金山湾区跨界规划治理的经验与启示 [J]. 行政管理改革，2020（10）：83–91.

[64] 陶希东 . 英国大伦敦地区公共服务供给侧改革的经验与启示 [J]. 国家行政学院学报，2018（06）：148–152.

[65] 屠淑敏，冯亚慧，李玲丽，等 . 互联网思维视野下的公共图书馆跨界服务思考：跨界 OR 被跨界 [J]. 图书与情报，2015（01）：125-130.

[66] 万玲 . "图书馆 +" 跨界服务的实践与思索 [J]. 图书馆建设，2020（S01）：151-154.

[67] 王佃利，梁帅 . 跨界问题与半岛蓝色经济区一体化发展探析 [J]. 山东社会科学，2012（03）：54-59.

[68] 王洪波，耿晓宁 . "IN LIBRARY" 和地铁图书馆跨界合作比较研究 [J]. 图书馆，2016（03）：33-40.

[69] 王娟茹，杨苗苗，李正锋 . 跨界搜索、知识整合与突破性创新 [J]. 研究与发展管理，2020，32（03）：111-122.

[70] 王炎龙，聂帅齐 . 分化、跨界与融合：媒介变迁视域下出版理念变革三重进路 [J]. 编辑之友，2020（08）：13-17.

[71] 王勇 . "权力分置" 型跨界治理模式探讨：基于河北燕郊、上海洋山港两个案例 [J]. 经济体制改革，2018（05）：59-66.

[72] 王宇，车宝晶，刘偲偲 . 馆店融合：大学图书馆空间服务转型新战略 [J]. 图书馆工作与研究，2019（03）：5-9.

[73] 王玉珏，刘佳欣 . 国外档案馆跨界合作模式及启示 [J]. 档案学通讯，2017（02）：91-95.

[74] 王资博 . 我国出版业跨界融合发展现状问题与对策 [J]. 中国出版，2015（22）：23-26.

[75] 吴琴，巫强 . "互联网 +" 驱动传统产业跨界融合的作用机制研究 [J]. 学海，2020（04）：163-169.

[76] 吴松强，尹航，蔡婷婷 . 嵌入性创新网络、跨界合作与先进制造业企业创新能力：基于长三角地区先进制造业集群的实证研究 [J]. 华东经济管理，2021，35（04）：34-41.

[77] 吴予晨，许春漫 . 美国公共图书馆跨界合作开展健康服务的实践与启示 [J]. 图书馆学研究，2020（17）：67-76.

[78] 徐双 . "互联网 +" 背景下图书馆与利益相关者间跨界资源整合研究 [J]. 图书馆工作与研究，2017（03）：68-71.

[79] 徐元善，金华 . 跨界公共危机碎片化治理的困境与路径选择 [J]. 理论探讨，2015（05）：31-34.

[80] 许恒，张一林，曹雨佳 . 数字经济、技术溢出与动态竞合政策 [J]. 管理世界，2020，36（11）：63-84.

[81] 许建业 . 跨界合作 精准服务：“互联网 +”环境下图书馆业务创新的探索与思考 [J]. 新世纪图书馆，2018（03）：5-6.

[82] 严慧英，冯晓霞 .“阅读 +”：公共图书馆跨界融合阅读服务的思考 [J]. 图书馆工作与研究，2018（07）：38-42.

[83] 杨恒，王凤姣，龚蛟腾 . 政府购买公共图书馆服务的四维体系研究 [J]. 图书馆学研究，2020（01）：16-21.

[84] 杨静 . 基于新技术的公共图书馆跨界合作动因及发展策略探究 [J]. 图书馆工作与研究，2019（09）：36-41.

[85] 杨志安，李国龙，杨植淞 . 我国城市跨界公共危机与整体性治理：以京津冀地区为例 [J]. 辽宁大学学报（哲学社会科学版），2017，45（06）：68-76.

[86] 叶笛，陈欣蕾，刘震宇 . 跨界生态链产品的用户接受行为影响因素研究：基于 UTAUT 模型 [J]. 哈尔滨商业大学学报（社会科学版），2021（02）：54-68.

[87] 于东山 . 跨界公共物品供给碎片化与协同治理系统 [J/OL]. 系统科学学报，2021（03）：78-83.

[88] 余长林，杨国歌，杜明月 . 产业政策与中国数字经济行业技术创新 [J]. 统计研究，2021，38（01）：51-64.

[89] 臧维，杨京雨，徐磊，等 . 跨界与企业创新关系研究：元分析发现与未来展望 [J]. 科技进步与对策，2020，37（17）：152-160.

[90] 张风帆 . 评《数字经济与创新创业管理实务：跨界融合》[J]. 统计与决策，2021，37（03）：2.

[91] 张美莉 . 基于“互联网 +”思维的图书馆跨界服务研究 [J]. 情报杂志，2016，35（09）：204-207+198.

[92] 张玉磊 . 城市公共安全的跨界治理：属性特征、治理困境与模式构建 [J]. 湘潭大学学报（哲学社会科学版），2020，44（06）：32-38.

[93] 张玉磊 . 跨界公共危机的整体性治理：例证长三角 [J]. 重庆社会科学，2016（06）：68-76.

[94] 张玉磊 . 跨界公共危机与中国公共危机治理模式转型：基于整体性治理的视角 [J]. 华东理工大学学报（社会科学版），2016，31（05）：59-78.

[95] 张玉磊 . 跨界公共危机治理组织间网络的形成：动力、条件、障碍与建构：一个基本分析框架 [J]. 内蒙古社会科学，2021，42（02）：17-26.

[96] 张玉磊 . 模式转型与制度调适：跨界公共危机网络治理研究 [J]. 华东

理工大学学报（社会科学版），2020，35（04）：73-89.

[97] 周笑盈，魏大威．多元、融合、跨界和创新：优秀传统文化的传承与推广模式研究 [J]. 图书馆，2020（06）：54-60.

[98] 周雪亮，张纪海．科技跨界融合风险形成机理和防控机制研究 [J]. 管理现代化，2021，41（03）：104-106.

[99] 朱成晨，闫广芬．跨界与共生：农村职业教育融合治理的分析框架 [J]. 教育研究与实验，2020（01）：20-28.

[100] 邹金汇，柯平，跨界创新忘初心：公共图书馆营销的未来 [J]. 图书与情报，2016（05）：56-61.

[101] 邹婉芬．"互联网 +"环境下的图书馆跨界合作模式考察 [J]. 图书馆论坛，2018，38（09）：119-123.

[102] Patrick Dunleavy. Digital Era Governance： IT Corporations， the State， and E-Government [M].Oxford： Oxford University Press，2006.

[103]Aagaard L， Kristensen K . Access to Cross-Border Health Care Services for Patients with Rare Diseases in the European Union[J]. Orphan Drugs Research & Reviews， 2010.

[104]Adam O，Werth D， Zangl F. ARIS in Cross-Border E-Government - Integrated Automation of Public Services for the InfoCitizen[J]. Business Process Automation， 2004.

[105]Adner R， Kapoor R .Value Creation in Innovation Ecosystems：How the Structure of Technological Interdependence Affects Firm Performance in New Technology Generations[J]. Strategic Management Journal， 2010.

[106]Ali M A ， Hoque M R ， Alam K . An Empirical Investigation of the Relationship between E-government Development and the Digital Economy： The case of Asian Countries[J]. Journal of Knowledge Management， 2018.

[107]Alina B ， Catalinadrian B. Public Services and the Euro-regional Cooperation[J]. Annals of the University of Oradea Economic Science， 2012.

[108]Anthopoulos L ， Tsoukalas I A . A Cross Border Collaboration Environment，As a Means for Offering Online Public Services and for Evaluating the Performance of Public Executives[C].IEEE International Conference on E-technology，2005.

[109]Aslanbeigui N， Summerfield G . Globalization， Labor Markets and Gender： Human Security Challenges from Cross-Border Sourcing in Services[M].

Palgrave Macmillan UK， 2006.

[110]Babayev E . Electronic Government as an Element of the Digital Economy： Experience of the Republic of Azerbaijan[J]. Administrative Consulting， 2018.

[111]Badulescu A ， Badulescu D ， Bucur C A . Assessing the Effectiveness of Cross-Border Cooperation in Joint Provision of Public Services[C].European Conference on Egovernment. 2013.

[112]Chen B . Research on the Construction of Digital Government in Digital Economy[C].The 6th International Conference on Financial Innovation and Economic Development，2021.

[113]Chubarova I S ， Stepanova J O . Digital Government： Digital Economy of the Russian Federation[C]. Russian Science： Actual Researches and Developments，2020.

[114]Coronato M ， Prezioso M . The Network of Protected Areas （NPA） as an Instrument to Implement Cross-Border Public Services[J]. Urban Science， 2019.

[115]Werth D， Müller J P. Enabling Cross-Border Public Services by Pan-European Interoperability[J]. Springer Berlin Heidelberg， 2004.

[116]Groenendijk N ， J AaNsoo A . Cross-border Delivery of Public Services： How Useful are get[C]. Regional Studies Association European Conference，2014.

[117]Hoschka T C . Cross-Border Entry in Retail Financial Services： Policy Implications[M]. Palgrave Macmillan UK， 1993.

[118]Kail Y Y ， Lamzin R M ， Epinina V S . Development Paths of Government Relationship Management in the Digital Economy： Legislative Considerations，2020.

[119]Kim S J . The Digital Economy and the Role of Government： Information Technology and Economic Performance in Korea[J]. Collection of Lectures on Information Science and Technology， 2009.

[120]Knight J . Higher Education Crossing Borders： A Guide to the Implications of the General Agreement on Trade in Services （GATS） for Cross-border Education[J]. Commonwealth of Learning， 2006.

[121]Kroes N . Commission Announces €13.7 Million Boost to Cross-Border Digital Public Services[J]. Springer Berlin Heidelberg. 2013.

[122]Leleito E， Ohgai A， Tani T . Analyzing Travel Costs to Basic Public Service Hubs Considering Cross-border Cooperation[J]. Journal of Architecture & Planning，2010.

[123]Li C，Yu Y，Liu X .Functional Orientation and Approach of Cross-Border Electronic Public Services Platform in ASEAN-China Free Trade Arca[C].2014 International Conference on Public Management （ICPM-2014），2014.

[124]Min C Y . Opportunities for Deeper Collaboration between S'pore & Vietnam in Clean Energy，Smart Cities and Digital Economy[M]. Palgrave Macmillan UK，2005.

[125]Pangalos G，Katehakis D G， Prentza A . Security Improvements for Better and Safer Cross-Border Eprescription and Patient Summary Services[J]. International Journal of Reliable and Quality E-Healthcare，2017.

[126]Peristeras V，Tarabanis K A，Loutas N . Cross-Border Public Services：Analysis and Modeling[C].The 40th Hawaii International Conference on Systems Science，2007.

[127]Revinova S， Galvez D . E-Government and Government Support for the Digital Economy in Latin America and the Caribbean[C]. The 2nd International Scientific and Practical Conference "Modern Management Trends and the Digital Economy：from Regional Development to Global Economic Growth"，2020.

[128]Ross B H . The Role of the Business Model in Capturing Value from Innovation [J]. Indust Corporate Change，2002.

[129]Rowlands M . UK：Internet Censorship Iooms as Government finds Alternatives to Flawed Digital Economy Act [J]. Internet Research：Electronic Networking Applications and Policy，2015.

[130]Session F . Cross-Border Provision of Public Services for Wales：Further and Higher Education[J].Administrative Science Quarterly，2016.

[131]Singh，Mohini，Zhao，et al. E-Government Development and the Digital Economy：A Reciprocal Relationship[J]. Internet Research：Electronic Networking Applications and Policy，2015.

[132]Smith P . Microsoft Chief Urges Government to Step up on Broadband and Digital Economy[J].Administrative Science Quarterly，2011.

[133]Taniguchi Y . Competition and Universal Access：The Government's

Roles in the Digital Economy[J]. Annual Report of Japan Institute of Economic Policy，2000.

[134]Trusova N . Government Socio-Economic Policy under the Digital Economy in the Foreign Countries and Russia[J]. Journal of Economic Behavior & Organization，2019.

[135]Uddin M . E-Government and Digital Economy：Relationship[J]. Administrative Science Quarterly，2020.

[136]Velde R T . How to Hap Haring：Cross-Border Electronic Public Services in The Netherlands[J]. Springer Berlin Heidelberg，2003.

[137]Wahyono H，Djunaedi A，Setiawan B，et al. Inter-Regions Collaboration Strategies on the Cross-Regions Border Services of State Elementary and High Schools in Urban Area in the Border Area of the City of Semarang, Indonesia[J]. Administrative Science Quarterly，2013.

[138]Watson C，Barty S，Fairbairn S . Digital Economy Act：Government Confirms Cost Allocation Ratio for Initial Obligations[J]. World Intellectual Property Report，2010.

[139]Watson C . Digital Economy Bill Heralds Government Plans To Tackle P2P File-Sharing.（Law Overview）[J]. Administrative Science Quarterly，2012.

[140]Werth D，Zangl F. Enabling Cross-Border Public Services by Pan-European E-Government Interoperability Stationery Office[J].Journal of Economic Behavior & Organization，2004.

[141]Whitfield M D . European Public Services Briefing 3：A Single European Market in Healthcare：The Impact of European Union Policy on National Healthcare Provision，Andy Morton.[J]. European Services Strategy Unit Duagh Camp Tralee County Kerry Ireland，2011.

[142]Whitfield M D . European Public Services Briefing 4：European Union Public Procurement Law，the Public Sector and Public Service Provision，Andy Morton[J]. European Services Strategy Unit Duagh Camp Tralee County Kerry Ireland，2012.

[143]Yan H，Xiaoxia F . "Reading+"：Thinking of the Cross-Border Fusion Reading Service of Public Library[J]. Library Work and Study，2018.

[144]Zhao F，Wallis J，Singh M . E-Government Development and the Digital Economy：A Reciprocal Relationship[J]. Internet Research Electronic Networking Applications & Policy，2015.

后　记

该书是国家重点研发计划项目跨界服务融合理论与关键技术的课题“新型服务模型与跨界服务模式”（课题编号：2017YFB1400601）的最终研究成果。笔者经过三年的研究，从开始懵懂到研究过程中思路逐渐清晰，经过十多次反复修改，终于形成现在的书稿，再次经历了科学研究的完整过程，有艰辛，也有快乐。

非常感谢中国行政管理学会常务副会长兼秘书长、数字政府治理研究中心主任鲍静女士为该书作序。鲍会长是中国公共管理学界的领军人物，长期深耕于中国行政管理理论研究和实践领域，其对数字政府治理的研究有独到的见解。她在序言里对该书做了高度评价并给予殷切希望，同时也高屋建瓴地对本书提出了建设性的意见，并诚恳地呼吁学界多关注跨界公共服务研究，以回应数字化转型时期的公共治理命题。

感谢我的两位博士弟子王京诚和王文颖，他们是我博导生涯的第一位和第二位博士生。在我课题研究的三年里，他们一直陪伴在我左右，跟着我北京、杭州、青岛、哈尔滨等几个城市进行调研、开会……从基础资料的收集到部分研究报告及书稿的撰写；从参加全国各地的学术会议到繁杂的课题财务报账处理，科研过程取得的每一点进步都有弟子们的身影，渗透了弟子们的心血，他们的陪伴让我感觉我的学术生涯不再那么孤单，看到他们每一步的成长我内心充满了喜悦与自豪。谢谢我可爱的弟子们！你们如同我的孩子一样，愿你们的人生无悔于自己的选择，更愿你们有美好灿烂的明天。

感谢参与本书写作和修改的人员，他们是：王文颖女士（第1章、第3章、第9章、第12章、第13章、第14章、第15章），莫培龙先生（第2章、第3章、第4章、第5章、第6章），范文迪女士（第1章、第5章、第6章、第7章、第8章、第17章），周春燕女士（第9章、第11章、第16章），张坚志女士（第2章、第6章、第17章），钟福谦先生（第1章、第3章），王京诚先生（第1章、第11章），谷冬梅女士（第11章），崔建高先生（第7章），孙秒女士（第9章），郑国先生（第10章），冯显泉先生（第16章），张帆先生（第17章）等。感谢王辉、刘玲、段连阳、唐明玉、邹朝银、于淑娥、范培宏、张爱桦、赵军凡等朋友参与本书的修改、校对工作。因在课题研究和书稿校对过程中提供帮助和支持的人员众多，未能一一列举，如有遗漏，望大家海涵。

还要感谢国家重点研发计划项目总负责人浙江大学的尹建伟教授和课题负责人邓水光教授。在一起合作的三年时间里，我看到了他们严谨的科研态度和忘我的工作状态，在他们的带领和影响下，在他们的帮助和激励下，我才能最终完成本书。

感谢先生、儿子对我一贯的爱、理解、支持与包容，让我感受到家的温暖。

感谢生命中相遇相知的鸿雁，让我珍惜缘分的可遇而不可求。

最后，本书能够顺利出版还要感谢北京工业大学出版社的编辑们，他们对本书进行编辑校对并提出了很多建设性的修改意见，使得本书更趋完善。

但是，本书仍有很多不完善的地方，这使得我内心不免有很多遗憾。在追求学术的道路上，拘于时代的快速进步与人类认识的有限性，结果从来都不会是完美的，如同不完美的人生才是真实的人生一样。

今后，我们会持续关注数字政府与跨界公共服务的研究，为中国的公共管理理论研究和实践尽微薄之力。

王树文

对外经济贸易大学政府管理学院

2021 年 7 月